El CLIENTE EN UN MERCADO B2B

(Incluye casos prácticos de valoración y clasificación de clientes en un mercado B2B)

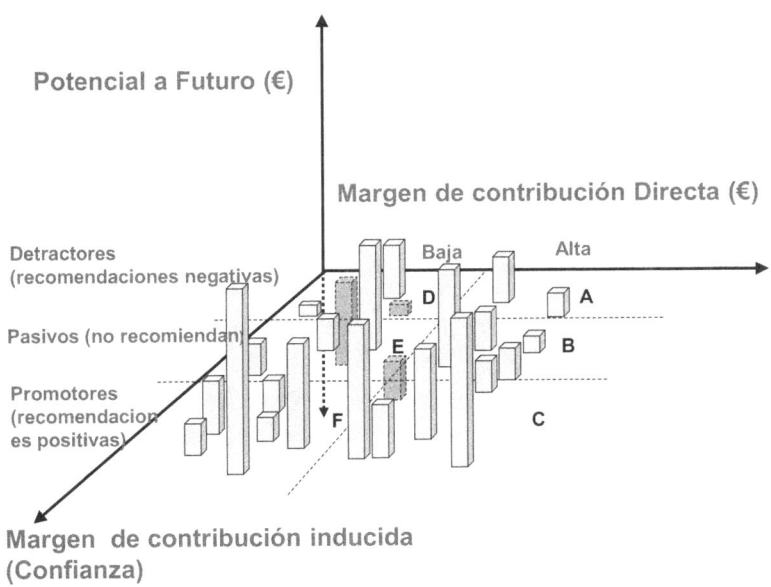

Dr. Antonio Jesús Sánchez Arrieta

Antonio J. Sánchez Arrieta

El autor:

Doctor en Administración y Dirección de Empresas por la Universidad de Málaga (premio extraordinario), Executive Master en Dirección Comercial y Marketing por el IE Business School de Madrid (calificado con mención de Honor), Master MBA en Administración y Dirección de Empresas por el ICADE, diplomado en Ingeniería Nuclear (CC.NN.) por el CIEMAT y licenciado en Ciencias Físicas por la Universidad Autónoma de Madrid en la especialidad de Física Teórica, aparte de cursos de posgrado por ESIC y ESADE.

Su carrera profesional se ha desarrollado en el sector energético, inicialmente como experto en temas de seguridad nuclear, y en los últimos dieciocho años como Key Account Manager de Grandes Cuentas de Endesa, pasando por puestos de responsabilidad en administración. Profesor de ESIC Business & Marketing School y ha impartido seminarios y conferencias en la Universidad de Málaga entre otras instituciones. Actualmente en excedencia especial, asesor en entornos B2B, Fidelización y Negociación Estratégica.

Ha publicado el libro "Las 4 C de la Confianza", basado en sus experiencias como KAM, donde transmite la importancia en los negocios, y en la vida en general, de la generación de la confianza y cómo conseguir ésta.

A José Luis López Rodríguez (In memoriam), y a todos los profesores.

Debemos valorar y clasificar a nuestros clientes por el crecimiento que nos aportan, y no solo por los beneficios que de manera directa nos dan. Esto nos permitirá crecer con nuestros clientes "claves", aquellos que mayor beneficio nos aportan.

Contenido

AGRADECIMIENTOS vii

INTRODUCCIÓN 9

CAPÍTULO 1   DEL MARKETING TRADICIONAL AL MARKETING   RELACIONAL 13

1.1 Segmentación de mercados 14

1.2 Centralización en el cliente Clave 20

1.3 De un marketing de masas a la comercialización "One to One" 29

1.4 Más allá de la relación con el cliente 47

CAPÍTULO 2   ESTRUCURA "CUSTOMER RELATIONSHIP   MANAGEMENT (CRM)" 53

CAPÍTULO 3   SATISFACCIÓN, CALIDAD PERCIBIDA Y VALOR PARA EL CLIENTE 65

CAPÍTULO 4   RETENCIÓN, LEALTAD, CONFIANZA 95

CAPÍTULO 5   MODELOS DE VALORACIÓN DEL CLIENTE 123

CAPÍTULO 6   RECOMENDACIÓN CLIENTE-CLIENTE (WORD OF MOUTH)... 151

6.1 La satisfacción del cliente y la confianza en WOM positivo 156

6.2 La insatisfacción del cliente y WOM 158

6.3 Calidad y Compromiso y WOM 166

6.4 Tipología de quién referencia y WOM 168

6.5 La influencia de WOM en el comportamiento futuro del cliente 170

6.6 La influencia de la cultura en WOM 172

6.7 Contribución de WOM en el valor de la firma y la lealtad 173

6.8 WOM como estrategia de negocio 177

6.9 WOM y la cuenta de resultados de un cliente 181
CAPÍTULO 7   MARKETING INDUSTRIAL O MARKETING ENTRE EMPRESAS 187
7.1 Contexto del marketing Industrial 187
7.2 Mercados Industriales 192
7.3 Comportamiento de la Compra Industrial Organizada 196
7.4 La venta Industrial (la "fuerza de ventas") 209
7.5 Comunicación e Investigación Industrial 216
7.6 El Producto en el mercado Industrial 221
7.7 El Precio en el mercado Industrial 230
7.8 Estrategias en el Mercado Industrial 237
CAPÍTULO 8 MARCO CONCEPTUAL DEL VALOR DEL CLIENTE 241
CAPÍTULO 9 MODELO DE VALOR DEL CLIENTE 267
9.1 El modelo de Valor del Cliente desde una perspectiva de Marketing . 267
9.2 La estrategia empresarial en función del Valor del Cliente 289
CAPÍTULO 10 CLASIFICACIÓN DEL CLIENTE POR SU VALOR 299
CAPÍTULO 11 GESTIÓN DEL RIESGO COMERCIAL CON LOS CLIENTES 305
CAPÍTULO 12 CONCLUSIONES 315
12.1 ¿Cuándo empieza la fidelización? 315
12.2 Pasar de hablar de una empresa a recomendarla 318
12.3 La importancia de la gestión de las incidencias y las reclamaciones . 320
12.4 Clasificar a los clientes por el alto nivel de recomendación y valor ... 321
12.5 Importancia de la confianza 323
12.6 Benchmarking entre carteras de clientes de una empresa 324
12.7 Mapa de recomendación 325
12.8 Crecer con los clientes Claves 326

ANEXO A. EL VERDADERO VALOR DE ASMASA COMO CLIENTE DE UNA COMERCIALIZADORA (un caso para analizar) 329

ANEXO B. CLASIFICACIÓN Y VALORACIÓN DE CLIENTES DE UNA COMERCIALIZADORA (Un caso para debatir) 373

ANEXO C. CLASIFICACIÓN Y GESTIÓN DEL RIESGO COMERCIAL DE CLIENTES DE UNA COMERCIALIZADORA (Un caso para trabajar) 395

ANEXO D. MODELO DE ENCUESTA DE FIDELIZACIÓN 401

ANEXO E. REFERENCIAS BIBLIOGRÁFICAS 403

AGRADECIMIENTOS

Quisiera expresar a través de estas líneas mi agradecimiento a todas aquellas personas e Instituciones Académicas, como ICADE, ESADE y el IE Business School, que me han aportado inquietudes en el mundo empresarial, siempre lejos de una visión especulativa.

A todas aquellas personas de empresas con las que he mantnido una relación profesional desde mi puesto de KAM en Endesa Energía, por lo que me han enseñado; fruto de una de las entrevistas surgió el "modelo mejorado del valor del cliente" y me pusieron de manifiesto que la confianza es la razón que hace que perdure la relación con los clientes, relación fructífera para ambos y potenciándose en el futuro.

Agradecimiento en especial a los profesores que me impartieron clases en el "executive master" MDCM del IE Business School, pues consiguieron que todos los fines de semana que tuve que trasladarme desde Málaga a Madrid para poder atender las clases durante más de nueve meses, lo hiciera con una gran inquietud pensando en reunirme con ellos los viernes y sábados para atender sus clases y poder debatir los diferentes casos prácticos. De no ser por esta inquietud y deseo de aprender, la realización del curso hubiera sido un sacrificio, y no un juego como así lo encontré. Esto fue gracias a profesores como Daisy Escobar, con la que mantuve bastantes "enfrentamientos" en sus clases, intencionadamente provocados por ella, Gildo Seisdedos, Emilio de Velasco, Gonzalo Real, Enrique Dans, Salvador Aragón, Fernando Sánchez Suárez, y el Doctor Félix Cuesta Fernández, que en sus magistrales clases me hicieron descubrir la importancia que tiene cada cliente y fruto de ellas surgió la idea para la investigación en mi tesis doctoral, trabajo que terminaría en este libro. De todos ellos y otros, han salido bastantes ideas aquí recogidas.

A la Doctora Francisca Parra Guerrero por su inestimable apoyo y confianza en la realización de mi tesis doctoral. Gracias a ella me decidí por la publicación de esta obra, fruto de las investigaciones realizadas para la realización del doctorado.

Un agradecimiento a mis padres, que siempre me apoyaron en todo lo que necesitara para mi formación.

Y un agradecimiento y una mención muy especial a mi mujer, Victoria, y mis hijos, Cristina y Carlos, por el tiempo que les he robado, y por el apoyo que de ellos en todo he recibido.

INTRODUCCIÓN

El objetivo de este libro es poner de manifiesto, en este nuevo entorno altamente competitivo, la importancia que tiene conocer cuáles son los clientes claves para el desarrollo del proyecto empresarial de la empresa. Estos clientes deben ser aquellos que contribuyan dando valor a dicho proyecto y que éste se perpetúe en el tiempo creciendo.

Se analizan las variables del cliente que son necesarias medir para conocer aquellos que son más valiosos para una empresas, los que contribuyen a que ésta crezca, para así poderlos clasificar y atender adecuadamente. Aparte de estas variables que se analizan (satisfacción, calidad percibida, confianza, valor recibido y modo en que se gestionan las reclamaciones e incidencias) consideramos que la recomendación, que en gran medida dependerá de ellas, que los clientes hagan de su empresa en sus mercados es decisiva para asegurar el crecimiento.

Veremos por tanto la importancia que tiene el valor que cada cliente aporta, para en función de ello definir cuáles son nuestros clientes claves y dedicarles a éstos la mayor atención, ya que los recursos de la empresa son limitados; si no los materiales, los humanos, y en la mayoría de los casos ambos.

No tener adecuadamente clasificados a los clientes en cuanto al poder que éstos tienen con sus decisiones e influencias en el mercado, puede llevar a que clientes clasificados como importantes, teniendo solo en cuanta su contribución a la cuenta "contable" de resultados, estén realmente destruyendo valor para la empresa por recomendaciones negativas que hagan, disminuyendo considerablemente lo que en otro cliente puede haber de valor, por no estarse midiendo adecuadamente el valor real que cada cliente aporta. Y todo lo contrario, clientes industriales aparentemente pequeños, pueden presentar, por sus relaciones o participaciones en otras empresas, fuertes lazos en los mercados donde operan con otros clientes industriales.

En este libro se desarrolla un modelo que permita un mejor conocimiento del valor que cada cliente aporta realmente; para así poderlos clasificar adecuadamente. Sobre todo en los tiempos actuales, donde por una parte, la globalización y por otra la liberalización en sectores, como en el energético y el de las telecomunicaciones, se debe tener detectados cuales son los clientes "claves" para blindarlos de la competencia, y cuáles los que se deben dejar que se pierdan o se vayan con la competencia.

En el Capítulo 1 se recoge la opinión de reconocidos autores al respecto de la importancia de tratar al cliente uno a uno de manera diferenciada y cómo realizarlo. Esto nos servirá para poder desarrollar el resto de los capítulos y los modelos propuestos de identificación del verdadero valor que el cliente aporta a la empresa.

En el Capítulo 2, se expone la herramienta a utilizar para poder llevar a cabo esta relación "uno a uno", el CRM; cómo se debe de implementar y que consideraciones debemos tener antes de hacerlo. Se pone de manifiesto la forma que la que esta herramienta debe ser usada, y no como la mayoría de las empresas que la implementan lo suelen hacer.

En los Capítulos 3 y 4, analizamos variables que intervienen en la fidelización de los clientes y que en este libro se analizan (Satisfacción, Calidad, Valor y la Confianza de los clientes) y la interrelación que entre ellas hay; recogiéndose la opinión de diferentes autores y cómo éstas influyen en la fidelidad del cliente.

En el Capítulo 5 se recoge, según diferentes autores, cómo medir el valor que cada cliente aporta a la empresa (entre otros el LTV) y cómo éste debe influir en las estrategias que se marquen.

En el Capítulo 6 se recoge el concepto de Word of Mouth (WOM), y cómo éste, la recomendación entre clientes, puede afectar en gran medida a la rentabilidad de la empresa.

En el Capítulo 7, no pudiendo faltar en este libro, se recoge lo que es un mercado B2B o entre empresas, poniendo de manifiesto la importancia de la relación y cómo llevar ésta a cabo.

En el Capítulo 8 se hace una recopilación de lo manifestado en los anteriores capítulos, para terminar poniendo de manifiesto la importancia de medir el valor real que cada cliente nos aporta.

En el Capítulo 9 se propone un modelo que nos permita poder conocer el verdadero valor que cada cliente nos aporta y cómo hacer que éste crezca.

En el Capitulo 10 se recoge un modelo de clasificación, en función del valor de cada cliente, que nos permita poder marcar estrategias adecuadas con cada cliente.

En el Capítulo 11 he visto conveniente recoger la importancia que el riesgo de cobro puede tener en un mercado B2B y cómo gestionarlo.

En el Capítulo 12 se recogen las conclusiones del libro.

A efectos prácticos se desarrollan tres casos en los Anexos. Uno, Anexo A, recoge simulación de un caso real de una empresa, pequeña en el mercado de una compañía eléctrica por lo que se le factura por tener un bajo consumo, que de no considerarse el valor que aporta a través de otras empresas sobre las que tiene fuertes relaciones, el valor por el que se la clasifica, de algo más de 5.000€, si se mide adecuadamente, puede superar los 6.000.000€. En otro caso (Anexo B) se muestra como clasificar clientes en un mercado B2B (podría aplicarse igualmente a un mercado final o B2C), según el nivel de confianza medido en los clientes y el margen de contribución a beneficios que dejan los clientes. Finalmente se deja un tercer caso, Anexo C, a resolver por el lector, sobre cómo clasificar a los clientes según su nivel de riesgo en cuanto al pago, que con lo desarrollado en el libro no tendrá dificultad de resolver.

Terminar indicando que la mayor parte de lo recogido en este libro es totalmente aplicable a un mercado B2C o dirigido al cliente final. Observaremos a lo largo del libro que para conseguir clientes fieles y fidelizados, debemos mantener una relación uno a uno con ellos y de manera personalizada, generando una relación basada en la confianza, como se recogen en los modelos desarrollados y en las conclusiones de las investigaciones que llevaron a este libro.

CAPÍTULO 1 DEL MARKETING TRADICIONAL AL MARKETING RELACIONAL

El marketing dirigido al mercado masivo o marketing de masas es el que históricamente se ha dirigido a la "familia típica", formado por un padre que trabaja fuera y una madre que cuida del hogar y de los hijos. Hoy en día, este arquetipo de familia no solo se ha reducido considerablemente en número, sino que han ido apareciendo diferentes "familias", en muchos casos formadas por un solo individuo.

Este marketing de masas, con producción masiva, tuvo éxito mientras los clientes estaban satisfechos con productos estandarizados.

En un marketing centrado en el producto, el objetivo era encontrar clientes para los productos a través de un esfuerzo de marketing de masas, mientras que en un marketing centrado en el cliente, el objetivo es desarrollar productos y servicios que se ajusten a las necesidades del cliente.

Es cierto que anteriormente a la revolución industrial, los vendedores conocían a sus clientes, en muchas ocasiones por su nombre, y generalmente entendían sus necesidades. En cambio con la producción de masas se construyó un muro entre los compradores y los vendedores, donde lo más importante era encontrar clientes para unos productos estandarizados.

Actualmente se ha pasado de buscar clientes para los productos a buscar productos para los clientes (Burnett, 2002).

Según van cambiando y diferenciándose las necesidades y preferencias de los clientes y éstos se pueden empezar a segmentar y clasificar, es necesario definir más pequeñas estas segmentaciones para poder atender, y conocer mejor, estas necesidades de los clientes.

Es imposible intentar satisfacer a todos los clientes en un mercado masivo con una estrategia de marketing masiva. Las empresas van pasando de dirigirse a un mercado masivo a un mercado más selecto de un grupo particular de clientes.

Si pasamos de dirigirnos de un mercado masivo, como todavía viene haciéndose, a un mercado de segmento, dentro de éste nos encontraremos individuos o familias con diferentes actitudes y necesidades, por lo que no deberemos dirigirnos y atenderlos a todos de la misma forma. La única forma de dirigirnos adecuadamente dentro de un segmento es creando un micromercado o grupo de personas afines a los que dirigirnos.

1.1 Segmentación de mercados

La segmentación es un enfoque a medio camino entre el marketing de masas y el marketing individualizado (Kotler, 2000).

Según Kotler (1989), la primera introducción de "segmentación de mercados" la hizo Wendell R. Smith en 1956 en un artículo titulado "Diferenciación de productos en segmentación de mercados: estrategias alternativas".

Para Kotler (1989), las cuatro P del marketing estratégico siguen los siguientes pasos:

- *Investigación* (Probing). La investigación del mercado es la que nos lleva a definir a qué clientes queremos dirigirnos.
- *Segmentación* (Partitioning). Comienza cuando empezamos a notar que aquellos clientes a los que nos queremos dirigir tienen diferentes peculiaridades y se pueden agrupar en segmentos.
- *Clasificación de los clientes* (Prioritizing). Una vez hecha la segmentación de los clientes, priorizamos a qué segmentos nos vamos a dirigir por haber una ventaja competitiva o porque nos interesa dirigirnos.
- *Posicionamiento* (Positioning). En cada uno de los segmentos a los que se decida ir, se definirá con toda precisión los puntos fuertes que se pueden aportar para diferenciarnos y posicionarnos.

Con estas cuatro P del marketing estratégico y las cuatro P del marketing mix, según Kotler, será más fácil dirigirnos, con una ventaja competitiva, a un segmento determinado al que deseemos atender.

Kara y Kaynak (1997) definen "segmentación de mercado" como aquella segmentación que identifica un grupo homogéneo de personas con similares deseos y necesidades. En esta segmentación, las necesidades y expectativas de los clientes incluidos en un segmento, difieren de las de otros clientes en otros segmentos.

Kara define "nicho de mercado" como un pequeño mercado que no está servido por la competencia. Según Kotler (1995), en una estrategia de nicho de mercado hay que ir a la especialización.

La selección de un mercado implica un compromiso con un determinado grupo de clientes.

El marketing de segmentos ofrece varias ventajas respecto al marketing de masas. Se afina mejor en el producto o servicio, se ajusta el precio según el público al que se dirija y los canales de comunicación y distribución son más eficientes.

La segmentación fina FS ("finer segmentation") según Kara y Kaynak (1997), es el mercado de "un solo cliente", es decir, asumiendo la heterogeneidad de cada cliente y focalizándose en las necesidades y deseos de éstos, el mercado se segmenta en pequeños micromercados para así diseñar, según necesidades individuales, las estrategias como si se dirigieran a un mercado masivo. La segmentación fina (FS) es una conceptualización más precisa de la segmentación del mercado. De esta manera se reducen costes en stocks y costes relacionados, disminuyéndose en fallos en el servicio y mejorando la calidad percibida por el cliente.

Estos mismos autores, Kara y Kaynak (1997). recogen los pasos sucesivos de la segmentación del mercado, desde el mercado masivo al mercado personalizado (Figura 1.1.1).

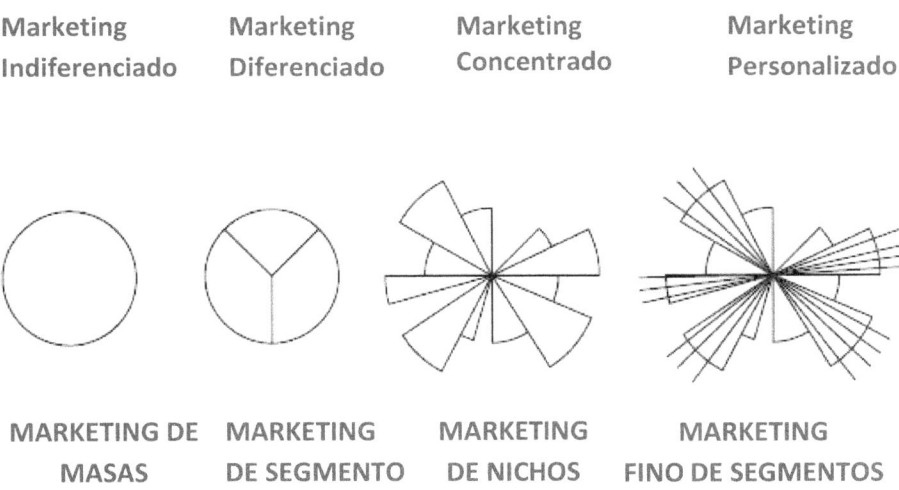

Figura 1.1.1 Desarrollo progresivo de la segmentación de mercados según Kara y Kaynak (1997)

Según Kara y Kaynak (1997), existen las siguientes ventajas en una segmentación fina del mercado:

- El valor para la empresa del cliente en el tiempo, concepto que analizaremos más adelante, se verá maximizado. El cliente será mas leal en una segmentación fina que en una segmentación tradicional.

- Conforme una empresa pueda entregar productos personalizados, mayor ventaja competitiva tendrá sobre sus competidores.

- En una segmentación fina de mercado, unos costes se reducirán (menos fallos y mayor eficiencia en campañas) y otros aumentarán (bases de datos e información), pero las actividades de marketing serán mas eficientes. Los costes por unidad son mayores en una FS, pero los totales son menores.

- Las negociaciones adquieren una mayor importancia en la segmentación fina que en la tradicional, a la vez que serán más rápidas.

- El éxito de una correcta implantación de una segmentación fina de mercado dependerá de la compartición de la información del cliente en toda la organización.

- Aquellas compañías que adoptan una estrategia de FS tendrán estructuras más planas que aquellas que no la adopten, con la consiguiente agilidad y disminución de costes.

Kotler (1989) dentro de la segmentación considera cuatro niveles a los que dirigirse:

- Mercado masivo
- Mercado de segmento
- Micromercado, dentro del segmento definido.
- Mercado de individuos, considerando a cada persona como un segmento.

Kara y Kaynak (1997) clasifican las diferentes segmentaciones del mercado según los diferentes rasgos que cada una presenta, estando todas orientadas a dar la mayor satisfacción a cada cliente (Figura 1.1.2).

Figura 1.1.2 Clasificación de segmentos según Kara y Kaynak (1997).

La segmentación del mercado permite un mejor conocimiento del mercado e identificación de nuestros clientes potenciales, consiguiéndose una mayor efectividad en las estrategias de marketing. Según Küster (2002), ofrece las siguientes ventajas recogidas en la Figura 1.1.3. A través de una segmentación de mercados, las empresas pueden competir de manera eficiente en base a ventajas competitivas fuertes descubiertas y puestas en valor gracias a este mejor conocimiento de los clientes.

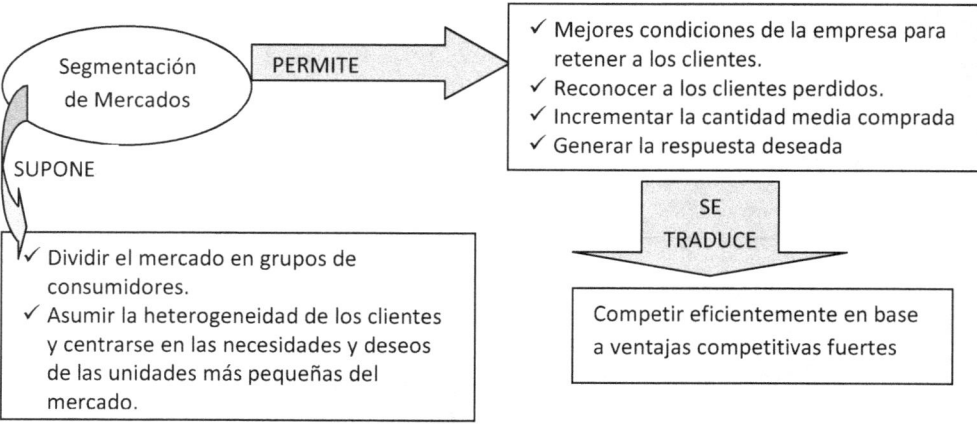

Figura 1.1.3 Ventajas de la segmentación, Küster (2002)

Burnett(2002) considera la relación con el cliente como una extensión natural de la segmentación, llevando a la empresa a centrarse en el cliente.

1.2 Centralización en el cliente Clave

En este nuevo entorno globalizado donde operan las empresas, y donde cada vez más el cliente puede optar a tener unas necesidades más diferenciadas, la gestión adecuada y personalizada será la clave de éxito de cualquier empresa, independientemente del tamaño y el sector en que opere.

Según Kayak y otros autores (recogido por Kotler, 2000), una empresa de alto rendimiento presenta el esquema recogido en la Figura 1.2.1

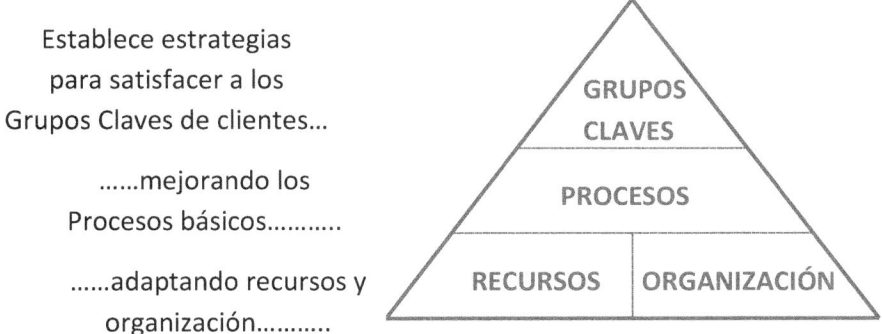

Figura 1.2.1 La empresa de alto rendimiento (según Kayak, Drazen y Kastner, recogido por Kotler, 2000)

La empresa de "alto rendimiento" establece sus objetivos priorizando sobre los clientes claves. Para esto, las estrategias (estrategias de relación como veremos más adelante) que se definen están encaminadas a satisfacer a estos clientes "claves", haciendo hincapié en la mejora continua de los procesos, orientándolos a satisfacer las necesidades de estos clientes, y para ello adaptando y orientando continuamente los recursos y la organización a dichos clientes claves.

Según Kotler (2000), las empresas centradas en el cliente se encuentran en mejor posición para identificar nuevas oportunidades y establecer estrategias que proporcionen beneficios a largo plazo. Pueden decidir qué clientes y necesidades emergentes son más importantes.

Para una empresa es clave del éxito el conocer y dirigirse a los "Grupos Claves" de clientes para satisfacerlos a través de los procesos adecuados que contribuyan a tal fin, adaptando a los mismos los recursos y toda la organización. Por ello, toda empresa debe empezar por diferenciar a sus clientes (y a los clientes de la competencia a los que quiera dirigirse), distinguiendo a aquellos que son "claves" para el modelo de negocio que haya definido. Además, deberá agrupar a los clientes en función de criterios que le permita tratarlos con diferentes estrategias, adecuándose mejor a sus necesidades para así poder ofrecérselas. Esto le podrá crear una ventaja competitiva frente a la competencia, pero que deberá estar en continuo desarrollo para poder ser sostenible en el tiempo. Hoy en día, una empresa es sostenible en el tiempo si es capaz de dar continuamente (y renovadamente) un servicio al cliente que cree un valor a éste superior al que le pueda dar la competencia. Para detectar esto, y poderlo llevar a cabo y de manera continuada, veremos posteriormente que la metodología CRM (Customer Relationship Management) es una buena herramienta.

Whiteley y Hessan (1996) indican que cuando la empresa se focaliza en el cliente y se organiza en torno a éste, haciendo de él su centro, conocerá perfectamente a sus clientes, identificándolos y pudiendo trasladar a toda la organización las necesidades del cliente para poder así añadir valor en cada uno de los procesos que conforman el servicio a los clientes.

Estos autores sugieren cinco acciones que ayudan a reconocer una empresa centrada en el cliente de aquella otra que no lo está (ver Cuadro 1.2.1):

Las empresas que aprendan a centrarse en el cliente y se posicionen adecuadamente en un mercado, cada vez más competitivo, tendrán más oportunidades para crecer y prosperar.

Las estrategias de creación de relaciones sólo pueden ser efectivas cuando son tangibles y sostenibles y supongan una ventaja competitiva para el proveedor y el cliente (Burnett, 2002).

Acción	Empresas centradas en el cliente	Otras empresas
Focalización definida en clientes	Directivos y empleados se orientan a "targets" definidos de clientes para darles valor	Ven oportunidades en todas partes
Crear infraestructuras que inteligentemente traten la información recibida del cliente	Invierten en desarrollar la información que reciben de los clientes y adecuadamente tratada es trasladada a toda la organización para dar el servicio que el cliente quiere con el mayor valor	Invierten fuertemente en investigaciones del mercado, pero apenas toman decisiones en actuar sobre dicha información
Colaboración Global	Crean grupos interdisciplinares dentro de la organización orientados a servir al cliente	Prima la jerarquía, y toda la mejora de la empresa está dirigida a ella misma, sin considerar al cliente
Transformar clientes satisfechos en clientes entusiasmados	La empresa desarrolla una interacción con el cliente formando éste parte en el proceso del producto/servicio	La fuerza de ventas está presionada en dar servicio a todos los pedidos. El servicio es una necesidad
La dirección en contacto permanente	La dirección se involucra con los clientes y	Los directivos toman decisiones de

Capítulo 1 Del marketing tradicional al marketing relacional

| con el mercado | empleados | posicionamiento sin tener en cuenta al mercado |

Cuadro 1.2.1. Diferenciación entre empresa centrada en el cliente y otras empresas (Whiteley y Hessan, 1996).

Según Lee Iacocca (recogido por Burnett, 2002), una compañía que tenga el mejor sistema de distribución y el mejor servicio tiene todas las de ganar, ya que en otras áreas no se puede mantener durante mucho tiempo las diferencias.

Una vez que la empresa haya hecho su diagnóstico, si ve que está orientada al mercado de manera tradicional ("productocéntrica"), según se recoge en la Figura 1.2.2 para una empresa comercializadora de servicios,

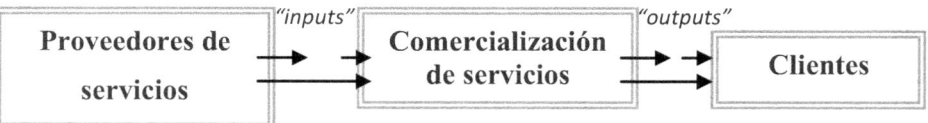

Figura 1.2.2. Empresa Tradicional (orientado al producto)

debe pasar a estar orientada al cliente ("clientecéntrica") o ajustada a los servicios del cliente, según se recoge en la Figura 1.2.3., como paso previo para

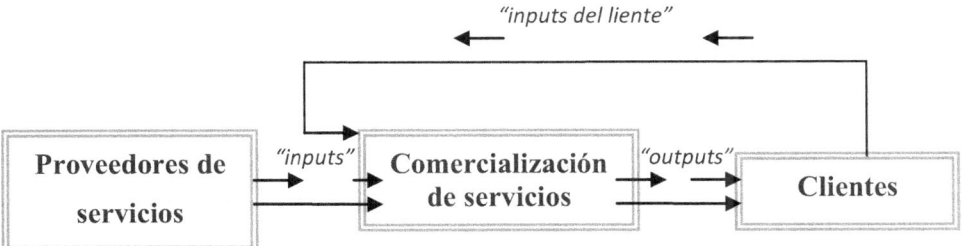

Figura 1.2.3. Empresa Ajustada a los servicios (orientado al cliente)

iniciar una implantación de la herramienta CRM anteriormente citada y que más adelante se expondrá.

Uno de los factores distintivos de una estrategia de marketing de relación o centrada en el cliente es que el flujo de comunicación tenga lugar en ambos sentidos.

En el marketing tradicional, las decisiones empresariales se toman en función del cliente, al que hay que satisfacer, mientras que en el marketing de relaciones también es el cliente, pero a quien hay que escuchar y ofrecer el máximo valor para conseguir su satisfacción.

Según Slater y Narver (Munuera y Rodríguez, 1998) la adopción de una filosofía de marketing orientada al mercado tiene una gran importancia en el proceso empresarial de creación de valor y en el desarrollo de una ventaja competitiva sostenible y defendible en el tiempo frente a la competencia.

Es importante dar un nuevo enfoque del Marketing mix para adaptar el mismo al cliente:

- *Producto vs. Solución.* Hay que buscar soluciones que den valor añadido o definan servicios a la medida del cliente. En una venta "relacional" es preciso conocer el negocio del cliente (sus clientes, donde opera, etc.), la identificación de cada una de las personas que influirán o ejercerán la compra y qué "valor" aprecian es aportado en la venta o servicio.

- *Precio vs. Inversión.* El cliente tiene que ver el servicio/producto que se le da, como una inversión en sus procesos, que a su vez le permitirá unos "retornos".

- *Plaza vs. Usabilidad.* El servicio/producto que se "diseñe" para el cliente debe ser integral, no solo puesto a disposición del cliente. Se debe incorporar un servicio postventa y de formación/asesoramiento. La venta no es un acto concreto de poner a disposición del cliente un producto o servicio, sino que debe haber una continuidad y seguimiento.

- *Promoción vs. Comunicación.* La comunicación tiene un sentido más amplio de reciprocidad. Hay que recoger y saber lo que quiere el cliente para poder dar el servicio o producto a su medida y con el mayor valor para éste.

Por otra parte los clientes ahora saben qué necesitan, cuándo lo necesitan, cómo lo necesitan, y qué precios están dispuestos a pagar. Tienen una mayor expectativa y quieren sentirse y estar en el centro de la organización de la empresa.

La gestión de la relación con el cliente, no significa ignorar a la competencia, sino mantenerse cerca y responder a las necesidades del cliente (Burnett, 2002).

Claycomb y Martín (2002) realizaron una encuesta dirigida a 1.100 empresas de servicios de USA, obteniendo una respuesta en 205 de ellas, 19% de los casos. El objetivo de la misma era poner de manifiesto las estrategias de relación que se marcan estas empresas con sus clientes. De 42 estrategias que se marcaron, puntuándose en una escala de 1 a 7, desde muy prioritaria a nada prioritaria, se pone de manifiesto aquellas estrategias más importantes, donde además el 80% de los encuestados dieron una alta prioridad (1 ó 2) a las siete primeras marcadas. En el cuadro 1.2.2 se recogen las quince estrategias con mayor priorización por parte de los clientes de las cuarenta y dos presentadas.

Ranking	Objetivo	Media	Desviac. Estand.
1	Animar a sus clientes a pensar en nuestra firma cuando piensan en comprar	1.71	1.39
2	Proveer de un mejor servicio a nuestros clientes	1.75	1.29
3	Animar a nuestros clientes a hablar favorablemente de nuestra firma	1.80	1.42
4	Animar a nuestros clientes a confiar en nuestra firma	1.84	1.47
5	Animar a nuestros clientes a seguir haciendo negocios con nuestra firma	1.89	1.36
6	Añadir valor a lo que nuestros clientes reciben	1.96	1.39
7	Animar a nuestros clientes a reverenciarnos	2.01	1.46
8	Hacer que nuestros clientes se sientan orgullosos de hacer negocios con nuestra firma	2.14	1.41

9	Animar a nuestros clientes a ser honestos con la firma	2.23	1.46
10	Animar a nuestros clientes a comprar otros servicios y productos de nuestra firma	2.28	1.58
11	Hacer nuestro negocio más atractivo para ser referenciado	2.32	1.53
12	Animar a nuestros clientes a comprar más frecuentemente	2.35	1.57
13	Animar a nuestros clientes a comprar mayores volúmenes	2.43	1.62
14	Animar a nuestros clientes a apreciar la calidad de nuestros productos y servicios	2.45	1.45
15	Animar a nuestros clientes a comprar únicamente a nuestra firma y no a la competencia	2.48	1.48

Cuadro 1.2.2. Ranking de importancia de estrategias con los clientes (Claycomb y Martín, 2002)

Los siete primeros "items" recogen que las empresas priorizan construir relaciones con los clientes mejorando el "recuerdo" del cliente, el servicio que se presta, provocando la prescripción del cliente, y alentando al cliente a hacer "negocios" con la empresa.

Según Munuera y Rodríguez (1998), las empresas prospectoras y analizadoras muestran una orientación al mercado que no comparten las defensoras y reactivas, y según Bourgeois (recogido por los anteriores autores), los negocios de este tipo de empresa son los que obtienen un mejor resultado (ver Figura 1.2.4).

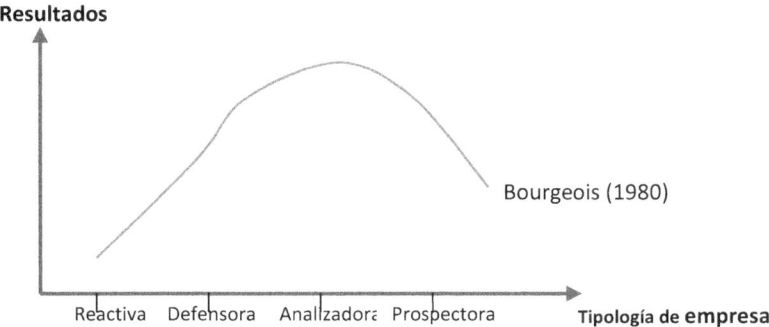

Figura 1.2.4. Relación entre el tipo de estrategia empresarial y el beneficio (de Bourgeois, recogido por Munuera (2002))

Pero para centrarse en el cliente, se debe pasar de un marketing clásico o tradicional dirigido a masas, a una comercialización "one to one".

1.3 De un marketing de masas a la comercialización "One to One"

Ya Alvin Toffler anticipó el concepto de "comercialización de masas" o "mass customization" como una metodología adecuada en su clásico de 1970 Future Shoc (ver Joseph Pine, 1993). Según Toffler "Mass Customization" es un modelo competitivo de servicio que identifica completamente los deseos y necesidades de manera individualizada de cada cliente, sin aumentar necesariamente de manera significativa los costes ni reducir la efectividad.

Parasuraman y otros autores (1991a), en entrevistas realizadas con clientes, han detectado que éstos desean ser "clientes relacionados" con la empresa que les da servicios, pues toda compra lleva un servicio asociado. Desean un socio que les conozca y se preocupe de ellos.

Cada vez más, el cliente va buscando además del producto un servicio personalizado que cubra las necesidades que tiene.

Pero, ¿cómo pasar de ofrecer un producto de manera masiva a ofrecerlo cliente a cliente en un marketing "one to one"?

Pine (1993) recoge cinco pasos para implementar una comercialización personalizada:

1º Dar el servicio personalizado entorno a productos y servicios existentes ya estandarizados.

2º Dar servicios y productos personalizados que los clientes puedan fácilmente adaptar a sus necesidades.

3º Llevar la producción o el servicio hasta el cliente, para darle una entrega personalizada.

4º Tener respuestas rápidas y adecuadas al cliente en la forma y el tiempo.

5º Modularizar el servicio y los productos.

Asimismo Peppers y Rogers (1998) recogen cuatro pasos para pasar de una manera segura desde un marketing de masas a un marketing "one to one".

1. *Visionado*. Antes de pasar a un marketing "one to one", la empresa debe verse como operaría desde el otro lado, el del cliente. Estos autores proponen hacerse la siguiente pregunta: "si dispusiéramos de toda la información que

entendemos necesitamos de nuestros clientes, ¿qué haríamos diferente en nuestro negocio con los clientes?"

2. *Organización*. Pasar a tratar a los clientes de manera individualizada no puede hacerse sin una reorganización. No debe ocurrir que a un cliente que compra tres servicios o productos diferentes a una misma empresa, sea tratado como si fueran servicios a tres diferentes clientes porque es atendido por tres unidades de la empresa diferente, cada una de ellas con sus diferentes objetivos. Peppers y Rogers proponen clasificar a los clientes de valor para la empresa en "portfolios" según necesidades similares y asignar a un "gestor de clientes" a cada "portfolio". La responsabilidad de este gestor es desarrollar una relación de valor en el tiempo con los clientes de su "portfolio", manteniendo a los clientes el máximo tiempo posible e incrementando el valor de los mismos.

3. *Medición*. Las formas métricas clásicas de medición del negocio que se hace con los clientes en un mercado masivo no es válida en el marketing "one to one". Para una adecuada medición, hará falta una información adicional y nuevas herramientas tecnológicas. Métricas adecuadas entre otras según estos autores son el "valor en el tiempo de vida del cliente" y el "valor estratégico del cliente". Normalmente los diferentes departamento de ventas a clientes tratan al cliente en su base de datos de manera independiente. Para ir a un marketing "one to one" esta información debe ser compartida entre todos los departamentos y líneas de negocio de la empresa,

desapareciendo las fronteras y barreras de las diferentes funcionalidades y divisiones de la empresa, intentando con ello disminuir el número de contactos necesarios y favorecer las ventas cruzadas.

Pasar de medir beneficios para los diferentes productos a beneficios por diferentes clientes. Para el marketing "one to one" es importante conocer el beneficio de cada cliente, lo que no "importa" en el marketing masivo o tradicional, más interesado en el beneficio por cada producto. La rentabilidad del cliente mide mejor a largo plazo la rentabilidad de la empresa. Estos autores inciden en la importancia de medir "cuota de cliente" más que "cuota de mercado". Recogen como ejemplo el valor a largo plazo que tiene la venta de una automóvil a un cliente cuando éste es el primero que adquiere, no teniendo el mismo valor ese mismo automóvil vendido a otro cliente que ya ha poseído otros.

4. *Transición*. Una vez que la empresa sabe a donde ir y qué va a hacer en este nuevo escenario, debe hacerlo de manera gradual, cliente a cliente y producto a producto exponiendo el menor riesgo en el cambio. Los autores proponen empezar por aquellos clientes de mayor valor y a los que una atención personalizada será más significativa, continuando sucesivamente con el resto de clientes.

Peppers y Rogers (1998) propone en esta transición seguir los siguientes cuatro pasos creando una Relación de Aprendizaje:

1. El cliente enseña a la empresa qué desea interaccionando con ésta.

2. La empresa, con ese nuevo conocimiento adquirido del cliente, desarrolla el producto con las necesidades particulares del cliente, y recuerda cómo lo ha hecho para futuras interacciones.

3. Conforme más interacciones haya, mejor se irá conociendo al cliente a costa de un esfuerzo que éste ha hecho para enseñar a la empresa lo que quiere de manera personalizada.

4. En este momento, si el cliente deseara un mismo servicio de otra empresa, deberá hacer nuevamente un esfuerzo para volver enseñar a esa otra empresa lo que desea y cómo lo desea. Se ha creado una barrera natural de salida.

Pitta (1998), clarifica dos pasos para llegar al marketing "one to one", como desarrollo de dos conceptos ya definidos y tratados en el marketing tradicional o masivo, primero establece que la relación "one to one" es una extensión del proceso de segmentación del mercado, por lo que la empresa debe conocer previamente las necesidades de estos segmentos a los que quiere atender. Segundo, el nuevo concepto "mass customization", como una extensión de la diferenciación del producto. El objetivo es hacer llegar a cada cliente el producto que éste necesita realmente.

Mientras el marketing dirigido a masas es una estrategia centrada en el producto, consistente en "empujar" (estrategia "push") a través de los canales de distribución para venderlo al mayor número posible de clientes con unos requisitos estándares, en el marketing "mass customization" se identifican a los diferentes clientes con sus diferentes necesidades en segmentos homogéneos según Bardakci y Whitelock (2003).

Peppers y Rogers (1999c), recogen que el marketing "one to one" crea lealtad y barreras a la competencia. Indican la importancia de premiar a los representantes o vendedores por encontrar y mantener a los clientes de mayor valor.

En "mass customization", la venta no es el objetivo último, sino la relación que se crea entre el vendedor y el comprador que se convierte en interdependiente (Bardakci y Whitelock, 2003). En "Mass customization" se sirve a un cliente cada vez.

Según Smith (1956), la falta de homogeneidad por el lado de la demanda puede estar causada por la diferenciación en los clientes, deseos variables o diferentes usos o necesidades. Es mejor aceptar la diversidad de la demanda como una característica y ajustar el producto y las estrategias de marketing acordemente. Smith distingue entre estrategias de diferenciación y de segmentación.

La diferenciación del producto está referida a la curva de demanda que se quiere dar al producto desde el vendedor. La segmentación se basa en un desarrollo mayor de los clientes desde el lado de la demanda de éstos. Puede ocurrir que estrategias de diferenciación de productos sean efectivas en unos segmentos del mercado y no en otros.

Smith concluye que para que sea exitosa la estrategia de marketing que se haga, tanto la diferenciación del producto como la segmentación del mercado tienen que estar integradas.

Para que sea rentable o la empresa obtenga el máximo beneficio, debe integrar estos dos conceptos de manera inseparable, llegando a la "customización" en masa.

Para llegar a un servicio personalizado a nivel de masas ("mass customization") aplicando un marketing "one to one", según Pitta (1998) y Peppers y otros (1998a), hay que seguir los siguientes cuatro pasos:

1. *Identificación de los clientes.* Conocer a los clientes leales, ya que ellos representan el éxito futuro de la empresa, adelantándonos a sus necesidades.

2. *Diferenciación de los clientes.* Habiendo identificado a los mejores clientes, conocer sus preferencias y necesidades y tratarlos de manera diferente. Los clientes tienen diferente valor para la empresa y diferentes necesidades. En un marketing "one to one" se identifican a los clientes de mayor valor y se les trata adecuadamente.

3. *Interactuación con cada cliente.* Cada contacto con un cliente presenta la oportunidad de conocer más acerca de él y poderles ofrecer otros servicios. A través de sucesivas interacciones con el cliente se aprende cada vez más de él, y éste nos enseña a atenderle mejor.

4. *Ofrecimiento de un producto/servicio personalizado.* Dar a cada cliente lo que quiere. Esto se obtiene aprendiendo con el cliente lo que necesita y desea para dárselo en esa forma. Requiere un esfuerzo tanto de la empresa como del cliente que "enseña" a la empresa para futuros servicios, lo que además de un lazo, crea una "barrera natural" de salida para el cliente, ya que de irse a otra empresa debe empezar de nuevo comunicando qué quiere y cómo lo quiere.

A diferencia de esto, el marketing tradicional se fundamente en una producción y servicio a gran escala o masivo, tratando a todos los clientes por igual.

Peppers y otros (1998a), recogen que mientras el marketing tradicional se focaliza en un solo producto e intenta vender éste a tantos clientes como sea posible, el marketing "one to one" se focaliza en un solo cliente e intenta ofrecerle todos los servicios personalizados que necesite, no solo en un instante, sino a lo largo de toda la vida de ese cliente.

Aunque es más económico desarrollar estrategias por grupos en el mercado, es más rentable, sobre todo a un cliente valioso, la comunicación directa con éste, pudiéndole ofrecer lo que realmente éste necesita. En el marketing relacional, la información adecuada de cada cliente es crítica para poder ofrecer una ventaja competitiva en este cliente específico. La información del cliente es la verdadera ventaja competitiva sostenible. Es la mejor manera de poder ofrecer al cliente algo que nadie, ningún competidor que no posea dicha información, podrá copiar (Peppers y Rogers, 1995a).

En la Figura 1.3.1 se recoge la evolución de una marketing de masas a un marketing "one to one" según se acaba de exponer, donde pasamos de una focalización en el mercado a una focalización en el cliente (Chen y Popovich, 2003).

En esta figura se muestra la evolución desde una relación débil a una relación fuerte.

Para hacer clientes leales, las empresas deben posicionarse en un mercado "one to one". En vez de vender un mismo producto a muchas personas (marketing en mercados masivos), vender a menos clientes más productos (marketing "one to one").

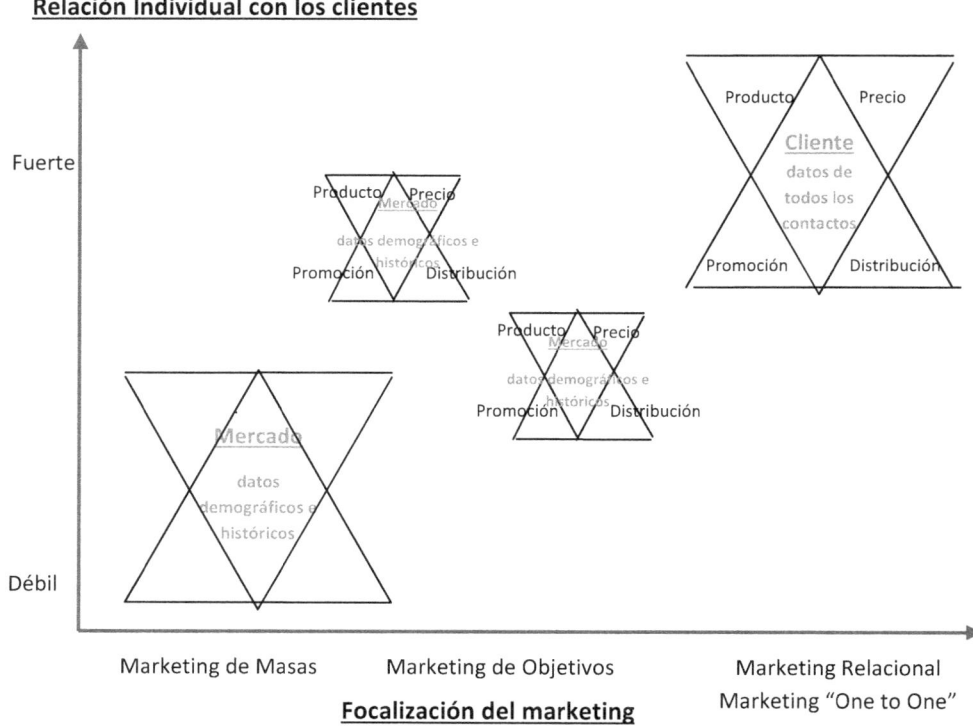

Figura 1.3.1. Evolución del marketing de masas al marketing "one to one" (Chen y Popovich (2003))

En la Figura 1.3.2 se recogen los sucesivos pasos que llevan a una orientación de marketing "one to one" desde un marketing masivo pasando por un marketing de segmentos (Cuesta, 2003).

Don Peppers y Martha Rogers (recogido por Sengupta, 1993) en su publicación "The One to One Future", recomiendan pasar de "cuotas de mercado" a "cuotas de cliente". Ir a un modelo de "cuota de mercado" implica vender a cualquier cliente interesado, tratando a los clientes nuevos y antiguos de la misma manera. En cambio un modelo de "cuota de cliente" implica vender, con un mayor beneficio, a aquellos clientes con los que ya hemos establecido una relación, con un menor coste de comunicación. Ya en su obra, los autores predijeron que en el futuro los mercados se concentrarían en satisfacer a un grupo selecto de clientes a lo largo de su vida, más que a un gran número en un corto periodo de tiempo de relación con ellos.

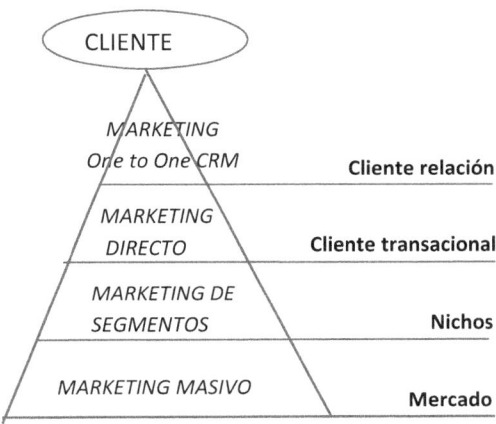

Figura 1.3.2. La orientación del Marketing (Cuesta, 2003)

Peppers y Rogers (1998a) recogen cuatro pasos para ir eficientemente a un marketing "one to one".

Paso 1. *Diferenciar a los clientes.* Por ejemplo se pueden diferenciar entre industriales, comerciales y residentes. En un marketing "one to one" hay que diferenciarlos en función de sus necesidades y el valor que tengan, siendo el valor lo que el cliente "valga" para la empresa. La diferenciación de los clientes es un "core competency".

Paso 2. *Construir una infraestructura de base de datos uno a uno,* como parte del proceso. Suele reconocerse como CRM (Customer Relationship Management) que más adelante se analizará.

Paso 3. *Transformar a los empleados en especialistas de relaciones* con los clientes. Las personas que se relacionan con los clientes son un recurso limitado dentro de la empresa, por lo que se deben dedicar a los clientes de mayor valor.

Paso 4. *Pasar a vender lo que el cliente quiere*, no lo que se ha venido vendiendo. Esto no quiere decir pasar a vender lo que la media o la mayoría de los clientes quieren, sino lo que cada uno de ellos quiere.

El marketing de relaciones se desarrolla bajo la base de que los clientes varían de unos a otros en cuanto a sus preferencias, necesidades, comportamiento ante la compra y su sensibilidad al precio (Chen y Popovich, 2003).

La técnica de marketing relacional con los clientes se focaliza en clientes individuales y necesita que la empresa se organice entorno al cliente más que entorno al producto.

La relación por sí viene a ser un atributo muy importante en el proceso de servicio al cliente, más que en la transacción.

"Mass customization" permite al cliente participar en el diseño y en el desarrollo del producto que va a adquirir. De esta mansera es más probable que el cliente quede más satisfecho.

"Mass customization" diferencia a los clientes por sus necesidades, más que diferenciarlos por sus atributos comunes y es un camino significativo para aumentar la satisfacción del cliente y su retención, y como veremos más adelante, su recomendación.

No obstante, según Bardakci y Whitelock (2003) hay tres inconvenientes que pueden tener lugar. Primero, es más caro por término medio el producir un producto diseñado por el cliente, que uno estandarizado. Segundo, un producto en un mercado "mass customization", no se puede fácilmente entregar en el momento de su solicitud y tercero, el tiempo que puede transcurrir desde que el cliente inicia el diseño de su producto hasta que lo tiene, puede ser excesivo.

A pesar de estos inconvenientes, Bardakci y Whitelock (2003) justifican que es adecuado realizar "mass customization", pues:

a) Los clientes están dispuestos a pagar un sobreprecio por un producto a su medida. Esto es contrario a ideas como que los clientes están dispuestos a sacrificar preferencias y algo de calidad por un precio menor.

Dando a los clientes aquello que desean y necesitan, es más probable que se alcance un alto grado de satisfacción, y en este caso, el precio no es lo más importante para el cliente (Peppers y Rogers, 1997). Existen bastantes casos de productos en "mass customization" con precios más altos que en el mercado tradicional.

b) Aunque en "mass customization" es más improbable poder entregar el producto final en el punto de venta, los clientes están dispuestos a esperar un tiempo razonable para recibir su producto.

Cada vez más, el cliente participa y forma parte de la cadena de valor del producto que va a recibir, y por ello es más difícil que él mismo lo pueda recibir al instante. Es importante conocer, y en ello radicará el éxito, el tiempo "aceptable" para un cliente.

Según Chase y Heskett (1995) en contraste con las empresas de producción, el servicio al cliente, que cada vez tiene mayor protagonismo, tiene lugar en presencia del mismo, con considerable participación de éste e interaccionando con la organización de la empresa. Asimismo, el servicio ofrecido requiere una coordinación extensiva entre el "front office" y el "back office".

El tiempo necesario para terminar un producto y entregarlo, estará determinado por la naturaleza del producto y el nivel de personalización del mismo deseado por el cliente.

c) Los clientes están dispuestos a "invertir" parte de su tiempo especificando las características del producto que desean, sobre todo en la primera relación o compra.

Conforme más importante sea la involucración del cliente en el proceso de diseño y elaboración del producto, más tiempo deberá invertir el cliente en especificar sus deseos.

Que el producto no se entregue con la prontitud deseada y se deba hacer una importante inversión de tiempo, tanto por parte del cliente como por la empresa, puede suponer un "ventaja/desventaja" competitiva, que por otra parte se afianzará/rebajará en función de la "relación de aprendizaje" entre el cliente y la empresa en ese tiempo invertido.

Dicho de otra forma, la inversión en tiempo que dedica el cliente, permite a la empresa conocer más acerca de éste creando unos lazos más difíciles de romper y una mejora en la manera de atender al cliente.

Podemos concluir diciendo que un cliente es "adecuado" en un mercado "mass customization", si está dispuesto a pagar un sobreprecio, esperar a recibir el producto solicitado, y a invertir un tiempo razonable en solicitar lo que desea (Véase Figura 1.3.3).

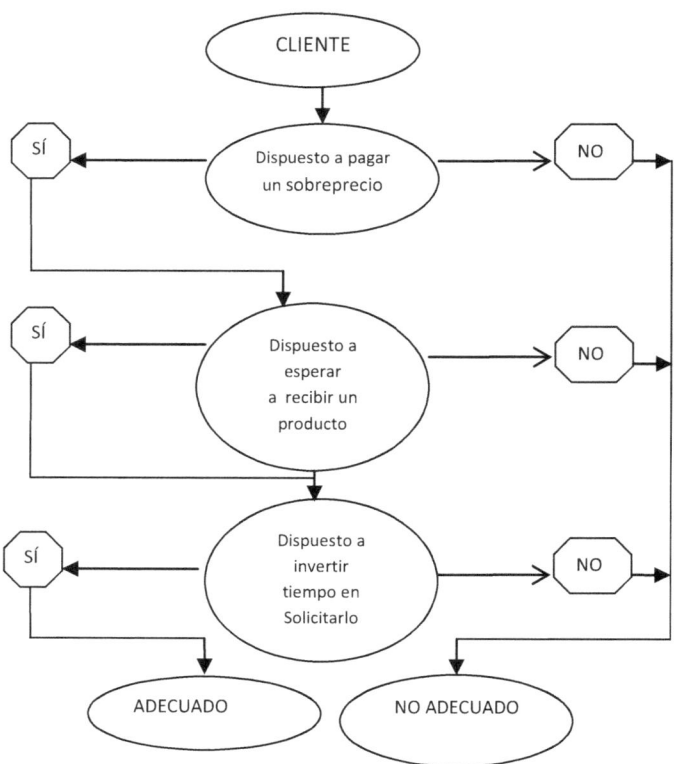

Figura 1.3.3. Diagrama de decisión para "customizar" a un cliente. Ahmet Bardakci y J. Whitelock (2003)

Dependiendo de la naturaleza del producto y del nivel de sofisticación que el cliente desee, estas variables tendrán un peso diferente.

Según Pine y Gilmore (2000), personalizar un producto se convierte en un servicio, personalizar un servicio se convierte en una experiencia, y personalizar una experiencia se convierte en una transformación (ver Fig. 1.3.4). Según estos autores no es fácil determinar qué desean los clientes para dárselo de manera personalizada. A través de encuestas se puede conocer qué desea el mercado, qué le satisface y en qué grado, pero no lo que a nivel individual se desea.

En el marketing de transacciones, marketing de masas o marketing tradicional, al cliente se le trata de manera indiferenciada dentro del mercado objetivo. Sin embargo, en el marketing relacional, o marketing "one to one", al cliente no solo se le personaliza, sino que se le considera como colaborador.

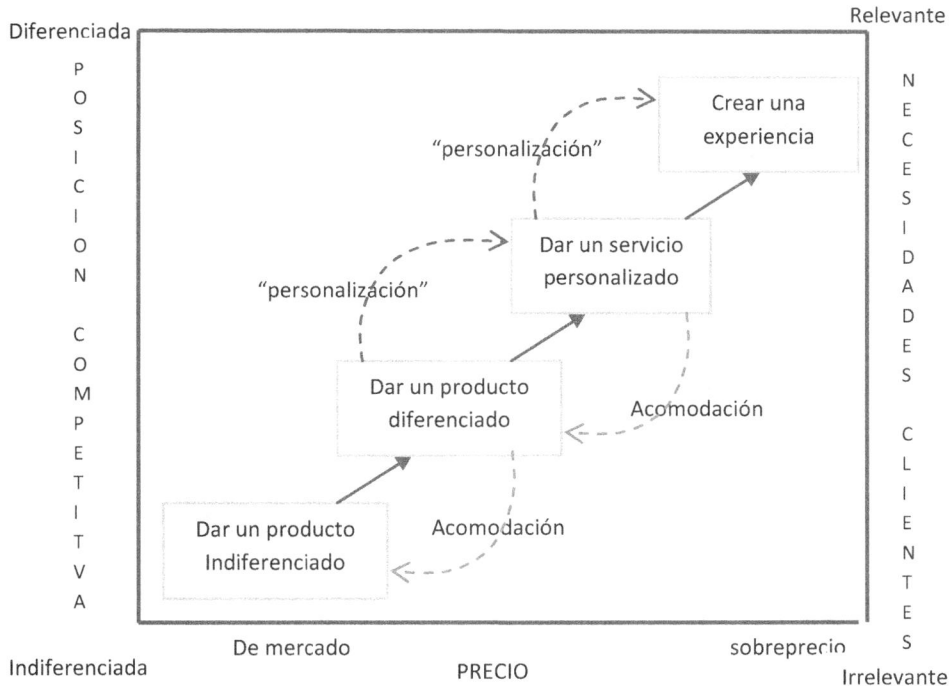

Figura 1.3.4. Progresión de economía de valor. Joseph Pine and Gilmore (2000)

En el Cuadro 1.3.1 se resumen las diferencias más significativas entre marketing "one to one" y marketing de transacciones o tradicional.

En el marketing tradicional, la función de marketing se encarga de informar al resto de la empresa sobre las necesidades de los clientes. En el marketing de relaciones, la función de marketing es participada por toda la empresa, implicándose con el cliente.

Para conseguir una ventaja competitiva, en el marketing relacional, en el que se busca una relación alta e interactiva con los clientes, éstas deben ser largas en el tiempo para poder crear valor, tanto para los clientes como para las empresas. Las estrategias de colaboración mantenidas entre los clientes y las empresas a lo largo del tiempo serán la clave para crear una ventaja competitiva, tanto para la empresa que presta los servicios como para el cliente.

Marketing tradicional o transaccional	Marketing "One to One" o relacional
Cuota de mercado	Cuota de cliente
Marketing competitivo	Marketing colaborativo
Diferencia productos	Diferencia clientes
Economías de escala	Economías de alcance
Gestión de productos	Gestión de clientes
Exprimir a los clientes	Dialogar con los clientes
Presionar a los clientes para aceptar los productos	Adaptar los productos a los clientes
Utilizar los datos del cliente	Proteger la privacidad
Cliente medio	Cliente individual
Anonimato del cliente	Perfil del cliente
Producto estándar	Oferta a medida
Producción masiva	Producción a medida
Publicidad masiva	Mensaje individualizado
Promoción masiva	Incentivos individualizados
Todos los clientes	Clientes rentables
Atracción del cliente	Fidelización del cliente

Cuadro 1.3.1. Comparación entre mercado masivo y mercado "one to one"

Al pasar de un marketing tradicional a otro relacional, pasamos de mantener transacciones puntuales con los clientes a mantener una relación estrecha y duradera en el tiempo con estos.

¿Pero, es suficiente estar orientado al cliente en una estrategia de marketing "one to one" en un mercado globalizado donde lo local adquiere importancia estratégica?

1.4 Más allá de la relación con el cliente

En la actualidad, tanto los razonamientos teóricos como la puesta en práctica van mucho más allá de la relación empresa-cliente. Según Morgan y Hunt (1994) (recogido por Parra, 1999), el ámbito de relación con el cliente se amplía en cuatro direcciones (Figura 1.4.1):

1. Alianzas con proveedores
2. Alianzas con compradores
3. Alianzas laterales
4. Alianzas internas

Las alianzas, extendiendo las relaciones a todos los niveles y direcciones, son ahora las ventajas competitivas y la garantía de éxito.

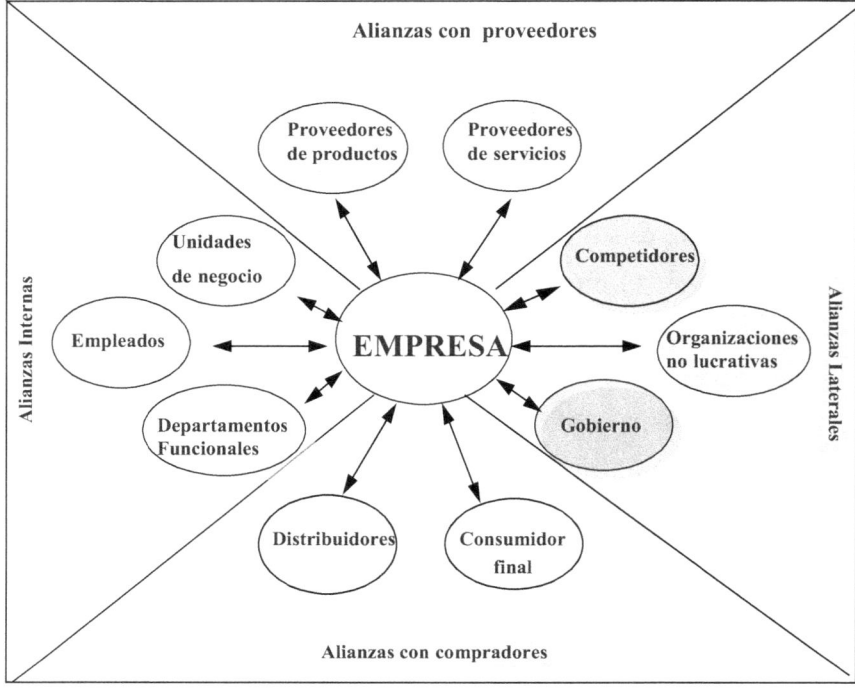

Figura 1.4.1. Dimensiones del marketing relacional (Morgan y Hunt, 1994)

Actualmente se está asistiendo a una "convergencia" de sectores. Por ejemplo un banco no solo ofrece servicios financieros a sus clientes o al mercado objetivo al que se dirija, si no que se asocia con otras empresas para poder dar un mayor servicio mediante integración a su vez de otros servicios, producidos, desarrollados y servidos por otras empresas, a sus cliente. Busca una alianza que le permita, no solo aumentar el beneficio con sus clientes, sino dar un servicio integrado en el que el cliente vea un mayor valor y con ello se crea una ventaja competitiva. Un banco pueda dar servicios de telefonía, una empresa de Internet, puede vender un coche y una casa, etc. (véase Figura 1.4.2).

Las empresas deben aprovechar las ventajas que se les ofrece con las nuevas tecnologías de la información, y a través de alianzas con otras empresas que les permitan dar mayor valor al cliente mediante una agregación de servicios, poder ofrecer a estos una oferta diferenciada, competitiva y de valor, a través de ofrecer servicios más competitivos con un menor coste de estructura y un mayor valor de constitución. Para esto deben adecuar la manera de organizarse entre ellas, pasando de ser empresas "multiservicios" a empresas "virtuales" lideradas en red (Figura 1.4.3, véase modelo COSMOS 2 de Cuesta, 2004).

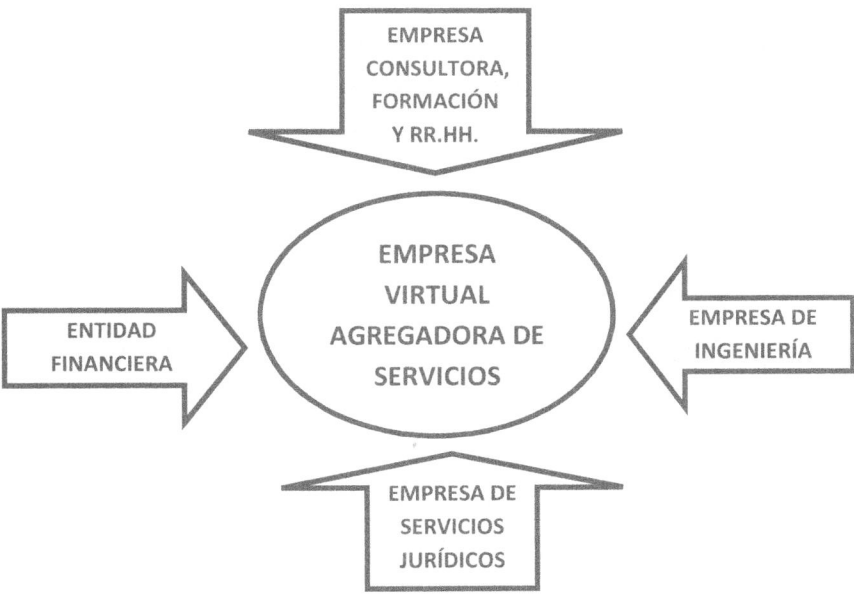

Figura 1.4.2 Ejemplo de empresa agregadora de servicios (elaboración propia).

Actualmente, ante un mercado donde empresas ya existentes buscan nuevos emplazamientos en otros países donde no tienen relaciones y desconocen la reglamentación, o empresas que necesitan una implantación rápida, no dedicando tiempo a aquello que no es estratégico para ellas, aparece la oportunidad para empresas que de manera asociada puedan dar un servicio agregado y con un valor añadido y a la medida de sus clientes. Estas empresas crean desde un inicio una relación fuerte con el cliente, permitiéndole a cada una de las que componen la "empresa virtual" una ventaja competitiva frente a sus competidores.

En este sentido aparecen oportunidades para empresas que a través de una asociación, como se recoge en las Figuras 1.4.2 y 1.4.3, pueden dar un servicio diferenciado a sus propios clientes (compartiendo además con otros clientes) o a nuevos clientes. Esta oportunidad se vio en el caso de una empresa de oriente medio, fabricante de tubos de membranas de ósmosis inversa para ser utilizadas en las desaladoras de agua, que en su momento deseó trasladarse a un parque tecnológico de una ciudad española por su situación estratégica para desarrollar su producto, pero al desconocer la reglamentación, así como las posibles ayudas existentes, y no tener contactos con empresas de servicios, apreció la colaboración de varias empresas locales, asociadas en una para atenderle.

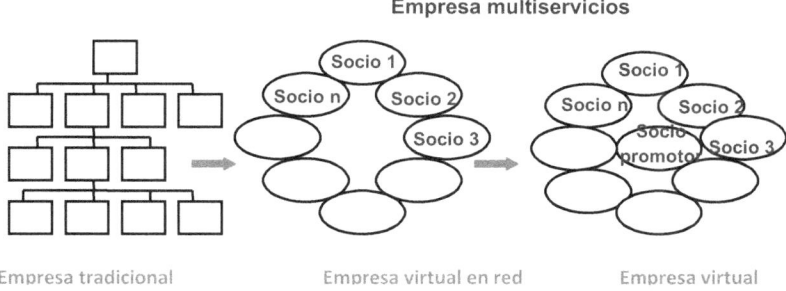

Figura 1.4.3 Trasformación de la empresa tradicional a la empresa virtual liderada (adaptado de cuesta, 2004)

Estas empresas le daban como un servicio agregado, tanto la localización de la ubicación, diseño y construcción de su nueva instalación, los servicios jurídicos empresariales, asesoramiento y gestión de personal y puesta en marcha, así como la financiación (véase Figura 1.4.2), con vistas a continuar como proveedor integrado de los servicios a futuro. Este tipo de servicio integrado permite a la empresa cliente dedicarse a su fin estratégico, hoy en día reconocido como la I+D+i y el marketing (sus clientes claves), dejando a otra empresa (socio estratégico) el resto de los servicios que de manera agregada les dará con mayor eficiencia y menor coste, ya que son especialistas en ello.

Tanto los proveedores como los clientes de una empresa se preocupan de obtener beneficios, por lo que en una relación con éstos solo podremos obtener beneficios a largo plazo si nos preocupamos de los de ellos (Burnett, 2002). El objeto de la relación es lograr nuestros objetivos ayudando a nuestros clientes y colaboradores a conseguir los suyos mediante una alianza "estratégica" con los clientes y los proveedores o colaboradores. Cada vez más los clientes quieren tener menos proveedores, pero más comprometidos.

CAPÍTULO 2 ESTRUCURA "CUSTOMER RELATIONSHIP MANAGEMENT (CRM)"

Los cuatro pasos básicos, anteriormente definidos en el Capítulo 1, para ir a un marketing "one to one" (Pitta (1998) y Peppers y otros (1998a));

1. Identificación de los clientes.
2. Diferenciación de los clientes.
3. Interactuación con cada cliente.
4. Ofrecimiento de un producto/servicio personalizado.

son necesarios llevarlos a cabo para poder llegar a un servicio personalizado a nivel de masas ("mass customization") rentable. Estos cuatro pasos dependen en gran medida de requerimientos informáticos adecuados. En el primer paso, *"identificación y clasificación"* de los clientes, es necesario trabajar con bases de datos, que en el caso de ser muy grandes se pueden complicar en su uso. En el segundo paso, *"diferenciar"*, se debe "tratar" toda la información que se pueda disponer de cada cliente. En el tercer paso *"interactuar"*, es necesario poder recibir y conocer lo que cada cliente en particular quiere. Pero el cuarto paso, *"producto personalizado"*, es más complejo, aún con la nuevas tecnologías, pues los procesos necesarios para realizar y entregar ese producto/servicio, no es fácilmente estandarizable en un mercado masivo.

Pitta (1998) reconoce que para poder llevar a cabo estos cuatro pasos, las inversiones iniciales que hay que realizar son cuantiosas, pero una vez implantado un marketing "one to one" los ahorros (de interacciones con el cliente, evitación de fallos o falsas expectativas en el servicio) afloran, aumenta la satisfacción del cliente y lo que es importante, aumentan los ingresos. La tecnología es cara, pero cada vez más se está abaratando y mejorando. Un adecuado "data warehouse" permite conocer y diferenciar a los clientes de manera individualizada, pudiéndose centrar en aquellos más rentables para crecer en "cuota de cliente".

CRM es una estrategia de negocio que permite anticiparse a la satisfacción de las necesidades del cliente con base en el conocimiento de sus gustos y prioridades, y que se soporta en una arquitectura integrada de procesos, tecnología y "cultura de la organización" (Cuesta 2003).

CRM es una buena herramienta para "identificar" a los clientes, "clasificarlos" según los criterios que en cada momento se definan (se distinguirían los clientes claves del resto) e interactuar con ellos para "aprender, conocerlos e integrarlos" en la empresa como socios, y a través de estrategias adecuadas a cada uno, adaptarnos a ellos para darles el servicio que desea y por el que estarán dispuestos a pagar un "premium price". No obstante, antes de iniciar cualquier empresa la implantación de una herramienta CRM, debe hacer un diagnóstico interno para ver si se sigue orientada de la forma tradicional, orientada al producto o ya se ha pasado a orientarse al cliente como vimos anteriormente.

El objetivo de CRM no es solo satisfacer al cliente, sino saber qué nos aporta cada cliente para que toda actuación que se defina en la empresa esté orientada a crear valor, tanto al cliente como a ésta.

Según Rigby y otros autores (2002), CRM es simplemente conocer a los clientes y tratarlos en el sentido que maximice su valor, normalmente usando un "sofware" que haga posible el proceso.

Según Cuesta (2003), un proceso CRM se esquematiza en cuatro pasos (ver Figura 2.1), dentro una estrategia competitiva orientada al cliente, con una organización por procesos orientados a satisfacer a los clientes y una cultura de los empleados de la empresa, como responsables últimos de la atención al cliente. Todo esto con la tecnología de sofware CRM dando un soporte integral.

Figura 2.1 El proceso de fidelización de CRM. Cuesta (2003)

Sin un conocimiento detallado del perfil y comportamiento de los clientes, ningún CRM puede ser adecuado. Hirschowitz (2001) plantea CRM como un ciclo cerrado con tres pasos,

1. Desarrollando el conocimiento de los clientes para interactuar con ellos.

2. Reuniendo los datos que se obtienen de los clientes a través de las interacciones que se tengan con ellos o de campañas comerciales.
3. Tratando y analizando estos datos para generar un mejor conocimiento del cliente y poder predecir como el cliente va a reaccionar o comportarse.

Estos tres pasos no tienen un origen en uno de ellos, sino que cada paso se va retroalimentando del anterior (Figura 2.2).

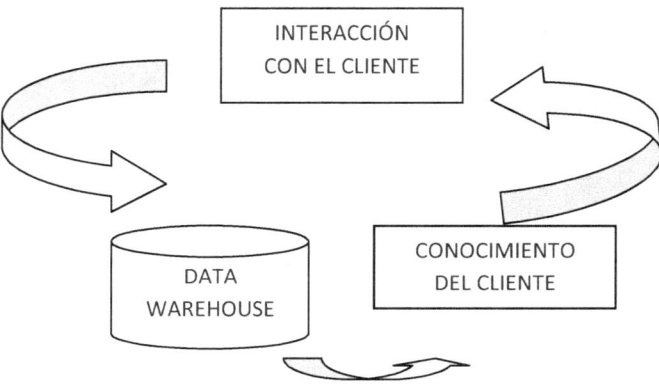

Figura 2.2. Ciclo cerrado de proceso CRM. Anton Hirschowitz (2001)

Este proceso cíclico permite utilizar lo que se conoce y aprende del cliente para utilizarlo en el siguiente paso y así con nuevas interacciones conocer y aprender más de los clientes.

Aprendiendo de la relación con el cliente y manteniendo dicha relación, se llega a un ahorro sustancial sobre todo en las campañas de retención (Bardakci y Whitelock, 2003).

Pero este proceso cíclico debe estar soportado por un equipo y sistemas adecuados que no interrumpan la retroalimentación y sí refuercen continuamente el proceso, creándose una arquitectura que cierre este ciclo de CRM.

Hirschowitz hace tres recomendaciones para asegurar un correcto funcionamiento:

- Seleccionar adecuadamente el "target" de clientes.
- Hacer un seguimiento de la respuesta.
- Medir la acción de los clientes.

Customer Relationship Management (CRM), ha sido normalmente visto por las empresas como una actividad relacionada con desarrollar y retener a los clientes a través de aumentar su satisfacción y lealtad.

CRM es un proceso diseñado para recoger información de los clientes, comprender sus características, y aplicar éstas en actividades específicas de marketing.

Desarrollar CRM solo será un éxito si la cadena de Supply Chain Mangement de la empresa que lo integra sea de la siguiente manera, y en el sentido indicado en la Figura 2.3.

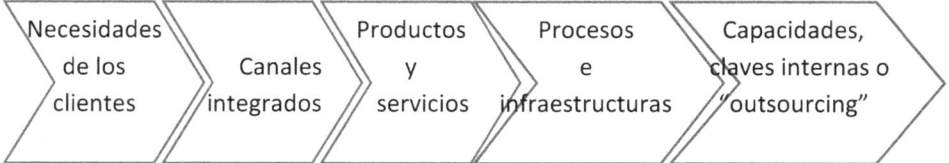

Figura 2.3. Cadena de "Suply Chain Management" orientada al cliente. Elaboración propia

Cadena normalmente inversa a la que normalmente se ha venido aplicando en muchas empresas, donde el cliente está al final de la misma, y no es inicio de ella.

Según Rigby y otros autores (2002), solo cuando la estrategia del cliente está en el centro de la empresa, y los procesos de ésta están alineados con él, la tecnología basada en CRM puede ser de utilidad. Asimismo indican que antes de ir a una metodología tecnológica para tratar la base de datos de los clientes (CRM) se debe empezar con una estrategia adecuada con los clientes que claramente identifique las oportunidades de crear valor, entendiendo por estrategia de clientes, entender y conocer quienes son los clientes y cómo pueden contribuir a los objetivos generales de la empresa. Posteriormente, rediseñar el proceso de negocios de la empresa que haga que se pueda cumplir la estrategia definida. Entonces el uso de la tecnología será apropiada para implementar el nuevo proceso de negocios, focalizándose en las oportunidades de crear valor.

Gillies y otros autores (2002) indican que el éxito de una implementación de un programa CRM en una empresa está en asegurar que la organización de la empresa está alineada con la estrategia de sus clientes. Una de las razones por las que los programas CRM fallan en su implantación en las empresas es por pensar que la solución de sofware CRM resolverá los problemas de relaciones con sus clientes. CRM no es solo un paquete de sofware; es una actitud que implica una completa reconsideración de la organización de una compañía y el modo en que realiza su negocio (Burnett, 2002). Una vez que se defina la estrategia que se desee llevar con los clientes, y la organización soporte dicha estrategia, sería el momento de implantar la herramienta de sofware CRM, no antes.

Las compañías no deben invertir en CRM hasta que se hayan organizado para convertirse en compañías centradas en el cliente (Kotler 2003). Asimismo, Kotler indica en cuanto a la base de datos de los clientes, que la empresa no debe confiar en la información sobre los clientes, sino en la información de los clientes.

En la Figura 2.4 se pueden apreciar diferentes canales con los que se puede interactuar con el cliente. Estos canales tendrán un peso diferente según el tipo de negocio del que se trate y del tipo de clientes al que se dirija, pero a través de todos se interactuará con el cliente, y por tanto la estrategia de CRM que se implante deberá estar interconectado con todos ellos, no solo para recibir información, sino para poder analizarla y responder al cliente.

En encuestas realizadas por Sweet (P. Sweet, recogido por Xu y Walton, 2005) entre los años 2001 a 2004, se analizaron en empresas del Reino Unido la motivación que tuvieron éstas para implementar CRM. En el Cuadro 2.1 se recogen las principales razones y orden de importancia que impulsaron a estas empresas a implementar CRM.

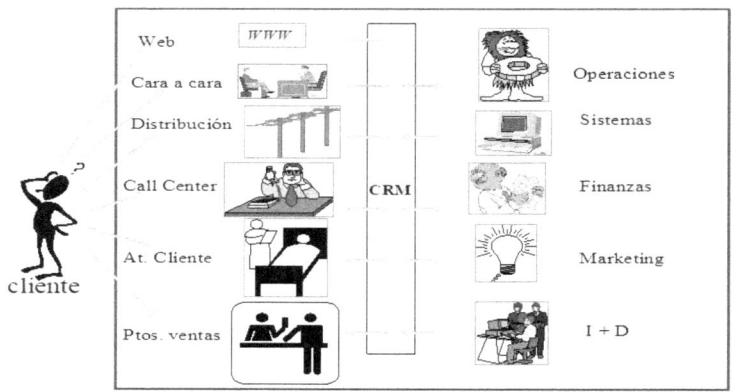

Figura 2.4 Ejemplo de canales de comunicación con el cliente en CRM. Elaboración propia

Razones para implementar CRM	2001	2002	2003	2004
Mejora del nivel de satisfacción del cliente	4.32	4.00	4.44	4.19
Retención de los clientes existentes	4.46	4.16	3.90	3.95
Mejora en el valor en el tiempo del cliente	4.38	4.22	4.36	3.48
Mejora en estrategias de ventas, marketing, finanzas, etc.	4.12	3.88	3.82	4.08
Atracción de nuevos clientes	3.98	3.60	3.48	3.50
Ahorro en costes	3.18	3.33	2.98	2.98

Cuadro 2.1. Razones para implementar CRM. De encuesta de Sweet años 2001 a 2004

Una implementación de sistema CRM no debe solo mejorar la interacción de la empresa con el cliente, para atraerlo y construir una relación uno a uno, sino también para adquirir más y mejores conocimientos del cliente.

CRM puede ayudar estratégicamente a crear nuevos clientes, y lo que es más importante, desarrollar y mantener a los clientes existentes. Es un modelo que se debe construir alrededor del cliente.

El cliente ha adquirido un mayor poder hoy en día, mayor que nunca, y más aún con el desarrollo de Internet. Con aplicaciones CRM se intenta focalizarse primero en el cliente para construir una relación beneficiosa para ambas parte a largo plazo.

Gummesson (2004) indica que marketing "one to one" y CRM es lo mismo, con algunos matices.

Gummesson, asimismo, define CRM como el valor y las estrategias del marketing relacional, con particular énfasis sobre la relación con los clientes, llevadas a una aplicación práctica.

En un marketing "one to one", se identifican individualmente a los clientes y se establece cómo acercarse a ellos, se diferencian según su valor y necesidades, y se interactúa con ellos; se adecua la oferta al cliente y se crean relaciones con el cliente.

CRM está basado en las Tecnología de la Información, esencial hoy en día, y por ello se incurre en el riesgo de construir los sistemas centrados en la tecnología más que en el cliente. La estrategia adecuada de marketing y la correcta selección de sofware de CRM es esencial.

Hoy en día, con las nuevas Tecnologías de la Información (TI), es posible dirigirse de manera personalizada a un mercado de un gran tamaño de individuos de manera rentable.

Kotler (1989), plantea la importancia de focalizar los esfuerzos en construir relaciones con los clientes. ¿Son todos los clientes importantes, o son unos más importantes que otros?

La focalización en CRM es a menudo dirigida a un consumo de masas, donde es necesario manejar eficientemente millones de clientes y donde cada cliente es pequeño. Es por esto, que al ser la base de datos que se maneja muy grande, y cada vez con más y diferentes criterios, surge la necesidad de contar con un sistema que ayude a depurar de forma coherente los datos y transformarlos en "información" que permita a la empresa poder dar un servicio "personalizado" y a la medida de cada cliente. Aunque muchas veces se repite un mismo servicio para diferentes clientes, éstos deben "recibir" el servicio según lo que ellos necesitan.

En el marketing relacional, las empresas necesitan mejorar sus relaciones con sus clientes. Así pueden identificar mejor sus necesidades. Con este fin, una adecuada base de datos de los clientes, es necesaria para que esta relación sea efectiva.

Los clientes cada vez tienen más poder al tener más información para elegir entre diferentes proveedores, lo que a su vez hace que los canales de distribución estén cambiando en la manera de relacionarse con los clientes (Esse, 2003).

Por otra parte las empresas han llegado a un punto donde desean maximizar el valor del cliente en su vida de relación y éste es su objetivo. Entonces CRM viene a ser CVM (Customer Value Management) (Esse, 2003).

En la Figura 2.5 se recoge el alcance que entienden por CRM Hwang y otros (2005).

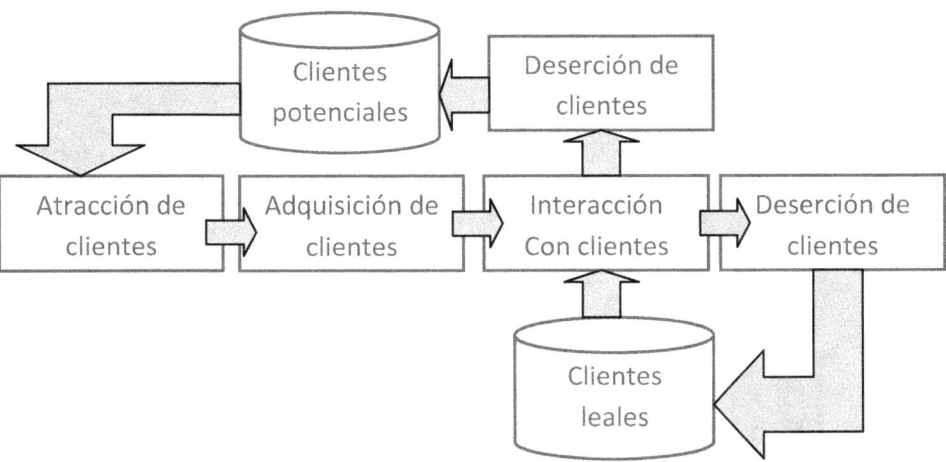

Figura 2.5 Alcance de CRM (Hwang y otros, 2005)

Kim y otros autores (2006) recogen las siguientes ventajas de CRM:

- Incrementa la retención y la lealtad.
- Mayor rentabilidad de los clientes.
- Creación de valor para el cliente.
- Personalización de los servicios y productos.

- Mejores y más reducidos procesos con una mayor calidad de los productos y servicios.

Indican que CRM, como concepto del "core business" de mejorar la relación con el cliente, está emergiendo como una competencia del núcleo ("core competence") de la empresa. Indican que el éxito de CRM estará en identificar acertadamente el verdadero valor de los clientes y su lealtad, ya que el valor del cliente y el valor que el cliente vea, será la información necesaria para desarrollar y personalizar el marketing.

La herramienta CRM debe ir más allá de la simple recopilación de datos, debe proporcionar a la empresa una perspectiva interna de los comportamientos de los clientes. Conocer las motivaciones y el porqué de la forma de comprar es determinante para poder definir las estrategias comerciales.

Es necesario un sistema que ayude a depurar coherentemente los datos, para transformarlos en conocimiento disponible para la toma de decisiones y elaboración de estrategias de marketing que definan servicios a comercializar, que generen nuevos clientes y retengas a los actuales.

CAPÍTULO 3 SATISFACCIÓN, CALIDAD PERCIBIDA Y VALOR PARA EL CLIENTE

Satisfacer al cliente supone a priori un mayor coste para la empresa, pero esto no debe entenderse o traducirse en una reducción de la rentabilidad. Satisfacción y rentabilidad no son objetivos contrapuestos, ya que la satisfacción del cliente no está originada por el coste que con éste se tenga, sino por el valor que el cliente aprecia por el servicio que se le presta.

Como se ha indicado, el marketing de relaciones se centra en la creación de valor en el cliente, y mientras que la calidad en un marketing transaccional es función principalmente de la dirección de producción, en un marketing relacional, donde todos los departamentos y direcciones de la empresa están involucrados con los clientes, es función de todos.

Horovitz (1998) recoge que hay tres formas de diferenciación: la innovación (hacer algo que nadie más hace), la marca (que puede ser buena gracias a su valor, su personalidad o su carácter) y el servicio.

Se superará a la competencia cuando se sea capaz de hacer las cosas mejor que ésta y a un coste menor.

Reichheld y Sasser (1990) (recogido por Parasuraman y otros, 1991a) dan evidencias de que retener clientes a través de la calidad en el servicio lleva a aumentar ventas y referencias a otros clientes, además de permitir un sobreprecio y reducir costes operativos.

En un marketing orientado al cliente, el valor dado al cliente es una herramienta estratégica para atraer y retener a los mejores clientes (Wang y otros (2004)).

En una estrategia dirigida hacia el valor (Burnett, 2002), es necesario conocer el valor que tiene el producto o servicio para el cliente, es decir, qué está obteniendo el cliente por encima del precio que ha pagado.

Los clientes no compran características del producto, sino beneficios (Horovitz, 1998).

Muchos investigadores han sugerido que las empresas deben reorientar sus operaciones a crear y desarrollar valores en sus clientes mejorando su CRM, ya que el objetivo fundamental de CRM es asegurar retornos de compras de los clientes y maximizar el valor del cliente en toda su vida para la empresa.

Califa (2004) recoge el "modelo de construcción de valor al cliente" (Figura 3.1); modelo interesante para conocer el valor que el cliente percibe.

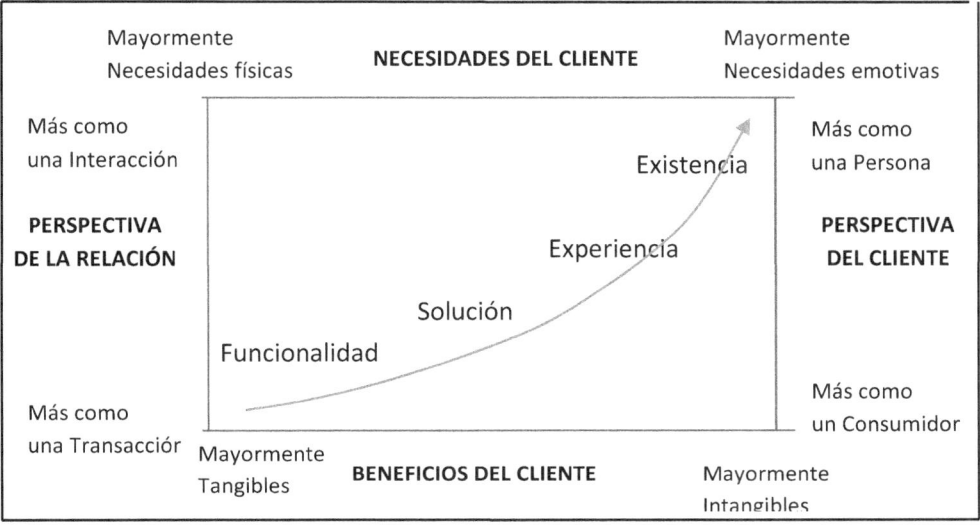

Figura 3.1. Modelo de construcción de valor para el cliente. Califa (2004)

Este modelo asume que el valor que percibe el cliente está afectado por cuatro factores, relacionados entre sí por parejas, *necesidades y beneficios obtenidos por el cliente* y *nivel de relación y trato con el cliente*.

Otra manera de que el cliente obtenga valor es reduciendo costes, y esto no es solo reduciendo precios, sino reduciendo los temores y las dudas del cliente a la hora de comprar, ayudándole a comprar, escuchándole y reduciendo su temor sin emplear tácticas de alta presión o coerciéndole. (Jacques Horovitz, 1998).

La medición de la satisfacción del cliente ("Customer Satisfaction Measurement") ha sido siempre la "voz del cliente" que ha guiado los esfuerzos a realizar en calidad. Muchas son las empresas que han marcado sus estrategias orientadas a satisfacer a sus clientes, pero pocas son las que rigurosamente han medido la satisfacción de sus clientes (Woodruff, 1997); y de éstas, pocas las que han tomado medidas para actuar en cumplir esa demanda.

La innovación en el producto y la mejora en la calidad es una ventaja competitiva, pero en poco tiempo es superada por la competencia. Las empresas deben prestar más atención al mercado y a los clientes para conocerlos y determinar que es lo que les aporta valor. Según Woodruff, ésta es la ventaja competitiva a largo plazo que continuamente estará "renovando y actualizando" la empresa en función del valor que sus clientes aprecian que reciben.

No solo hay que colaborar con el cliente en la preparación de las especificaciones de su producto, sino que la empresa debe adelantarse en el mercado identificando las necesidades, incluso antes que el cliente.

Uno de los errores que frecuentemente se comete por parte del equipo de marketing de las empresas, es no tener construido un canal de alimentación (feedback) con el equipo de ventas.

Vender antes de fabricar, es la clave de anticiparse a las necesidades del cliente, para lo que hace falta una relación especial y un compromiso con el cliente (Burnett, 2002).

En este sentido es necesario que la empresa esté continuamente aprendiendo de sus clientes. Hay una diferencia entre lo que los dirigentes de las empresas entiende por lo que da valor al cliente y lo que los clientes entienden por valor de lo que reciben de las empresas.

Según Woodruff, recogido en la Figura 3.2, se debe trasladar este aprendizaje continuo de nuestros clientes a acciones que les de valor.

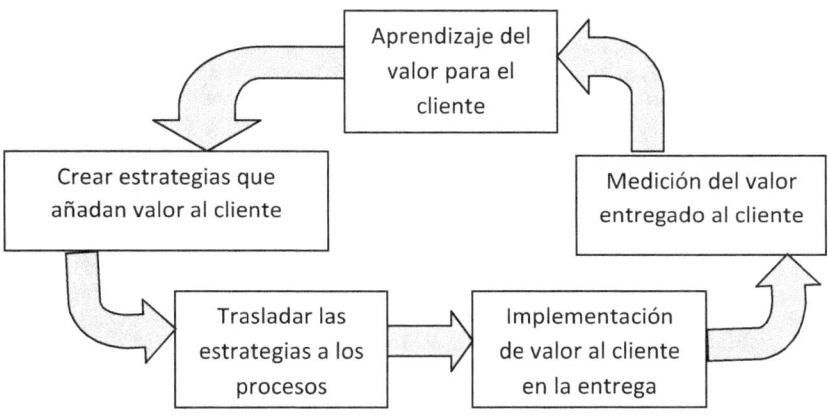

Figura 3.2. Traslación del aprendizaje del valor del cliente en Acción (wooodruff 1997).

Asimismo, en la Figura 3.3 se recoge la relación entre el valor percibido por el cliente y la satisfacción de éste por el servicio (Woodruff 1997).

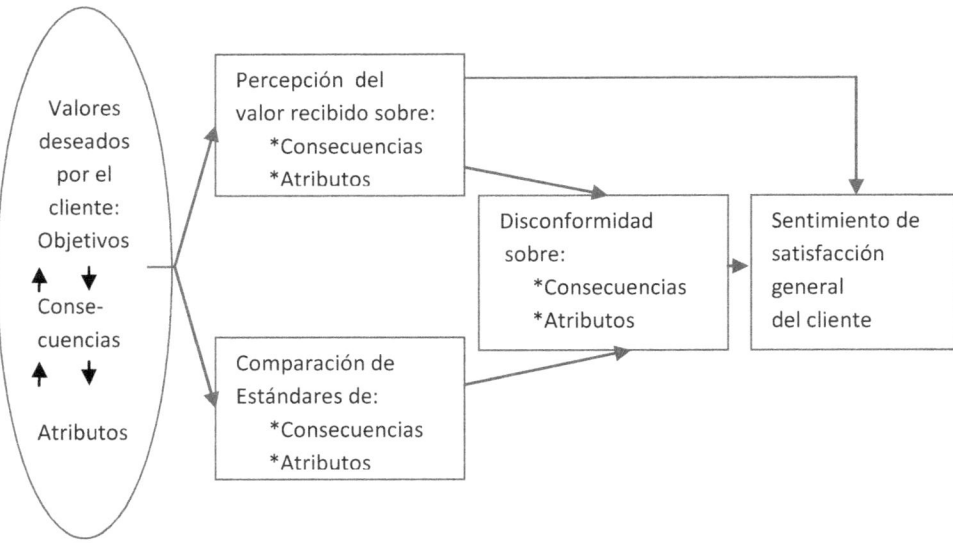

Figura 3.3. Relación entre el valor percibido por el cliente y la satisfacción (Woodruff 1997).

Wang y otros autores (2004) han intentado comprender las relaciones largas, profundas y amplias en términos de retención, recompra, compras cruzadas y recomendaciones que implican fundamentalmente un incremento del valor del cliente en el tiempo. Poco es sabido sobre cómo el valor que el cliente percibe afecta a estos comportamientos.

Gilmore y Pine (2002) indican que la experiencia con los clientes es la estrategia adecuada de marketing y que el camino para ganarse a los clientes es crear experiencias con ellos y que nos recuerden. En la Figura 3.4 podemos apreciar cómo la definición de valor para el cliente puede ser aquello que le aporte a éste algo más que el producto, un servicio personalizado que le deje una "experiencia". En la Figura 1.3.4 se recogía la "progresión de economía de valor" de Pine y Gilmore (2000).

El concepto de Valor para el Cliente I

Experiencia = Prestación de Servicio + Interacción

Figura 3.4. Concepto de "definición de valor". Adaptado de Gilmore y Pine (2002)

Según Reichheld y otros autores (2000), la reducción de costes que se traslada al cliente en menores precios crea valor para éste. Pero la reducción de costes realizados solamente para dar más beneficios al accionista normalmente destruye valor a la empresa y a la larga al accionista.

Según Kotler (2000), el producto o servicio tendrá éxito si ofrecen valor y satisfacción al comprador potencial. Para Kotler (ver Figura 3.5),

- Valor = (ventas/costes) = (ventas funcionales + ventas emocionales) / (costes monetarios + costes en tiempo + costes en esfuerzos + costes psíquicos)

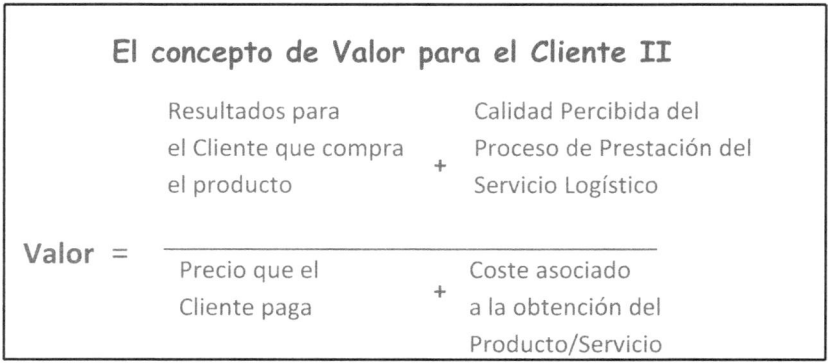

Figura 3.5. Ecuación de valor. Adaptada de Kotler (2002)

Según Crosby y otros autores (2002), el valor solo existe cuando los clientes hacen efectivo el uso de los servicios o recursos para a su vez crear más valor o reducir costes, tiempos, inconvenientes, etc. Esto implica que el valor no se produce en una empresa, sino en el uso que el comprador haga del servicio o productos que reciba.

Los clientes tienen ciertos objetivos que las empresas deben ayudar a conseguir. Parte del trabajo de las empresas es convencer a sus clientes que usando sus servicios se contribuirá a conseguir sus objetivos.

Para Crosby (2002), crear valor para el cliente, y no maximizar el valor del accionista de manera unilateral, debe ser la estrategia de negocio. A a su vez indica que los beneficios son importantes, no como un fin en sí mismo, sino porque permite a la empresa mejorar en valor y provee de incentivos a los empleados a los clientes y a los inversores manteniéndolos fieles a la empresa.

Una estrategia de marketing relacional, como se ha comentado en el capítulo anterior, probablemente sea la mejor aproximación para ayudar a crear valor al cliente. Muchas veces las empresas pierden oportunidades para descubrir servicios que pueden contribuir a crear valor al cliente. Para esto la empresa debe entender y conocer el proceso de generación de valor del cliente y en función de ello determinar cómo esos procesos pueden ser mejorados por las actividades de la empresa (Crosby y otros autores, 2002).

Asimismo, clientes que aprecian un alto valor y empresas con atractivo en el mercado por su valor, hace que clientes similares o potenciales de parecido perfil se vean atraídos por la empresa (Weinstein, 2002).

En la Figura 3.6 se muestra un sistema integrado de valor que percibe el cliente y su actuación basada en entorno CRM (Wang y otros autores, 2004).

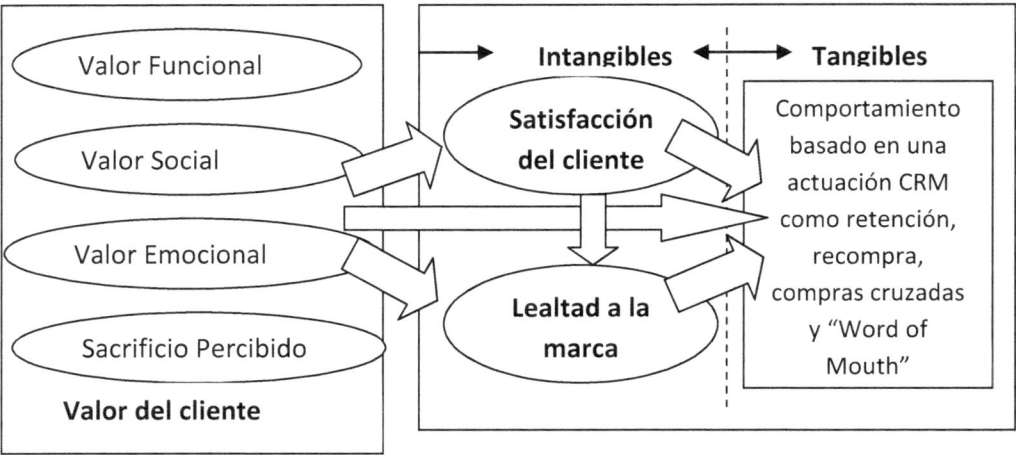

Figura 3.6 Sistema integrado de valor y CRM (Wang y otros autores, 2004)

Wang y otros autores (2004) recogen que el "valor emocional", el "valor social" y el "valor funcional" tienen un efecto directo y positivo sobre el comportamiento del cliente, la lealtad de la marca y la satisfacción del cliente en un marco CRM, mientras que el "sacrificio percibido" tienen un efecto directo, pero negativo sobre el comportamiento del cliente, la lealtad a la marca y la satisfacción del cliente.

Asimismo, en sus estudios podemos apreciar la relación entre la satisfacción del cliente, la lealtad en la marca y el comportamiento del cliente.

Según Zeithaml (1988), el valor que percibe el cliente viene determinado por la calidad del producto, el precio relativo, y las expectativas del cliente.

Expectativas son los deseos de los clientes, es decir, que es lo que el cliente espera del servicio que ha solicitado (Parasuraman, 1991).

Los clientes comparan percepciones con expectativas cuando juzgan el servicio ofrecido por una empresa. Parasuraman y otros autores (1991b) sugieren que las expectativas del cliente por el servicio tiene dos niveles: deseado y adecuado (ver Figura 3.7).

Expectativas

Figura 3.7. Expectativas en el nivel de servicio. De Parasuraman y otros (1991)

El nivel de servicio deseado es el servicio que el cliente espera recibir y el servicio adecuado es aquél que el cliente encuentra aceptable. La "zona de tolerancia" separa ambos niveles, y puede variar de un cliente a otro y de una situación a otra.

Cuando el servicio y el precio son consistentes, las expectativas del cliente tienen un efecto sobre el juicio de satisfacción que se hace (Voss y otros autores, 1998). Ante servicios inciertos para el cliente o que alberguen alguna duda o riesgo, el precio se convierte en una variable que marcará las expectativas que se hace el cliente.

En la Figura 3.8 se pueden apreciar las variables que afectan al servicio adecuado y deseado (Parasuraman, recogido por Cuesta, 2003).

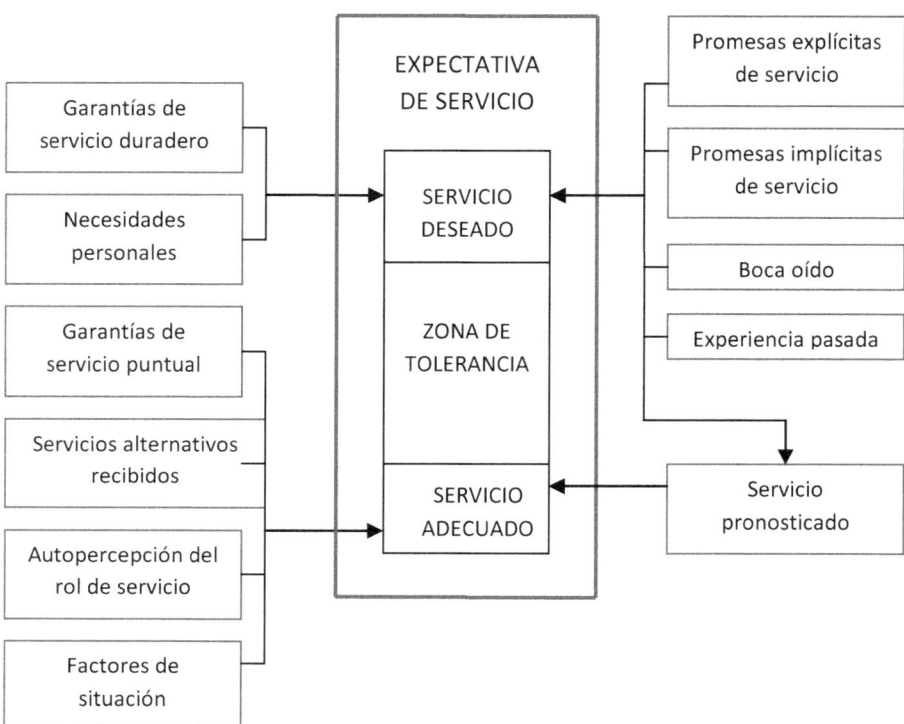

Figura 3.8. Determinante de las expectativas del cliente de Parasuraman (Cuesta, 2003)

En 1985 Parasumaran y otros autores (1990 y 1991a) desarrollan el "modelo conceptual de la calidad en el servicio (SERVQUAL)" que indica que la percepción de la calidad por el cliente está determinada por cinco "gaps" (ver Figura 3.9).

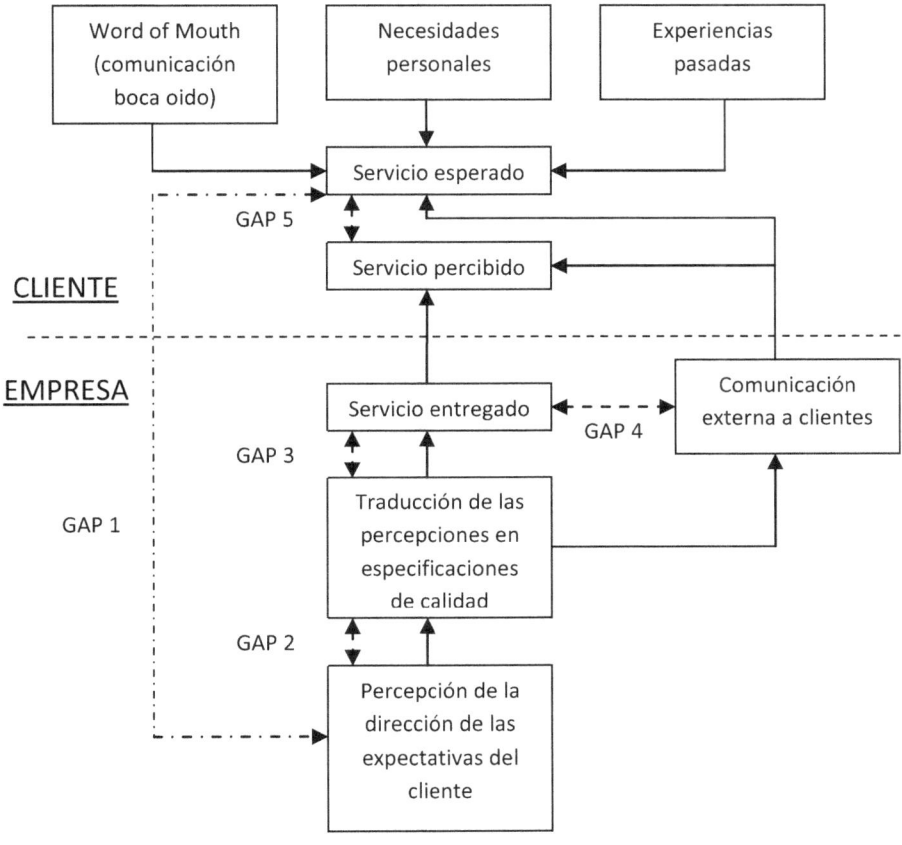

Figura 3.9 Modelo conceptual de la calidad del servicio Parasuraman, Berry y Zeithaml (1985)

Donde:

Gap 1: Diferencia entre la expectativa del cliente y la percepción de la empresa de las expectativas del cliente.

Gap 2: Diferencia entre la percepción de la empresa de las expectativas del cliente y las especificaciones de calidad del servicio.

Gap 3: Diferencia entre las especificaciones de calidad del servicio y la calidad del servicio entregado.

Gap 4: Diferencia entre la calidad del servicio entregado y lo que se comunica externamente al cliente.

Gap 5: Diferencia entre la expectativa del cliente y el servicio percibido por el cliente

Cuatro de los "gaps", del 1 al 4, están en la parte de la empresa, e hipotéticamente bajo la influencia de ésta. El quinto "gap" presenta la comparación que hace el cliente entre la expectativa que tiene y el servicio que recibe.

Asimismo definen la importancia de la Calidad del servicio como la calidad desde la óptica del cliente:

Calidad del servicio = Importancia x (Servicio percibido – servicio esperado)= Importancia x Gap 5

Estos autores miden el servicio entregado al cliente (Gap 5) a través de cinco parámetros:

Tangibles	Apariencia física de lo que se entrega, equipos, personal y comunicaciones
Fiabilidad	Habilidad para dar lo prometido de manera segura y precisa
Receptividad	Voluntad para atender al cliente de manera ágil
Garantía	Conocimiento y cortesía de los empleados y su habilidad para inspirar confianza y seguridad
Empatía	Atención personalizada a cada cliente

Kara y otros autores (2005) desarrollan un modelo basado en el modelo SERVQUAL (Service Quality) anterior de Parasuraman y otros autores (Ver Figura 3.10).

Donde introducen un nuevo factor, cortesía ("courtesy") y diferentes parámetros para medir la satisfacción, aparte de la calidad.

Este modelo relaciona la calidad del servicio con la satisfacción, indicando que la satisfacción es consecuencia de la calidad del servicio.

Estos autores realizan una encuesta en un hospital de Turquía a 200 pacientes. Contestan 139 al cuestionario. El cuestionario recoge valores tangibles e intangibles del servicio esperado y del servicio percibido, a efectos de medir el gap de calidad del servicio, así como de tres parámetros para medir la satisfacción que tuvieron los pacientes (clientes).

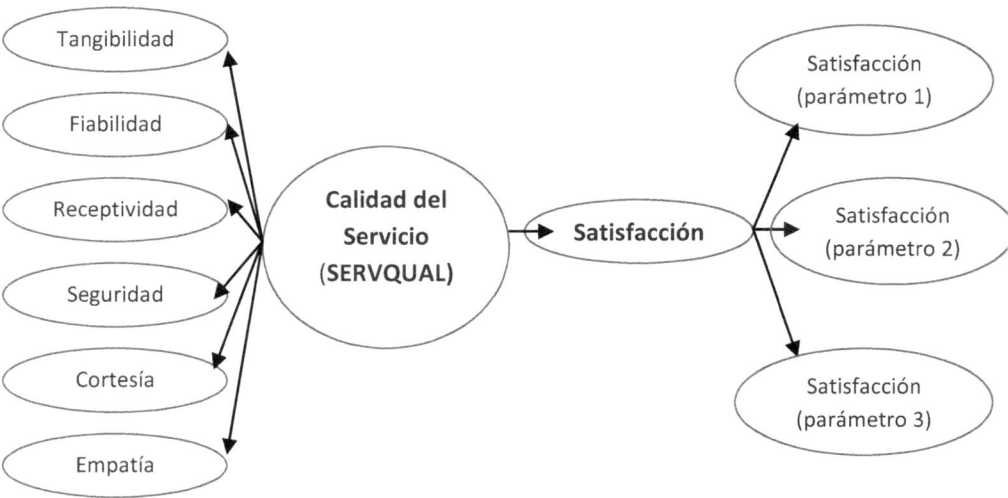

Figura 3.10. Modelo conceptual de Calidad de Ahmet Kara y otros (2005). De Parasuraman y otros (1985).

Del trabajo se desprendió que todos los factores intangibles eran inequívocamente más importantes que los tangibles recogidos en el estudio en este sector (un hospital). Esto viene a contradecir lo que en un principio se esperaba, que la diferencia entre el servicio esperado y el recibido en la parte tangible tuviera mayor importancia o afectara más a la "calidad del servicio" percibida por el cliente que en los aspectos intangibles, ya que normalmente la importancia de un atributo es proporcional a su grado de escasez, sobre todo en un país en desarrollo como Turquía. Esto no se puede extrapolar a otros sectores y otras culturas, pero sí pone de manifiesto la relación entre el nivel de satisfacción y el grado de cumplimiento de las expectativas que se haga el cliente, y la importancia de los factores intangibles.

De hecho hay una gran correlación entre estas dos variables del anterior modelo, calidad percibida del servicio y el grado de satisfacción. En la Figura 3.11 se recoge la correlación, según estudio que realicé entre 59 empresas Industriales (Sánchez Arrieta, 2007).

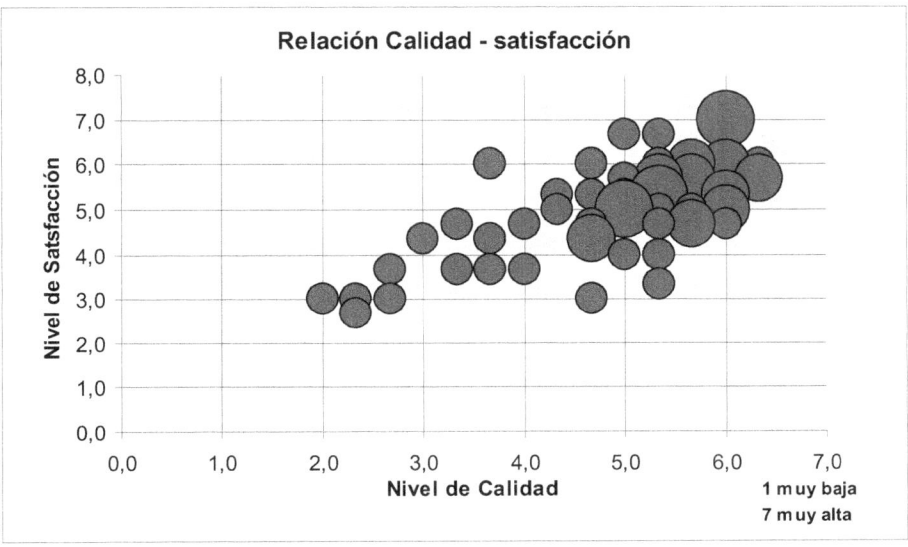

Figura 3.11 Relación entre la calidad percibida y el nivel de satisfacción (Sánchez Arrieta, 2007)

Es de esperar que a mayores índices de calidad percibida por los clientes, sea mayor su índice de satisfacción.

Horovitz (ver Cuesta 2003) aporta una serie de medidas para mejorar el servicio al cliente, incidiendo en la importancia de la medición, ya que "si no se puede medir, no se puede gestionar". Plantea la importancia de decidir qué es lo que se quiere medir (ver Figura 3.12).

Punto de vista \ Dominio	Valor para los clientes	Calidad
Calidad real	Prestaciones necesarias para que los clientes perciban la diferencia	Prestaciones reales de los productos y de los servicios
Calidad percibida	Nuevas dimensiones del valor deseado por los clientes	La satisfacción actual de los clientes con las dimensiones de calidad que se perciben como importantes

Figura 3.12 Decidir qué se quiere medir de los clientes. Horovitz (Cuesta. 2003)

Pine y Gilmore (2000), distinguen entre "satisfacción del cliente", que tiene en cuenta el grado de cumplimiento de la expectativa del cliente, como la diferencia entre lo que los clientes esperan recibir y qué es lo que perciben que han recibido,

- Satisfacción del Cliente = Qué es lo que el cliente espera – qué aprecia que ha recibido el cliente

y "sacrificio del cliente", que tiene en cuenta que es lo que exactamente quiere el cliente; y lo definen como la diferencia entre lo que el cliente quiere y lo que está dispuesto a recibir.

- Sacrificio del Cliente = Qué desea exactamente el cliente – Con qué se contenta el cliente

Mientras en una política TQM (Total Quality Management) de calidad total, se usarán técnicas para aumentar la satisfacción del cliente, en un mercado personalizado se deberán emplear técnicas encaminadas a disminuir el sacrificio del cliente. Focalizándose a nivel individual en esta medida, se conseguirá disminuir en costes y actividades de las que el cliente está dispuesto a prescindir, a cambio, por ejemplo, de un menor precio o un servicio más ágil o que no desea en su totalidad (Pine y Gilmore, 2000).

También definen "sorpresa del cliente" como la diferencia entre lo que el cliente encuentra por el servicio recibido y lo que esperaba.

- Sorpresa del Cliente = Qué obtiene el cliente – Qué espera el cliente

Las empresas que deseen incorporar estas tres S anteriores, deben ir más allá de "cómo lo hice y qué deseas" a "qué recuerdas" (ver Figura 3.13).

Figura 3.13 Modelo de las tres S de Pine y Gilmore (1999)

El aumento de calidad se traduce en una disminución de costes y en un aumento de la rentabilidad del cliente (Zeithaml, 2000).

Zeithaml recoge el siguiente modelo que relaciona la calidad dada a los clientes con los beneficios que estos aportan (ver Figura 3.14).

Figura 3.14 Modelo Calidad/Beneficio. Zeithaml (2000)

Por "marketing ofensivo" se entiende el dirigido para obtener nuevos clientes, y por "marketing defensivo" el dirigido a mantener los clientes ya existentes.

Zeithaml recoge el peligro que supone medir la "calidad percibida" por el cliente desde la perspectiva de la empresa en vez de la del cliente. Resaltar de este modelo el impacto de la calidad sobre la recomendación a otros clientes (Word of Mouth), que lleva a la atracción de nuevos clientes reforzando la lealtad de los existentes y creando una mayor cuota de mercado y de cliente.

La mejora de la calidad redunda en el aumento de las ventas y de los ingresos, a través principalmente de la fidelidad de los clientes y en la reducción de costes mediante acciones de mejora y de hacer las cosas bien a la primera. Juega un papel trascendente en los dos caminos para incrementar los beneficios: al aumentar los ingresos y reducir los costes.

Feciková (2004) Indica que hay una correlación entre calidad del producto o servicio, satisfacción del cliente y rentabilidad (ver Figura 3.15)

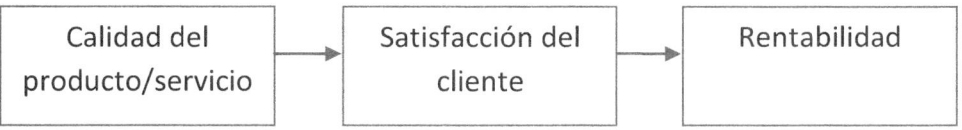

Figura 3.15 Correlación entre Calidad, Satisfacción y Rentabilidad. Feciková (2004)

Según Feciková hay dos clases de clientes, los externos o los que se encuentran en el mercado, y los internos, los que están dentro de la organización de la empresa, los empleados.

Problemas de satisfacción con los empleados llevan a problemas con los clientes. Esto nos lleva al ciclo de satisfacción (ver figura 3.16)

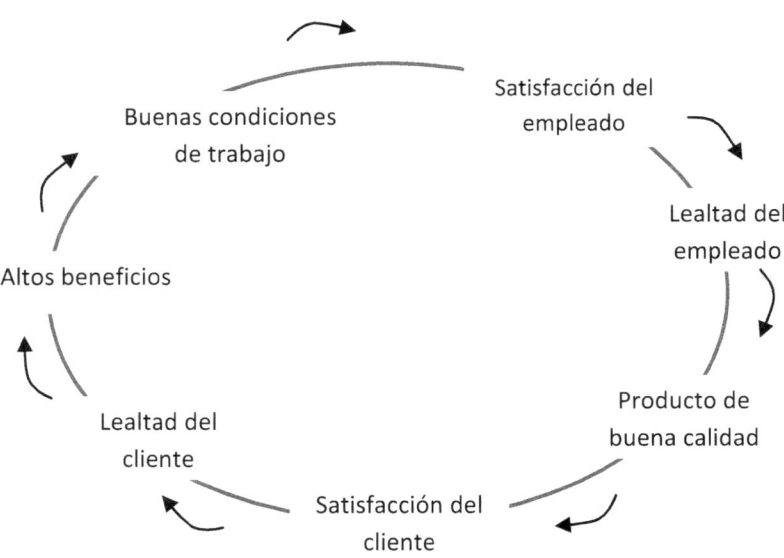

Figura 3.16 El ciclo de satisfacción cliente externo/interno. Feciková (2004)

Hay una correlación entre la satisfacción de los clientes externos y:

- Menor estrés de los empleados.
- Mejores condiciones y realización del trabajo.
- Mayor lealtad de los empleados.

Detrás de todo problema hay una gran oportunidad escondida (John Gardner, recogido por Kotler, 2000).

Siempre ha habido conflictos entre mejoras en el servicio al cliente y el incremento en costes que conllevan, resolviéndose en la mayoría de los casos en no aumentar los costes, en detrimento de una mejora en la calidad del servicio. Según recoge Parasuraman (2002), unos mayores niveles en calidad de servicio contribuirán en mayores beneficios al cliente y a la empresa que da los servicios.

En el modelo de la figura 3.17, Parasurman recoge el marco que relaciona, tanto desde la perspectiva del cliente como de la empresa, la productividad que éstas consiguen mejorándose la calidad del servicio.

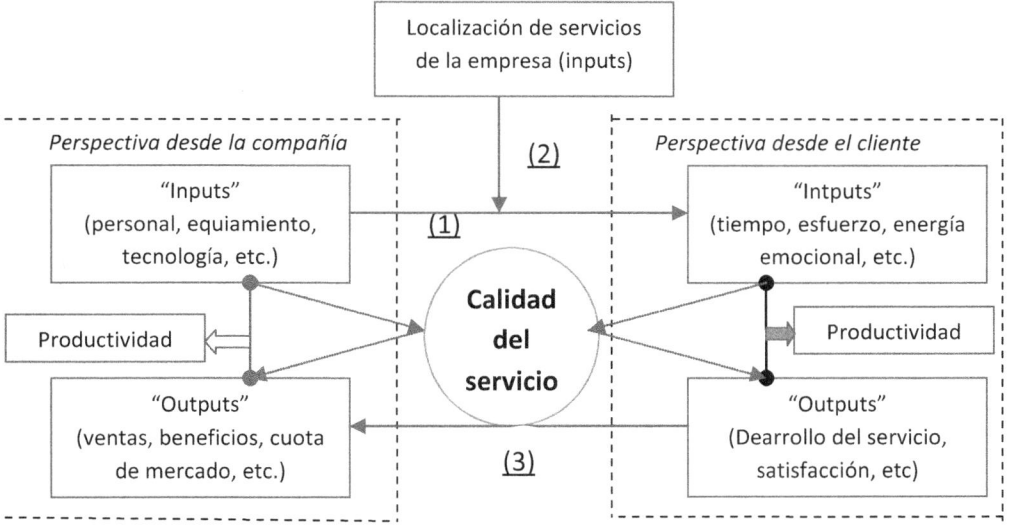

Figura 3.17 Marco conceptual de interrelación entre calidad del servicio y productividad. Parasuraman (2002)

Vemos (1) que si la empresa hace un mayor esfuerzo dando una mayor provisión de servicios (perspectiva de la empresa), a la vez que localiza y dispone mejor de estos de cara al cliente (2) (mejora en los procesos), es decir, mejora la calidad el servicio, el cliente verá disminuido sus esfuerzos, lo que llevará a que éste aumente su productividad. Esto hará que mejoren los beneficios de la empresa del cliente lo que la llevará a aumentar la demanda de más servicios, más ventas directas y cruzadas (3), que hará, a su vez, que aumenten los ingresos de la empresa que ofrece los servicios y por tanto su rentabilidad.

Muchas empresas, a través de encuestas sobre satisfacción de los clientes deciden qué productos se deben comercializar de manera personaliza. Pine y Gilmore (2000) indican que no es una manera correcta de determinarlo, pues las encuestas solo miden la satisfacción del mercado, no la satisfacción individual, con lo que solo sirven para estandarizar, no para "personalizar".

Normalmente las encuestas no hacen preguntas personalizadas en cuanto a nivel de satisfacción. Más que preguntar a cada cliente, se suele preguntar por cómo lo hace la compañía, o la comparación con la competencia.

Reichheld y otros autores (2000) indican que no se pueden utilizar medias para medir el grado de satisfacción, ya que en mismos segmentos de clientes puede haber clientes de valores diferentes y entendamos o interpretemos que lo que preocupe a los más importantes no lo sea en realidad. Esto puede llevar a que se apliquen mejoras dirigidas a mejorar la media, pero que no afecte a los clientes verdaderamente importantes.

Con una política de cuota de cliente se mejora la calidad del servicio ofrecido, ya que se conoce más directamente del cliente su calidad percibida y qué es lo que desea para dárselo así (Peppers y Rogers, 1995a).

Allen y otros autores (2006), distinguen entre empresas "believers" y "achivers", La mayoría de las empresas ("believers") creen dar un servicio superior al que da la competencia, pero los clientes solo reconocen a un 8% como las empresas que les da un servicio superior al de la competencia ("achievers").

Cuando se mide la satisfacción de los clientes, cuando estos son muchos, no se puede medir de manera eficiente. Por ello se debe concentrar la medida en aquellos clientes con mayor rentabilidad; "diferentes medidas de satisfacción para diferentes clientes" (Feciková, 2004).

Es conveniente medir lo correcto, es decir, lo que realmente es importante para el cliente. Los criterios para medir la satisfacción del cliente deben ser definidos por el cliente. Hay que identificar necesidades de los clientes para mejorar la relación con estos o al menos con los más importantes. Asimismo Horovitz (1998) plantea la necesidad de medir, no solo la satisfacción de los clientes que compran, sino también de los que no compran, además de considerarlo como cliente aunque no haya compra.

Horovitz recoge que se puede mejorar la calidad percibida e incluso reducir costes a la vez en el servicio, resaltando los factores que más aprecie el cliente y reduciendo costes en aquellos que el cliente aprecie menos.

Feciková (2004), plantea que a veces al medir satisfacciones muy altas, pero en características poco importantes para el cliente, se piense que el cliente está satisfecho y no sea así.

Cuando se mide la satisfacción del cliente, según Feciková, hay que medir también qué importancia tiene ésta para el cliente, pues suele haber un "gap" entre el nivel de satisfacción y la importancia que el cliente da al producto o servicio. La importancia que tengan las características de un producto hace que el cliente compre éste con una mayor o menor insistencia, pero puede ocurrir al revés, que un cliente no compre más aunque esté muy satisfecho, pues esas características no son muy importantes.

En la Figura 3.18 se recoge la correlación entre importancia y satisfacción y las estrategias a seguir dependiendo del grado de importancia/satisfacción.

Satisfacción con las características del producto

III. Probablemente se pueda prescindir de recurso en algunas características del producto y destinarlas a otras	IV. Las características del producto/servicio son las adecuadas para dar los mayores beneficios a la empresa
I. Es necesario replantearse las características del producto/servicio.	II. Es necesario hacer mejoras en las características del producto/servicio para mejorar la satisfacción

Importancia de las características del producto

Figura 3.18 Correlación entre importancia y satisfacción. Adaptado de Feciková 2004

Feciková Plantea medir la satisfacción del cliente (CS), según la importancia del cliente, y según la importancia de las características del producto, mediante la siguiente expresión:

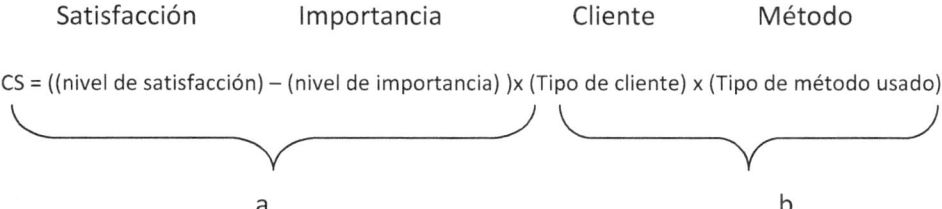

a < 1 no está suficientemente atendida la demanda del clientes

a > 1 satisfacción suficiente del cliente, pero un alto valor de este índice significa que tanto la estrategia como las características del producto están sobradas de recursos que habrían de reestudiarse.

b   este índice recoge por una parte la importancia del cliente así como el método que se use de valoración (fiabilidad) en la medición. 1 en caso de cara a cara, 0.70 en comunicación telefónica, 0,40 por correo, etc..

En esta fórmula se resalta por una parte el nivel de satisfacción, y por otra la importancia del cliente.

En el cuadro 3.1 se recoge encuesta realizada por e-mail sobre la importancia que los clientes dan a un producto, concretamente una silla, según las características: estabilidad, precio y diseño, clasificándolo por segmentos de clientes según la importancia que tuvieran estos para la empresa. El método de evaluación por teléfono se valida con una ponderación de 0.7 según este autor.

Capítulo 3 Satisfacción, calidad percibida y valor para el cliente

Dimensión	Importancia	Satisfacción	S – I	Cliente	Método	(S-I) xC	Resultado
Clientes muy importantes (50% de cuota de los beneficios) Resultado = (S-I) x C x M							
Estabilidad	9	6	-3	0.50	0.70	**-1.5**	**-1.05**
Precio	7	8	1	0.50	0.70	**0.50**	**0.35**
Diseño	5	7	2	0.50	0.70	**0.10**	**0.70**
Clientes importantes (30% cuota beneficios)							
Estabilidad	9	6	-3	0.30	0.70	**-0.9**	**-0.63**
Precio	6	7	1	0.30	0.70	**0.3**	**0.21**
Diseño	4	10	6	0.30	0.70	**1.8**	**1.26**
Clientes no muy importantes (10% cuota de beneficios)							
Estabilidad	8	4	-4	0.10	0.70	**-0.40**	**-2.8**
Precio	7	9	2	0.10	0.70	**0.20**	**1.4**
Diseño	4	10	6	0.10	0.70	**4.20**	**4.2**

Cuadro 3.1 Ejemplo de valoración de la satisfacción según las características.
Feciková 2004

Feciková da gran importancia a clasificar la importancia de los clientes, y a la correcta elaboración del cuestionario teniendo en cuenta lo que es importante para el cliente.

En marketing en el mercado masivo, normalmente las campañas van dirigidas a través de muchos medios y con continuos descuentos de precios. La calidad se convierte en un "commodity", es necesaria, pero no representa una ventaja, no diferencia al producto o servicio (Peppers y otros autores, 1998b).

El marketing "one to one" ofrece oportunidades para ofrecer servicios avanzados y diferenciados.

Asimismo, el marketing "one to one" permite a pequeñas empresas la oportunidad de tener información de pocos clientes, pero de un alto valor, compitiendo con empresas "mayores" por ese cliente.

Para realizar una vigilancia continua del nivel de calidad del servicio que los clientes reciben, Parasuraman (ver Cuesta 2003), propone el siguiente modelo (ver Figura 3.19).

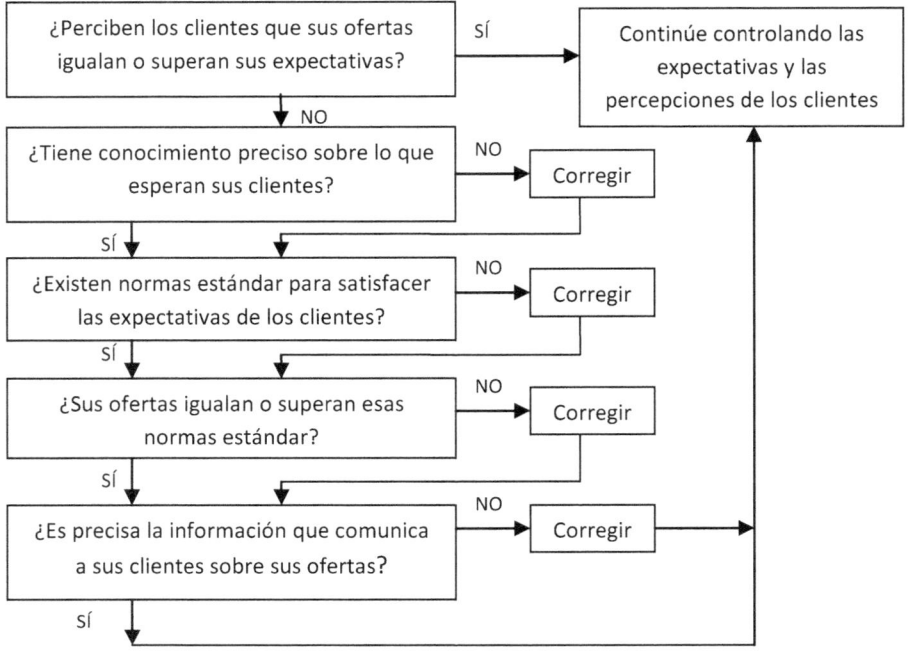

Figura 3.19 Modelo de medición y mejora continua de la calidad del servicio de Parasuraman (Cuesta, 2003)

Debemos discriminar entre "satisfacción del cliente" y "calidad percibida", ya que entendemos que la primera es una consecuencia de la segunda, pero hay veces que el cliente aprecia una "alta calidad" y no está satisfecho.

CAPÍTULO 4 RETENCIÓN, LEALTAD, CONFIANZA

En el marketing tradicional las empresas buscan clientes a los que vender sus productos y servicios, mientras que en un marketing de relaciones la organización está orientada hacia la retención de clientes y no solo en la adquisición de nuevos clientes.

Por término medio las empresas suelen gastar cinco o seis veces más en adquirir un cliente que en retenerlo.

De un pequeño número de contactos definidos tradicionalmente con el cliente en el proceso de relación con éste, tales como "servicio al cliente" y "resolución de reclamaciones", se han pasado a ser muchos más, en orden a poder ser mejor proveedor y mantener relaciones adecuadas con los clientes (Evans, 2002). En la Figura 4.1 podemos observar las diferentes interactuaciones que puede haber con el cliente.

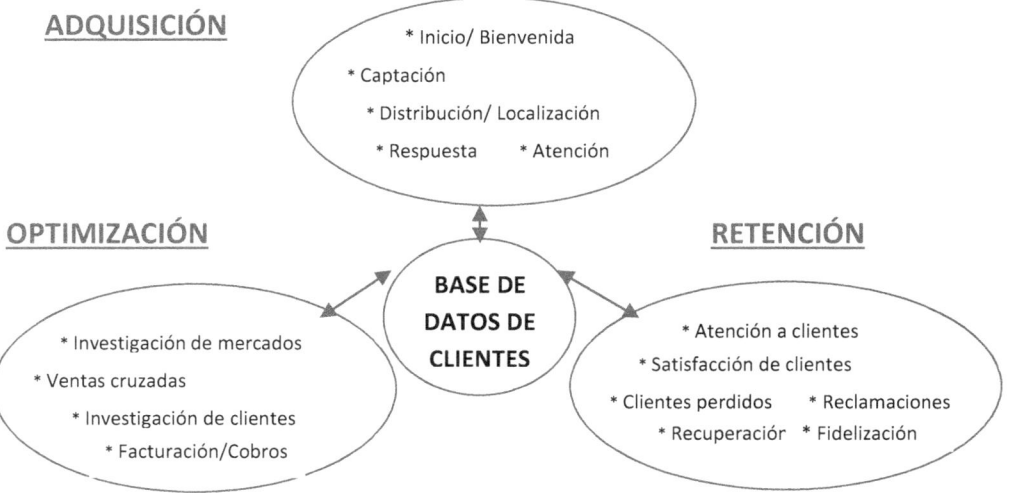

Figura 4.1 Contactos con el cliente durante su vida
(Adaptado de Maggie Evan, 2002).

Si una firma está en contacto directo con sus clientes, entonces cada pequeño contacto es una preciosa oportunidad para aprender de éstos (Peppers y Rogers, 1996).

En la relación clásica transaccional con el cliente, el precio es lo primero por lo que el cliente compra. No hay que pensar que porque se den sucesivas transacciones con el cliente ya se ha construido una relación real.

Es importante poder contar con toda la información que el cliente pueda aportar, pero sin violentar al cliente ni la privacidad de dicha información. Según Pine y Gilmore (2000), cada vez que se vende un producto o se interacciona en un servicio con el cliente, ambas partes tienen una oportunidad para aprender.

Reichheld (2002) recoge que construir relaciones a largo plazo permite aumentar los ingresos de cada cliente y disminuir los costes de servir, además de permitir un sobreprecio. No todos los clientes dan beneficios, por ello se debe determinar cuáles o qué segmentos lo dan. Concluye que las relaciones beneficiosas mutuas y duraderas con los empleados, los clientes y los proveedores, son las que construyen una ventaja competitiva. La lealtad se inicia con los empleados.

Según Gummesson (2004), los clientes leales se convierten en menos sensibles al precio, pero dentro de unos límites, ya que también valoran la confianza, el compromiso y la conveniencia.

La relación a largo plazo es beneficiosa para ambas partes, de cara al proveedor se crean barreras de entrada a la competencia, se hace enfrentamiento a precios más bajos de ésta, se generan más ventas con el cliente y se disminuye el coste de servir.

Un aumento en la retención con los clientes no es detectada fácilmente por la competencia, en cambio un aumento de la cuota de mercado sí, por lo que estratégicamente la retención de los clientes es una herramienta que no es fácilmente detectada por la competencia (Reichheld y Kenny, 1991). Además, retener un 2% de clientes tiene el mismo efecto en la "bottom-line" que reducir los costes un 10% (Cuesta 2003).

Según estos autores, Reichheld y Kenny, mejorar la rentabilidad de la empresa no viene ni por disminuir los costes de servir ni por reducir los costes operativos, sino por aumentar la retención de los clientes.

Según Bardakci y Whitelock (2003), aprendiendo de la relación con el cliente ("learning relantionship") y manteniendo dicha relación, se llega a un ahorro sustancial, sobre todo en las campañas de retención. Una falta de información puede llevar a no tratar a los clientes de manera diferenciada, lo que redunda en mayores costes.

Suele ser menos costoso servir a clientes leales, que ya han sido "entrenados" o que conocen el proceso de compra, que a clientes que todavía no han tenido la suficiente relación con la empresa y es mayor el coste de servir (Heskett, 2002).

Weinstein (2002) recoge que en marketing "one to one" se debe invertir en incrementar la lealtad de los clientes más beneficiosos. Mientras muchas empresas gastan mayormente sus recursos en aumentar su mercado, toda la literatura orientada al servicio demuestra que el valor se adquiere en invertir en construir relaciones con los clientes y retenerlos.

Siendo importante encontrar nuevos clientes que vengan a sustituir a los perdidos y aumentar la cartera de clientes para hacer crecer a la empresa y expandirse, no deja de ser igualmente importante mantener a los clientes, especialmente a los mejores, y mejorar la relación que con estos se tenga (Weinstein, 2002).

En un marketing "one to one" yendo a una cuota de cliente, cuanto más y mejor se conozca a cada cliente y más profunda sea la relación con éste, será más probable realizar más transacciones, y menos probable será que deje de ser cliente para irse a la competencia (Peppers y Rogers, 1995a).

Según Esse (2003), la relación "one to one" significa clasificar y servir individualmente a los clientes más que de manera masiva. Cuando la empresa vende de manera directa al cliente, tiene el control de la transacción y le es posible mejorar la calidad en la experiencia con el cliente.

Según Kara y Kaynak (1997), una de las ventajas que ofrece la Segmentación Fina (FS) sobre la segmentación tradicional es la retención de los clientes. Estos autores concluyen que si asumimos que los mercados son heterogéneos, con la FS la precisión en poder satisfacer la alta variedad de necesidades de los clientes llevará a una mayor satisfacción y por tanto de la lealtad de los clientes.

Según Esse (2003), una correcta segmentación del mercado permite a las empresas ofrecer el mejor producto adecuado a sus clientes, mejorando la experiencia de estos y construyendo lealtad, lo que incrementa la rentabilidad. En un marketing "one to one", la microsegmentación requiere una mayor información y más sofisticadas herramientas.

Conforme más tiempo está un cliente relacionándose con la empresa y ésta esté más pendiente de las necesidades individuales de sus clientes para satisfacerlas, mejor y de manera más precisa responderá a los requerimientos y cambios de éstos. Este esfuerzo se verá recompensado en un notable aumento de la lealtad (Kara y Kaynak, 1997).

Según L. Heskett (ver Cuesta 2003), los clientes se pueden clasificar en dos dimensiones, según el grado de lealtad y el grado de satisfacción (ver Figura 4.2).

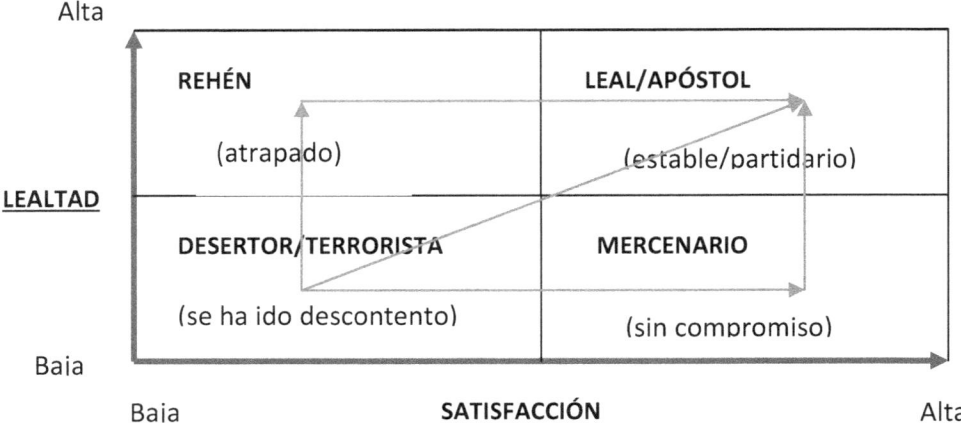

Figura 4.2 Clasificación de los clientes por su satisfacción/lealtad según Heskett (Cuesta, 2003)

Según esta clasificación, el reto de las empresas con los clientes desertores debe centrarse en conocer, a través de una comunicación con éstos, las razones por las que se marchan.

Con los clientes rehenes, habría que analizar el motivo de su baja satisfacción para aumentarla y pasarlos a leales y que dejen de sentirse rehenes, pues como veremos posteriormente, éstos son los clientes cuya prescripción negativa puede hacer mucho daño a la empresa.

Según Evans (2002), no es fácil atraer a un cliente nuevo, pero mantenerlo ilusionado y vivo una vez que éste ha tenido la primera "experiencia" es más difícil. El "deleite" del cliente es el nuevo objetivo de las empresas. La relación entre clientes satisfechos y clientes retenidos es fuerte (ver Figura 4.3).

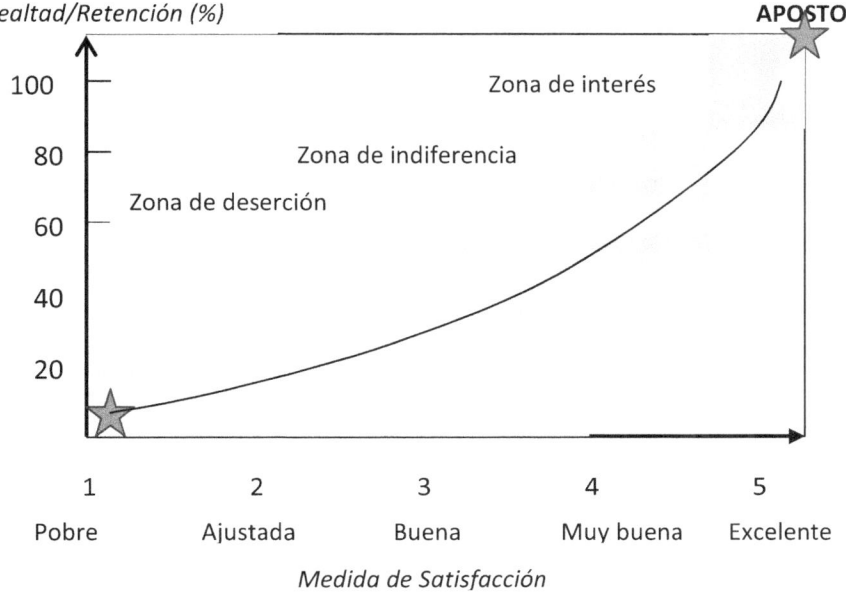

Figura 4.3 Satisfacción/lealtad de "Xeros study" adaptado por Maggie Evans (2002)

Rodrigalvarez (1997) (recogido por Parra, 1999) establece una clasificación de los clientes en función del grado de satisfacción y fidelidad (ver Cuadro 4.1).

- *Cliente prescriptor*: Convencido de que no hay alternativa mejor. Está satisfecho y recomienda el producto y servicio que recibe.

- *Cliente oportunista:* Está satisfecho, pero busca en todo momento algo mejor; ni critica, ni alaba, se va con el mejor postor.

- *Cautivo*: Cliente descontento, que se encuentra atrapado por ciertas condiciones o que le resulta caro cambiar de proveedor. Es vengativo y destructor, recomendando negativamente.

- *Destructor*: Aquél cliente que siempre busca otras alternativas. Está descontento y recomienda negativamente.

		NIVEL DE FIDELIDAD	
		Alto	Bajo
NIVEL DE SATISFACCIÓN	Alto	Prescriptor	Oportunista
	Bajo	Cautivo	Destructor

Cuadro 4.1 Clasificación de clientes por su fidelidad/satisfacción (Parra, 1997)

Según Kotler (2000) la llave de la retención del cliente es la satisfacción, pues los clientes satisfechos:

- Permanecen leales más tiempo.
- Hablan favorablemente de la empresa.
- Ponen menos interés en la competencia.
- Son menos sensibles al precio.
- Ofrecen ideas de mejora a la empresa.
- Cuesta menos servirles que a un cliente nuevo.

Según Bardakci y Whitelock (2003), la importancia de los programas de retención se substentan en cuatro aspectos. Primero, adquirir un nuevo cliente es cinco veces más caro que mantener a uno ya existente (Kotler, 2000). Segundo, si el cliente está satisfecho con el producto y el servicio ofrecido, volverá a comprar. Tercero, clientes satisfechos transmitirán a otros tres su satisfacción, o lo opuesto, clientes no satisfechos, se lo dirán a nueve (Whiteley y Hessan, 1996). Cuarto, un 5% de reducción de la tasa de deserción o abandono, puede incrementar los beneficios entre un 25% y un 80% dependiendo del sector (Kotler, 2000).

Reichheld y Sasser (1990) (recogido por Bardakci y Whitelock, 2003), muestran que un aumento en cinco puntos en el porcentaje de clientes retenidos, lleva a un incremento entre el 40-50% en beneficios en las ventas. Posteriormente Reichheld (1994) muestra que un decrecimiento en el abandono de cinco puntos en porcentaje, incrementa los beneficios entre un 25 y 100%.

Se dice que una empresa goza de una alta lealtad de sus clientes cuando una parte importante de sus clientes no piensan en cambiar de empresa (Kotler 2003).

Weinstein (2002), propone el siguiente modelo de retención/valor para el cliente, que relaciona los tres conceptos estratégicos básicos (satisfacción del cliente, lealtad y desarrollo del negocio) que crean valor a la empresa y al cliente (Figura 4.4).

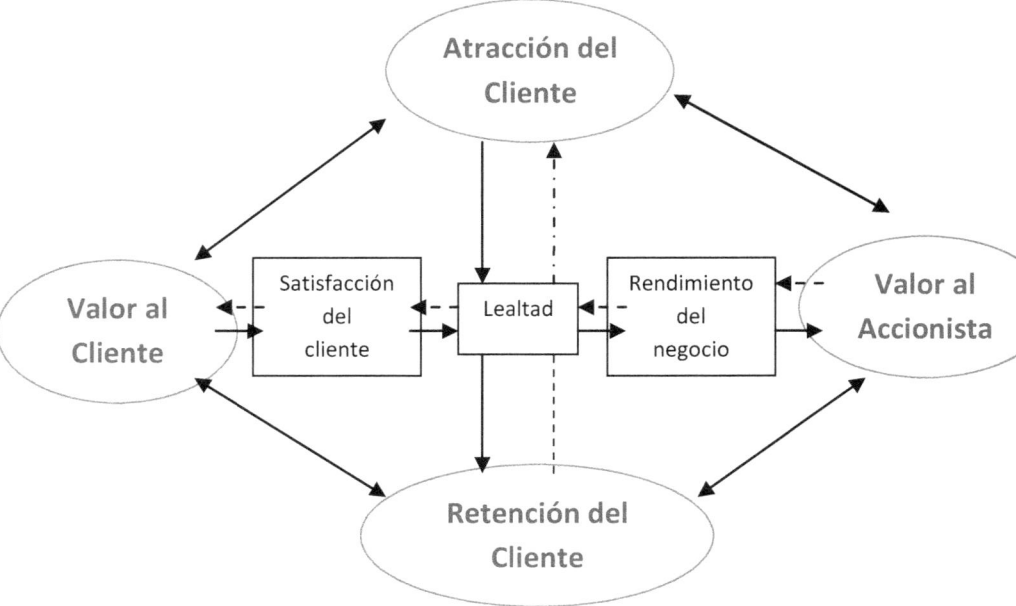

Figura 4.4 Modelo Retención/Valor del cliente de Art Weinstein (2002)

Weinstein recoge que dando un mayor valor al cliente, basándose en un mix de calidad, servicio y precio (QSP), de Imagen, Innovación e Intangibles (las tres I) y yendo más allá de la transacción, se deben exceder las expectativas del cliente. Esta reiteración de alta satisfacción del cliente lleva a una mayor lealtad del mismo, y ésta a su vez a un incremento de la rentabilidad del negocio y a una retención del cliente.

Calciu y Salerno (2002) definen un modelo de "retención", donde consideran que el cliente permanece tanto tiempo como esté generando transacciones y un modelo de "migración", donde consideran que el cliente puede reaparecer después de un tiempo inactivo donde no ha hecho ninguna transacción.

Según Cuesta (2003), el camino óptimo a la fidelización es llegar a una alta lealtad consiguiendo una alta satisfacción del cliente. En la Figura 4.5 se muestra el camino y las herramientas para llegar a la fidelización ya expuestas anteriormente.

Figura 4.5 Camino hacia la fielización (Cuesta, 2003)

Ranaweera y Prabhu (2003), analizaron los efectos de la "satisfacción del cliente" y de la confianza en la retención. Encontraron que el efecto sobre la retención es mayor con la satisfacción que con la confianza.

En sus estudios confirman que "la recuperación del servicio" (corrección de un error detectado que ha provocado una insatisfacción) puede devolver al cliente a un estado de satisfacción, o clientes que experimentan exitosamente una recuperación del servicio pueden llegar, en algunos casos, a estar más satisfechos que otros clientes que no llegaron a tener insatisfacción. No obstante, aunque la recuperación del servicio tras un fallo puede recuperar la satisfacción, puede llevar a la pérdida de confianza y al cambio de empresa, ya que no se olvida ese fallo. Por ello, en clientes con una alta tasa de satisfacción, pero con bajo confianza, pueden ir al cambio, como se ilustra en la Figura 4.6. Los servicios de recuperación son más factibles en sectores con un alto contacto con el cliente. En sectores donde el contacto con el cliente es menor o no hay conocimiento de los fallos, esta recuperación es más difícil al no tenerse constancia.

Figura 4.6. Variación de la retención con al satisfacción para diferentes niveles de confianza Ranaweera y Prabhu (2003)

En un análisis sobre el cambio de comportamiento en diferentes compras que conlleven servicios, Keaveney (1995) encontró que los factores orientados al servicio que tenían fallos, tales como problemas en servicios básicos, inconveniencias y fallos en el contacto o en el precio, intervinieron en más del 70% de los casos que provocaron cambios de proveedor. en un estudio sobre una muestra de 526 encuestados que cambiaron de servicio en diferentes sectores, por 838 motivos o incidencias (ver Cuadro 4.2).

En la categoría del precio, de las nueve recogidas en el cuadro, se recoge tanto éste en sí como; descuentos, tasas, cargos, penalizaciones, promociones, etc. En un 30% de los cambios intervino esta causa, 9% como la primera y única causa, y un 21% como una de las dos causas más importante de abandono.

En la categoría de "inconvenientes" se recogen todos los diferentes inconvenientes que provocaron cambio, como inconveniente por la ubicación, espera por el servicio o por obtener una cita, etc. En un 21% de los cambios intervino esta causa, 22% como la primera y única causa, y un 8% como una de las dos causas más importante.

En la categoría de "fallos en el servicio básico", como errores en el propio servicio o en fallos técnicos, en un 44% de los cambios intervino esta causa, 11% como la primera y única causa, y un 33% como una de las dos causas más importante.

En la categoría de "fallos en el encuentro", como en los contactos entre el vendedor y el cliente, en un 34% de los cambios intervino esta causa, 9% como la primera y única causa, y un 25% como una de las dos causas más importante.

	Número de veces que apareció como motivo	% sobre el total de motivos	% en ser una de dos causas	% en ser única causa	% casos en que interviene
1. Precio	140	16.7	21	9	30
2. Inconvenientes	97	11.6	8	22	21
3. Fallos en el servicio	208	24.8	33	11	44
4. Fallos en el encuentro	160	19.1	25	9	34
5. Respuesta en fallos en el servicio	81	9.7	----	----	17
6. Competencia	48	5.7	----	----	10
7. Problemas éticos	35	4.2	----	----	7
8. Cambios involuntarios	29	3.5	----	----	6
9. Otros	40	4.7	----	----	5
Total de incidencias	838	100.0			

Cuadro 4.2 Clasificación de Incidencias en el servicio que provocan abandono. Keaveney (1995)

Reichheld y otros autores (2000) recogen en sus investigaciones que entre un 60%-80% de los clientes que han abandonado una empresa decían en las encuestas que estaban satisfechos o muy satisfechos antes de su abandono. Por tanto la herramienta de medición de la satisfacción no se puede usar para predecir la defección. Muchas empresas investigan en cómo medir la satisfacción adecuadamente más que en desarrollar medidas de lealtad.

Liu y Shih (2005) definen la lealtad del cliente indexada a la tasa de abandono de éste.

- Lealtad del Cliente = 1 – Tasa de abandono

Donde "Tasa de abandono" describe el número o porcentaje de clientes que abandonan la relación con un proveedor de servicios.

Wangenheim y Bayón (2004a) justifican que los clientes que cambian de proveedor o empresa, "switchers", basan sus juicios sobre satisfacción y factores diferentes que los clientes que permanecen "stayers", habiendo una diferencia en cuanto a la lealtad en ambos grupos.

Los "switchers" suelen tener una "experiencia" de sus relaciones previas. Debido a esa mayor experiencia adquirida en el cambio que han tenido, éstos perciben menos importante el coste o "esfuerzo" a cambiar, mientras que los "stayers" muestran un mayor miedo al cambio por esa falta de experiencia.

Al tener los "switchers" una mayor experiencia en el cambio de empresa o proveedor que los "stayers", y suponiendo que han cambiado en parte por unas bajas expectativas en su anterior relación, cabe esperar que éstos, ante una igualdad en el servicio con los "stayers", aprecien más esa diferencia que los "stayers" no han tenido anteriormente y no tengan esa exigencia de expectativa.

Basándose en estas experiencias Wangenheim y Bayón concluyeron que comparado con los "stayers", los "switchers" estarán más satisfechos con su actual proveedor.

Por otra parte, los "switchers" referenciados, aquellos que cambian por una referencia o recomendación, serán más reacios que otros "switchers" a disfunciones que se produzcan en el servicio, por lo que, dentro de los "switchers", los referenciados, estarán más satisfechos con el proveedor actual.

Según estudios de Ganesh y otros autores (2000), la lealtad tiene dos dimensiones, una activa y otra pasiva. La lealtad activa que conlleva una actividad proactiva e intenta extender la relación con el proveedor, y la dimensión pasiva, cuyo comportamiento está más afectado por el cambio de precios o competitividad y se ve influenciado por el coste percibido que supone el cambiar de proveedor, lo que para una lealtad activa es menos importante.

Según esto, Wangenheim y Bayón (2004a), concluyen que los "switchers", en comparación con los "stayers", exhiben un menor nivel de lealtad pasiva y un mayor nivel de lealtad activa.

La literatura muestra que la lealtad y los beneficios están fuertemente ligados al valor que se crea al cliente. Los clientes son leales a la empresa mientras ésta ofrezca un valor superior al de la competencia. (Califa, 2004).

La calidad del servicio es vista como un importante motivo de la retención del cliente. La calidad del servicio tiene un alto impacto en la vuelta a comprar del cliente, y hace que el cliente recomiende a otros (Venetis, 2004). Además la calidad en el servicio influye en diferentes intenciones como en la recomendación, el crecimiento del negocio y en pagar un sobreprecio, según Zeithaml y otros autores (1996).

Las investigaciones de Venetis están en la línea de ver la relación entre la calidad del servicio y la retención. Se hace la siguiente pregunta, ¿contribuye la calida del servicio en construir una mejor relación a largo plazo en el tiempo con el cliente?

La relación a largo plazo es beneficiosa para ambas partes, de cara al proveedor se crean barreras de entrada a la competencia, se hace enfrentamiento a precios más bajos de ésta, se generan más ventas con el cliente y se disminuye el coste de servir.

Reichheld (1993) (recogido por Venetis (2004)), encuentra incluso que clientes satisfechos pueden cambiar de relación. Clientes satisfechos no necesariamente permanecen, y clientes insatisfechos no necesariamente abandonan. Pero la calidad del servicio, contribuye significativamente al inicio y mantenimiento de una relación.

Calidad es lo que el cliente percibe como tal, y generalmente es definida como la conformidad o disconformidad del cliente respecto a las expectativas. En cambio la satisfacción del cliente, no tiene una relación positiva directa con la retención del cliente.

Investigaciones de Berry y Parasuraman (1997), muestran la fuerte relación entre el servicio ofrecido al cliente y la lealtad de éste y su propensión a cambiar de empresa. En la Figura 4.7 podemos apreciar el comportamiento del cliente en función de la calidad percibida por el servicio.

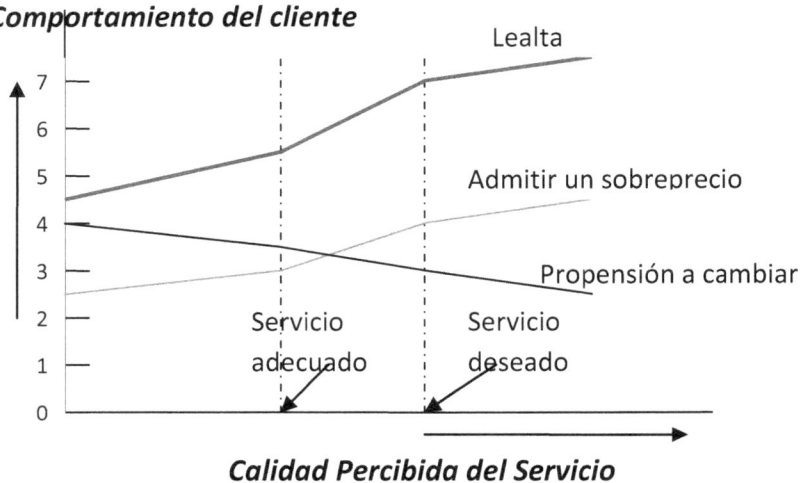

Figura 4.7 Relación entre "calidad del servicio" e "intención de comportamiento" del cliente (Berry y Parasuraman, 1997)

Clientes con una percepción del servicio por debajo de su zona de tolerancia (por debajo de donde no "entienden" una calidad), son menos leales y más propicios a cambiar de empresa que aquellos que sobrepasan el nivel esperado por ellos o que exceden la zona de tolerancia. Es significativo observar que clientes propensos a pagar más por un mejor servicio, dejan de hacerlo si la calidad del servicio baja de la zona de tolerancia.

Venetis (2004), en sus investigaciones determina que la calidad contribuye a mantener la relación. Recoge el siguiente modelo (ver Figura 4.8).

Venetis define compromiso de relación ("commitment") como una intención de continuación en la relación de negocios entre socios. El compromiso es la variable real que marca que haya una relación a largo plazo con el cliente.

Distingue dos clases de compromiso, el *compromiso afectivo*, definido como un deseo de continuar la relación porque es agradable y el *compromiso especulativo* o de cálculo (costes), como una extensión de mantener la relación debido a beneficios o disminución de costes.

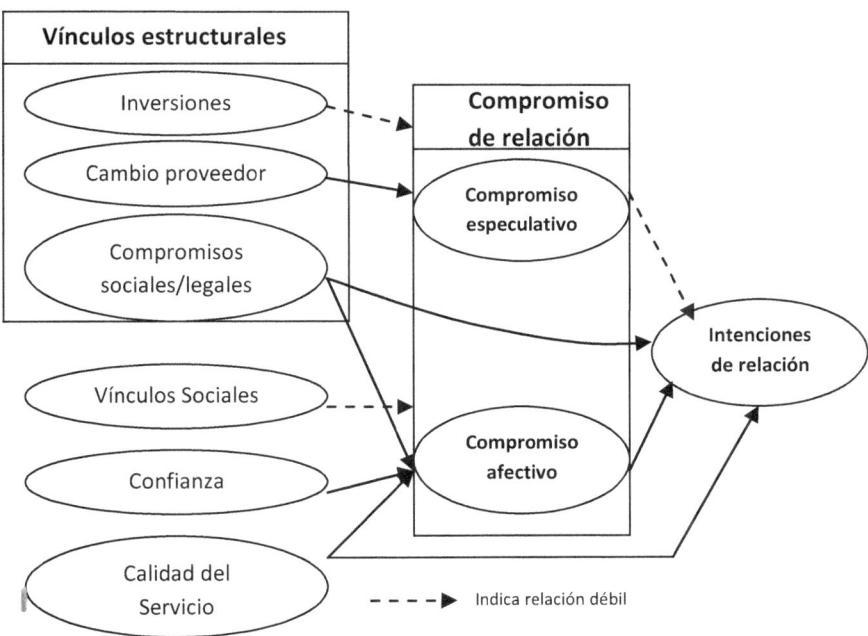

Figura 4.8 Modelo de relación calidad/compromiso. Venetis (2004)

Tanto el compromiso afectivo como el especulativo contribuyen positivamente a la intención del cliente a continuar la relación.

En este modelo, por *vínculos estructurales* se entienden aquellos que por la relación con el cliente se crean al hacerse "inversiones" que no se pueden "recuperar" cuando la relación termina y que hacen difícil que la relación deje de existir debido a la complejidad de ésta, los costes que acarrearía el hacerla de nuevo con otro proveedor y las regulaciones que se deben cumplir o compromisos que se han fijado entre el cliente y el proveedor.

El cliente tiene que invertir en intercambiar conocimiento e información con el proveedor para que éste le pueda servir adecuadamente, pero para esto debe hacer una inversión en tiempo y recursos.

La fortaleza de los vínculos estructurales entre las dos partes, influenciará positivamente en el compromiso de relación especulativa y afectiva.

Los vínculos sociales se crean por las relaciones interpersonales entre el comprador y el vendedor. Se da la paradoja que la relación de un cliente con un empleado en particular, puede llegar a ser mayor que con la firma de la empresa.

La fortaleza de los vínculos sociales entre las partes, influenciará positivamente en el compromiso de relación.

La confianza es necesaria para el desarrollo de la relación. Se define la confianza, como una creencia firme de que la otra parte desarrollará acciones que lleven positivamente a la relación.

El grado de confianza infundida por los socios influenciará positivamente en el compromiso de relación.

La satisfacción es un factor importante, pero no necesariamente suficiente para mantener una relación a largo plazo. Si las inversiones que se hayan creado en la relación han sido muy altas o la calidad de las alternativas a tomar son peores, puede llevar a que, a pesar de que la satisfacción no sea la deseada, la relación se mantenga.

La calidad del servicio percibido influenciará positivamente en la relación de compromiso con el cliente.

Este modelo recoge que el compromiso afectivo está significativamente influenciado positivamente por la calidad percibida por el cliente y la confianza. La permanencia del cliente está afectada positivamente por el compromiso afectivo y directamente por la calidad del servicio percibido. En cambio, el compromiso especulativo no influye significativamente en la permanencia del cliente.

Como conclusión Venetis deduce que la calidad en el servicio contribuye en gran manera al mantenimiento de la relación a largo plazo. Este impacto es mayor que el causado por la confianza. También encontró que la calidad en el servicio no solo influía en compromiso afectivo, sino también directamente en el comportamiento del cliente.

Otra cosa es cuestionarse cuándo la calidad del servicio es suficiente para tener un compromiso afectivo.

Se observa que cuando no hay un compromiso afectivo, la relación es fácil que se rompa ante un problema.

Vemos también, según este modelo, que los "costes de cambio" que llevan a un compromiso especulativo no es motivo suficiente para mantener una relación.

El estudio revela además que la calidad del servicio es el factor más importante para establecer una relación a largo plazo y por tanto la retención del cliente. Es más importante que la confianza y las fronteras sociales y estructurales que se creen. Una vez que la relación se inicia, los costes de cambiar se consideran altos y hace que las partes no deseen romperla, pero no es suficiente. El estudio también revela que los esfuerzos para mantener a los clientes con acuerdos formales no tienen influencia positiva para establecer relaciones a largo plazo.

Mantener a los clientes a través de acuerdos formales para que no se vayan no es una estrategia suficiente a largo plazo, la permanencia a largo plazo de los clientes está profundamente relacionada con los sentimientos de querer mantenerla y la calidad del servicio.

Según Parasuraman y Grewal (2000), los "drivers" o indicadores que llevan a un mayor valor percibido por el cliente, y con ello a una mayor lealtad, son la "calidad del producto", el "precio" y la "calidad del servicio". Los dos primeros son fácilmente imitables por la competencia, siendo la calidad del servicio es lo que diferenciará a una empresa de otra.

Estos autores definan el siguiente modelo (ver Figura 4.9) de lealtad del cliente. Los componentes que definen la calidad del servicio ya fueron expuestos en el anterior epígrafe donde se recogía el modelo SERVQUAL (Service Quality) de Parasuraman y otros autores (1991a).

Peppers y Rogers (1999b) resaltan la importancia de la confianza para mantener negocios a largo plazo. Comprador y vendedor deben confiar el uno en el otro. Asimismo indican que para conseguir la confianza del cliente hay que permitirles la elección. Apuestan por crear la imagen de confianza como ventaja competitiva.

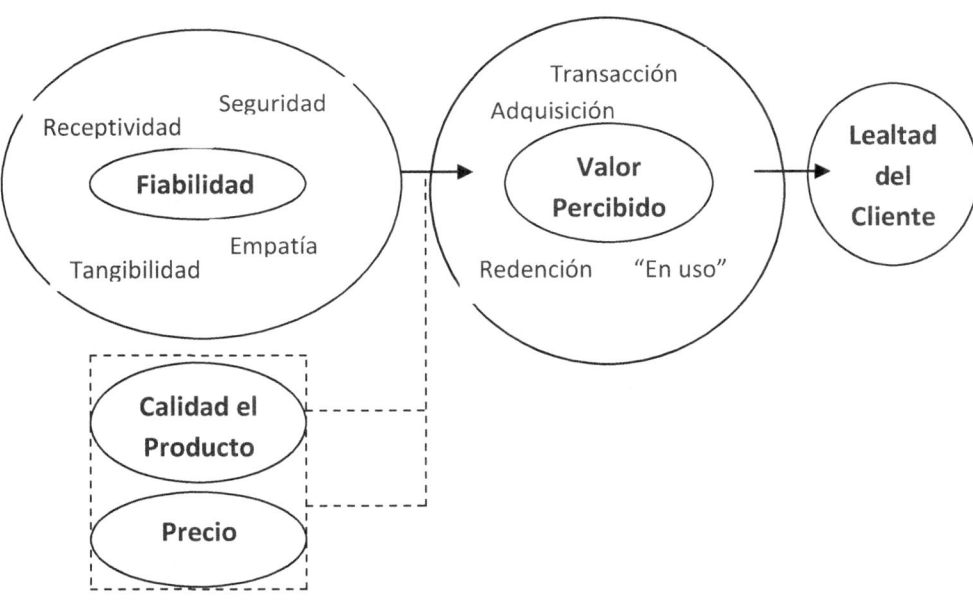

Figura 4.9 Modelo de expansión de lealtad del cliente
(Parasuraman y Grewel, 2000)

Cada contacto es una oportunidad para conocer mejor al cliente y con ello darle un mejor servicio que como consecuencia genere una mayor confianza. Según Cuesta (2003), existe un circulo virtuoso de la confianza (ver Figura 4.10), a través del cual, mediante transacciones repetidas por las que se tiene la oportunidad de conocer mejor al cliente y darle una mayor satisfacción, se afianza la confianza, la que a su vez nos permitirá acceder a un mayor conocimiento del cliente.

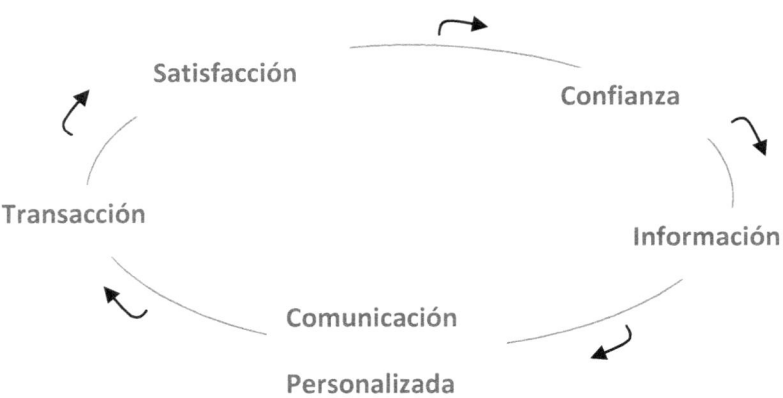

Figura 4.10 Círculo de la calidad (Cuesta, 2003)

Según Küster (2002), la confianza y el compromiso en la relación hacen que aumente la fidelidad y mantenimiento de los clientes. En la Figura 4.11 se recogen las ventajas derivadas de la confianza.

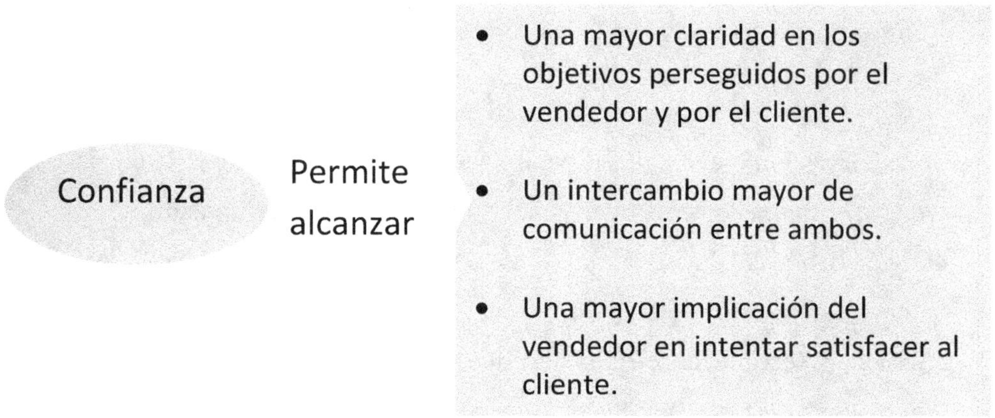

Confianza **Permite alcanzar**
- Una mayor claridad en los objetivos perseguidos por el vendedor y por el cliente.
- Un intercambio mayor de comunicación entre ambos.
- Una mayor implicación del vendedor en intentar satisfacer al cliente.

Figura 4.11 Ventajas de la Confianza (Küster, 2002)

Evans (2002) recoge que el conocimiento del cliente y su confianza han tenido un importante significado, ya que cada vez es más fácil comparar y cambiar de producto o servicio. También indica que nunca hay que asumir que un cliente perdido no es recuperable.

El compromiso no es suficiente, ya que es necesario que exista un sentimiento de confianza mutua entre las partes, que es el elemento básico que permitirá establecer y mantener las promesas y las relaciones.

La confianza supone que las buenas intenciones entre las dos partes de la relación no se ponen en duda, que las promesas no generan incertidumbres, y que la comunicación entre las partes es honesta, abierta y frecuente (Czepiel, 1990).

La confianza se puede considerar como un acto de fe que ambas partes se hacen mutuamente, como una certeza de las buenas intenciones que hay detrás del intercambio de promesas, de tal manera que el mantenimiento de una relación beneficiosa a largo plazo para ambas partes dependerá de la buena voluntad de ambas.

Peppers y Rogers (1999a) indican que no es suficiente dar un gran servicio de alta calidad para mantener a los clientes leales, sino que se debe construir con ellos una "relación de aprendizaje" interactiva y colaborativa, que le cree unos lazos para no irse con la competencia. Si deseamos mantener a un cliente leal, no basta con darle un servicio excelente, hay que darle a cada uno de manera individualizada su producto o servicio, y para ello éste debe mostrarnos y enseñarnos como dárselo. Hay que crear una relación envolvente de aprendizaje a lo largo del tiempo. Además de conocer al cliente, el cliente debe constatar que le conocemos.

Según Reichheld y Schefter (2000) (ver Kelley y otros autores, 2003) adquirir un cliente en Internet es entre un 20% y 40% más caro que en el mercado tradicional. También encontraron que los clientes satisfechos no solo son menos sensibles al precio, sino que son más económicos de mantener.

Kelley y otros autores (2003) a través de encuesta en Internet, buscaron la relación entre e-CRM y la lealtad de los clientes en compras de CD, DVD, libros y consolas de juego por Internet. Probaron que aquellas empresas que desplegaron un e-CRM tenían clientes más leales y más tolerantes ante el precio, lo que recogieron en el modelo de la Figura 4.12.

En este modelo podemos apreciar que al aumentar la "percepción" que el cliente tenga por el "valor" o "menor esfuerzo" que lleve el realizar la compra por Internet, aumenta la lealtad de éste.

Asimismo, esta mayor percepción permitirá una menor sensibilidad al precio.

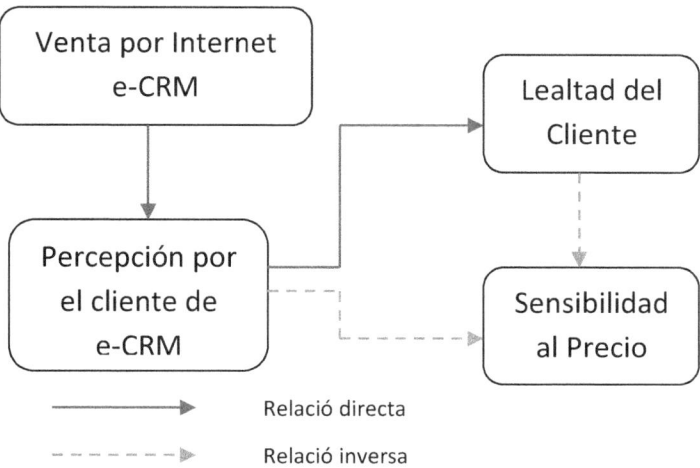

Figura 4.12 Modelo relacional entre eCRM, lealtad y sensibilidad al precio. Kelley y otros autores, 2003)

Hemos visto como se llega a la retención del cliente y a su lealtad a través de la confianza, el valor al cliente, la satisfacción y la calidad. Todas estas variables influyen directamente a aumentar la retención y la lealtad.

CAPÍTULO 5 MODELOS DE VALORACIÓN DEL CLIENTE

Una organización pierde el 50 % de sus clientes cada cinco años y, por regla general, captar un cliente nuevo requiere un esfuerzo cinco veces mayor que conservar a uno ya existente (Burnett, 2002).

Peppers y Rogers (2006) se plantean tres cuestiones relacionadas con el cliente:

1. ¿Qué grupos de clientes dan el mayor y el menor valor a la empresa?

2. ¿Qué producto o mix de productos es el más adecuado para cada grupo de clientes?

3. ¿Qué tipo de comunicación de marketing hay que mantener con los clientes para maximizar su lealtad y conseguir el máximo ROI?

Según estas tres cuestiones, tanto el valor de cada cliente, como la definición de sus necesidades, identifican su segmentación. No solo se deben clasificar según sus necesidades, sino su valor.

El mercado tradicional trata a todos los clientes de la misma manera, cada uno recibe el mismo producto, paga lo mismo, y ningún cliente tiene una interacción individual.

En el mercado en el que se aplica la segmentación se experimenta un progreso respecto al que lo trata masivamente, pero aún así dentro de cada segmento, por fino que sea (FS), todos tienen el mismo tratamiento, cuando algunos clientes tienen un valor mayor que la media en ese segmento.

Según Peppers y Rogers (1996), en el mercado "one to one" se muestra que diferentes clientes tienen retornos de diferentes niveles de ingresos y beneficios para la empresa. Los clientes tienen diferentes necesidades y representan diferentes valores para una empresa (ver Figura 5.1).

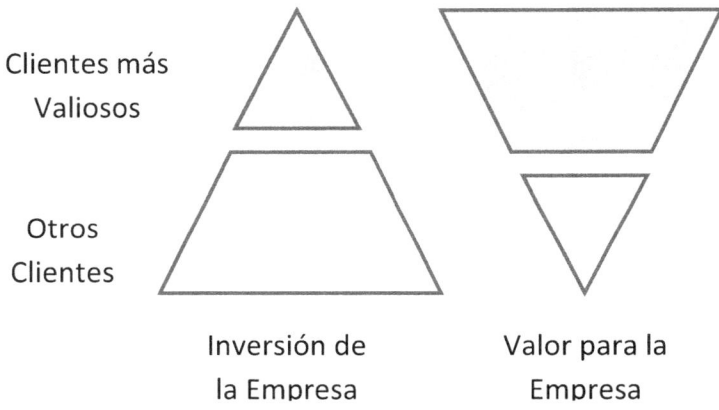

Figura 5.1 Jerarquización de los clientes por su valor. De Peppers y Rogers (1996)

El valor de un cliente en particular debería determinar el nivel de tiempo que se le dedica y lo que en él se invierte.

La habilidad de las compañías para adquirir y retener a los clientes atractivos es crucial en el éxito de la empresa.

En un mercado tradicional masivo se va a un mercado lo más extensivo posible, en cambio, en un mercado "one to one", se va a aquellos clientes de mayor valor y tratándolos uno a uno, para así ofrecerles lo que deseen y compren repetidas veces a lo largo de su vida como cliente. En el primer caso iremos a maximizar la cuota del mercado, mientras en el segundo caso iremos a maximizar la cuota del cliente.

Según Munuera y Rodríguez (2002), muchas empresas pequeñas, pero rentables, se contentan con su pequeño tamaño y ponen el acento en el beneficio, más que en el crecimiento de las ventas o de la cuota de mercado, y en la especialización más que en la diversificación.

Para poder maximizar esta cuota de cliente, primero debemos saber qué "potencial" de negocio ese cliente puede o desea generar. Según Peppers, esto nos lleva que más que ofrecer descuentos y promociones en masa, es mejor hacer ofrecimientos específicos a nivel individual teniendo un mejor conocimiento de las necesidades de nuestros clientes e iniciar una relación duradera.

El marketing "one to one" va más allá de la venta. Para conocer cuanto es la cuota de un cliente, la empresa debe:

- Identificar a sus clientes de manera individualizada, bien directamente o haciendo que ellos se identifiquen.
- Enlazar a estos clientes con las diferentes transacciones que hagan con la empresa.
- Preguntar a los clientes qué negocios hacen con la competencia.
- Preguntar qué recomendaciones positivas o negativas hacen.

Peppers y Rogers (1996), ponen de manifiesto la paradoja de cómo es más rentable tratar a menos clientes, pero con una mayor cuota de cliente, que tratar muchos clientes con una baja cuota de cliente, pues se gastaría menos en campañas, aparte de ser menos vulnerables a ciclos económicos y estar más blindados frente a la competencia.

Para crear valor en la empresa se deben ejecutar los siguientes pasos a través de CRM:

1º Identificar a los clientes clave, aquellos que crean valor al negocio.

2º Analizar qué crea valor en estos clientes.

3º Analizar si estos valores que se dan a los clientes impactan positivamente en la cuenta de resultados de la empresa.

4º Desarrollar estrategias a través de un Marketing Mix a medida de estos clientes.

5º Medir la rentabilidad de cada cliente.

Hwang y Suh (2005), indican que cuesta más adquirir un cliente nuevo que retener a uno ya existente. Crear una relación y retención de los clientes es más importante que adquirir otros, ya que por otra parte hay una falta de información de los nuevos clientes que hará que se creen ineficiencias en las estrategias de marketing y en el servicio.

Según Peppers y Rogers (1995b), esto nos lleva, con la ayuda de las nuevas tecnologías de la información, a hacer ofrecimientos individuales a los clientes y establecer con ellos una relación colaborativa uno a uno, pasando de cuotas de mercados a cuotas de clientes.

Según estos autores, algunas empresas han establecido sofisticadas bases de datos de sus clientes, de tal manera que utilizando las transacciones históricas de uno de sus clientes, aparte de otras variables específicas, como información demográfica y psicográfica, pueden estimar las transacciones a futuro a lo largo de la vida que como cliente puede efectuar potencialmente.

Liu y Shih (2005) recomiendan métodos, como los filtros colaborativos que determinan las recomendaciones a un cliente objetivo basado en las opiniones de otros clientes similares, y las recomendaciones basadas en asociación de reglas, donde las recomendaciones salen de reglas obtenidas a partir de compras de ese cliente, no del resto.

Los sistemas de recomendaciones consiguen aumentar la probabilidad de ventas cruzadas, establecen lealtades y determinan las necesidades de productos en los que el cliente puede estar interesado.

Buscar nuevos productos que vender a nuestros clientes actuales (ventas cruzadas) es más rentable que buscar nuevos clientes para los productos existentes (Burnett, 2002).

Según Cuesta (2003), la venta cruzada, apoyándose en el conocimiento de éste, debe ser la consecuencia de la oferta personalizada que se realiza a un cliente.

Peppers y Rogers (1995b) indican que en vez de medir el número de transacciones que en el mercado se prevé hacer, es más fiable medir el crecimiento o decrecimiento que el valor esperado a futuro de los clientes pueden aportar a la empresa.

Según Burnett (2002), cada cliente clave debe ser un centro de beneficios único.

Una de las herramientas utilizadas con el fin de poder medir ese "potencial" de negocio que tenemos con un cliente es el Valor del Cliente en el Tiempo (VCT).

Bardakci y Whitelock (2003), definen el Valor del Cliente en el Tiempo (VCT, en inglés "customer lifetime value", LTV), como los beneficios esperados a futuro, descontado costes, de las transacciones de un cliente, y actualizados al momento presente según una tasa de retorno. El VCT es importante, pues permite conocer el valor que aportará cada cliente y así poder tratarlos de manera diferenciada según dicho valor.

Reconocen que calcular el VCT es bastante complejo, pues es difícil conocer el valor de otros beneficios no traducidos en ventas en ese cliente, como es la recomendación (word of mouth). No obstante, sin este conocimiento, permite comprender la tasa de retención de un cliente.

Los métodos de "costes basados en actividades" (ABC) ayudan a identificar a los clientes no rentables o menos rentables en cuanto a servir (Burnett, 2002).

Calciu y Salerno (2002), desde una perspectiva de atracción y retención, definen que un cliente rentable es un cliente cuyos ingresos durante toda la relación comercial excede aceptablemente la cantidad de los costes soportados para atraerlo, satisfacerlo y retenerlo. Este valor lo llaman VCT (Valor del Cliente en el Tiempo).

Hwang y otros autores (2005) recopilan diferentes definiciones de VCT según diferentes autores (ver Cuadro 5.1).

Definición de Valor del Cliente en el Tiempo	Autor que lo recoge
El valor presente de todos los futuros beneficios generados por un cliente	Gupta y Lehmann (2003)
El beneficio neto o las pérdidas por las transacciones de un cliente en toda su vida con la empresa	Berger y Nasr (1998)
Beneficios esperados de los clientes, excluidos los costes referidos al servicio con el cliente	Blattberg y Deighton (1996)
El total de los beneficios netos descontados que un cliente genera durante su vida como cliente de la empresa	Bitran y Mondschein (1996)
El valor presente neto de las contribuciones de beneficios que resultan de las transacciones y contactos del cliente con la empresa	Pearson (1996)
El valor presente neto de futura corrientes de contribuciones de gastos generales y beneficios esperados con un cliente	Jackson (1994)
El valor presente neto de todas las futuras contribuciones de gastos y beneficios	Robert y Berger (1989)
El valor presente neto de todas las futras contribuciones de beneficios y gastos esperados de los clientes	Courtheoux (1995)

Cuadro 5.1 Diferentes definiciones de VCT (Hwang y otros autores, 2005)

Los modelos básicos del VCT se basan en el Valor Actual Neto (NPV en ingés) obtenido de los clientes a lo largo de su vida (ver Figura 5.2).

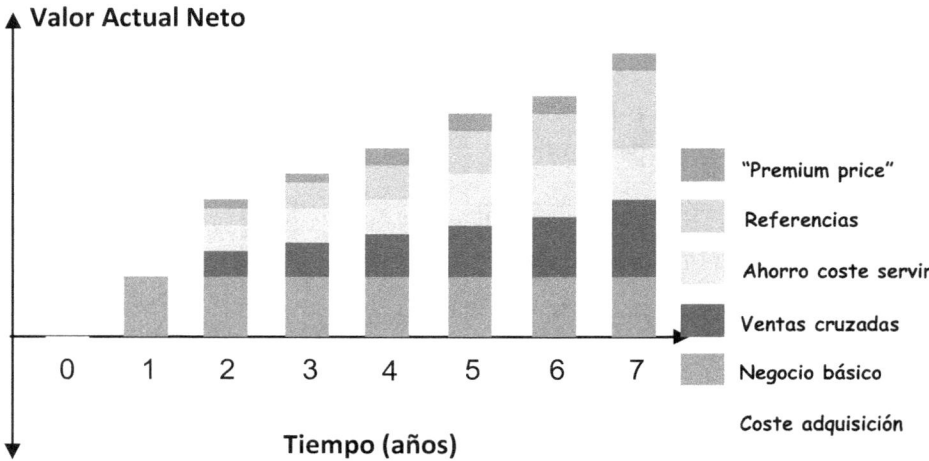

(Source: Bain & Company/ Mainspring Online Retailing Survey, December 1999)

Figura 5.2 Modelo de Valor del Cliente en el Tiempo
(fuente: Bain&Company)

Asimismo en la Figura 5.3 se recoge el bloque de conceptos que conforman el VCT. (Hwang y otros autores, 2005).

Capítulo 5 Modelos de valoración del cliente

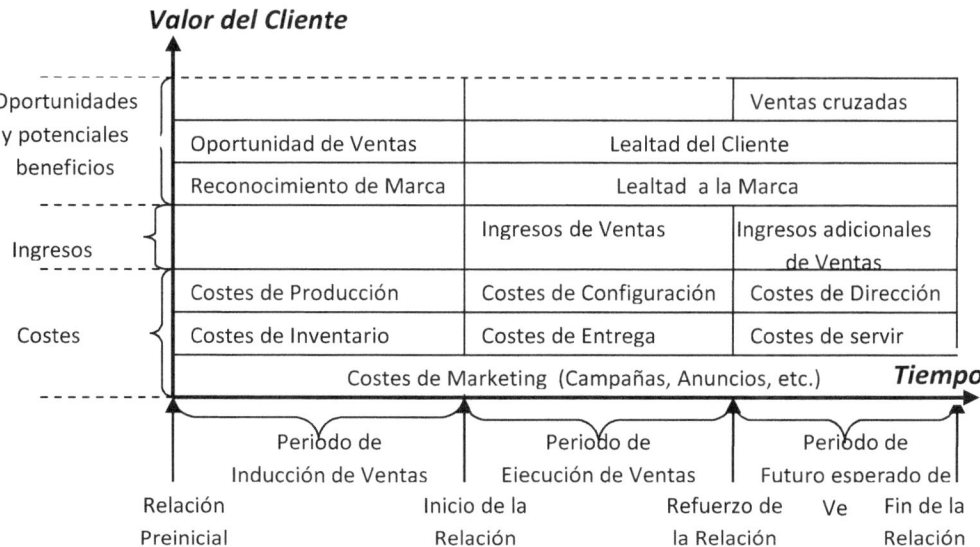

Figura 5.3 Bloque conceptual del VCT (de Hwang y otros autores (2005).

Hwang y otros autores proponen la siguiente expresión para calcular el VCT:

$$VCT_i = \sum_{t_i=0}^{N_i} \Pi_p(t_i)(1+d)^{N_i-t_i} + \sum_{t_i=N_i+1}^{N_i+E(i)+1} \frac{\Pi_f(t_i)+B(t_i)}{(1+d)^{t_i-N_i}}$$

$\underbrace{\hspace{4cm}}_{\text{Contribución de beneficios pasados}} \quad \underbrace{\hspace{4cm}}_{\text{Futuros cash-flow esperados}}$

siendo,

t_i	Periodo de servicio del cliente i
N_i	Número de periodos de servicios pasados ofrecidos al cliente i
d	Tasa de interés
$E(i)$	Periodos de servicios esperados de dar al cliente i
$\Pi_p(t_i)$	Contribución de beneficios pasados del cliente i en el periodo t_i
$\Pi_f(t_i)$	Contribución de beneficios futuros del cliente i en el periodo t_i
$B(t_i)$	Beneficio potencial del cliente i en el periodo t_i

Donde por una parte analizan el VAN de las contribuciones aportadas por el cliente en el pasado, y por otra parte las contribuciones a futuro, donde se toma en consideración el abandono o deserción ($E(i)$). Aunque un cliente haya contribuido con muchos ingresos, puede tener un bajo VCT debido a la alta probabilidad de deserción.

Estos autores proponen el siguiente modelo conceptual de VCT como herramienta para segmentar a los clientes y marcar las estrategias de marketig (ver Figura 5.4).

Capítulo 5 Modelos de valoración del cliente

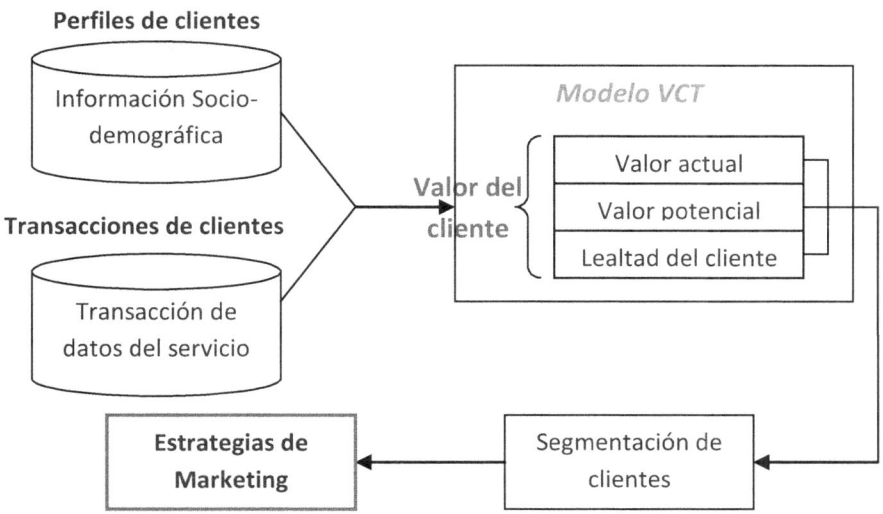

Figura 5.4 Modelo conceptual de VCT (Hwang y otros autores, 2005)

Según este modelo, estos autores proponen la siguiente segmentación de clientes (ver Figura 5.5)

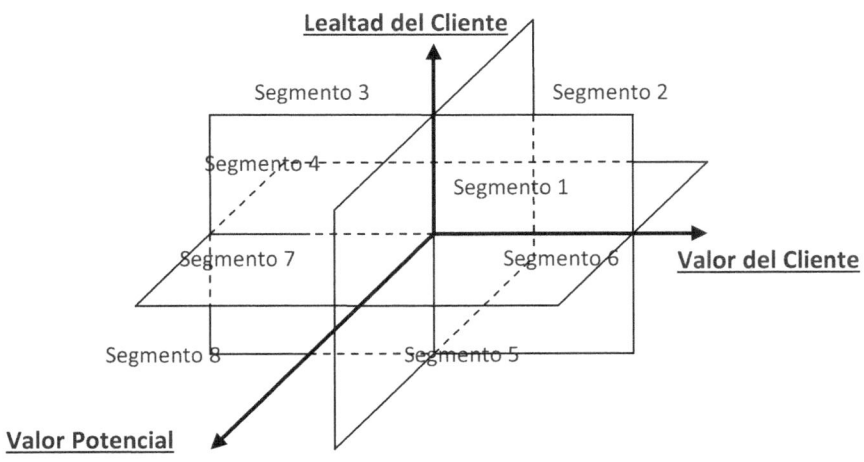

Figura 5.5 Modelo de segmentación de clientes (Hwang y otros autores, 2005)

Kim y otros autores (2006) plantean la segmentación de los clientes de varias maneras, o bien en función del VCT, de los componentes de éste o del VCT y otras variables (ver Figura 5.6).

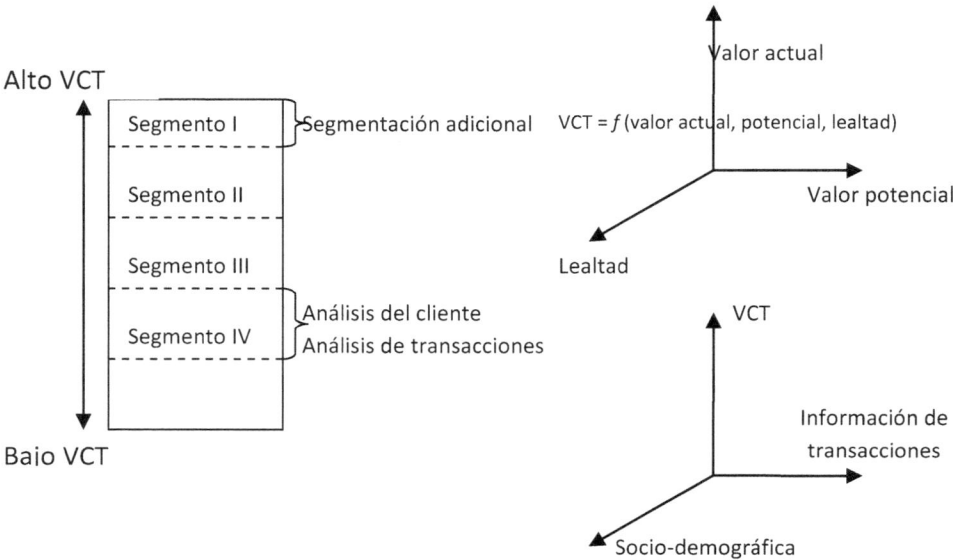

Figura 5.6 Diferentes criterios de segmentación. Kim y otros autores (2006)

Estos autores proponen tres dimensiones para la segmentación: Valor actual, Valor potencial y Lealtad según las siguientes definiciones:

- Valor Actual$_i$ = (cantidad promedio requerida pagar al cliente – Cantidades pendientes de pagar por el cliente) / Periodo de tiempo.

- Valor Potencial$_i$ = $\sum_{J=1}^{n}$ Probabilidad$_{ij}$ x Beneficios$_{ij}$

- Lealtad del Cliente$_i$ = 1 − Tasa de abandono

donde "j" recoge los diferentes servicios o productos e "i" es el cliente para el que se realiza el cálculo.

Anteriormente a 1990, la relación entre calidad del servicio ofrecida a los clientes y la rentabilidad que estos aportaban estaba cuestionada, pero desde 1990 se establece y analiza esta relación (Zeithaml y otros autores, 2001).

Zeithaml y otros autores proponen una clasificación piramidal, por niveles, de los clientes según se recoge en la figura 5.7.

Figura 5.7 Clasificación piramidal de los clientes. Zeithaml y otros autores (2001)

En esta clasificación, donde se representa el tamaño del nivel por la proporción comparativa en número de cada tipo de clientes, estos autores definen:

- Los clientes de nivel "platino" son los clientes más rentables de la empresa. Con un alta tasa de compra y poco sensibles al precio. En estos clientes hay que averiguar qué necesidades tienen para darles nuevos ofrecimientos y mantener su compromiso con la empresa.
- Los clientes de nivel "oro" se diferencian de los de nivel "platino" en que su rentabilidad no es tan alta, quizá porque estos clientes desean continuos descuentos sobre el precio. No son tan leales como los "platino", pues suelen minimizar el riesgo comprando a varios proveedores, pero dan una alta rentabilidad.
- Los clientes "hierro" son clientes que dan "volumen" (cuota de mercado) a la empresa, pero provocan mayores gastos, dando menores rentabilidades, y no son muy leales.
- Los clientes "plomo", son aquellos clientes que cuestan dinero a la empresa.

Esta clasificación es adecuada cuando una empresa, con recursos limitados, da a todos los clientes el mismo servicio, pero éstos, los clientes, no son iguales en cuanto a su rentabilidad. Podemos recoger los siguientes casos:

- ✓ Los recursos, incluido el tiempo, son limitados.
- ✓ Los clientes desean diferentes servicios o diferentes niveles de servicios.

- ✓ Los clientes desean pagar por diferentes niveles de servicios.
- ✓ Los clientes definen "el valor del servicio recibido" de diferentes formas.
- ✓ Los clientes se pueden distinguir unos de otros.
- ✓ Cuando hay una diferenciación en los servicios que pueden llevar a los clientes de un nivel a otro.
- ✓ Los clientes pueden clasificarse en grupo para marcar estrategias diferenciadas.

Hay que definir estrategias adecuadas para pasar clientes de un nivel al superior, excepto en los clientes "plomo" en los que hay que definir la estrategia para eliminarlos o hacerlos rentables (subiendo precios y/o reduciendo costes).

Según Kotler (2000), la empresa puede aumentar beneficios despidiendo a sus peores clientes, pero existen otras alternativas con menor riesgo (ya que despedir a un cliente puede generar un malestar que se prodigue a su entorno), aumentarles el precio o reducir el coste de servirles.

No todos los clientes deben considerarse claves para la empresa, solo aquellos que entren en el "proyecto empresarial" de la empresa. Con estos clientes la empresa debe comprometerse e involucrarse y conseguir que prescriban positivamente y den beneficios a la empresa (Cuesta 2003).

Peppers y Rogers (1995b) proponen medir la efectividad de las campañas de marketing no solo por los aumentos en los ingresos, sino también por el aumento en el VCT de los clientes a los que afecta la campaña. Aumentando el VCT se construye lo que llaman "Return on

Customer" (ROC). ROC es la manera más exacta para determinar qué estrategias de marketing están creando valor o simplemente dando oferta sobre oferta sin aportar valor.

Peppers y Rogers plantean focalizarse en cómo dar valor al cliente en orden a obtener valor de los clientes.

Aunque indican que los programas de lealtad están viniendo a ser muy importantes estratégicamente, no se debe emplear el esfuerzo en los clientes más leales, sino en los más rentables. El objetivo es aumentar el VCT no solo aumentando la lealtad "per se". Cuando un programa de lealtad atiende las necesidades de los clientes como primer objetivo, aumenta la base de la lealtad, mejora el VCT de los clientes más rentables y aumenta el ROC.

Según Gummesson (2004) Retorno de la Relación (return on relationship ROR) es el retorno de los ingresos netos causados por el establecimiento y mantenimiento de relaciones a través de redes de la organización con los clientes.

Ambler (2002) considera que el punto de vista de las empresas debe ser calcular el valor presente neto de los flujos de caja, y así poner los recursos en proporción al VCT de cada cliente. Aquellos con VCT negativo deben recibir menos inversiones, o mejor invitarles a salir, pero cuidado, estos clientes pueden tener influencias y afectar a otros clientes con el boca-oído ("Word of Mouth"). Hay que explicarles la situación y subirles el precio. Pone más énfasis en la retención que en la adquisición, particularmente en los clientes de mayor valor. Viene a indicar que el VCT no es solo una herramienta para determinar a futuro ventas de un cliente y definir estrategias, sino que, principalmente, es una herramienta que compara clientes en función de su VCT.

Kumar y otros autores (2004), se plantean por qué algunas empresas dan preferencias a algunos clientes en atenderles personalmente, cuando sería más económico hacerlo por otros canales, como Internet o teléfono.

Definen VCT (o "Customer Lifetime Value", CLV) como la suma de los ingresos de los clientes, descontados a un interés del capital, a la empresa en su vida con ella. Asimismo definen "Customer Equity" como la suma de los VCT de todos los clientes de una empresa o firma.

Indican que VCT puede ser la métrica que guíe las inversiones en infraestructuras y actividades de marketing dirigidas a los clientes viendo a estos como activos. Estos autores recogen que con la aproximación del VCT, una empresa puede desarrollar estrategias y tácticas desde la perspectiva del cliente más que desde la perspectiva de los productos. Se da la paradoja que un mismo cliente recibe campañas de diferentes productos, o lo que es peor, se ignoran clientes de alto VCT.

Gummesson (2004) define el concepto "customer equity", valor de los clientes, como el VCT de todos los clientes, y es la combinación que sale del "value equity" (conocimiento objetivo y racional que el cliente tiene de la percepción de la calidad, el precio y la conveniencia), "brand equity" (percepción del cliente del servicio como algo relativamente emocional, subjetivo e irracional) y "retention equity" (compras repetidas).

Rust y otros autores (recogido por Furrer, 2002) proponen "customer equity" como la métrica para evaluar el valor de una empresa en el mercado. Estos autores definen los siguientes conceptos que conforman el "customer equity":

- "Value equity": En todos los clientes la elección está condicionada por la percepción de la calidad, el precio y la conveniencia. Estas percepciones vienen a ser cognitivas, objetivas y racionales. Se define "value" como la diferencia entre lo que el cliente percibe por lo que recibe y por lo que da. Hay dos maneras de aumentarlo, bien dando más de lo que el cliente desea obtener, o reduciendo lo que el cliente debe dar.

- "Brand equity": Las percepciones emocionales subjetivas e irracionales que el cliente tiene de la percepción de la marca de una empresa

- "Retention equity": Compras repetitivas de los clientes que se alcanza de diversas formas estableciendo y manteniendo una relación de alta calidad.

Estos autores definen el "customer equity", no como una estrategia centrada en el cliente, sino como una herramienta estratégica que tiene la empresa para mejorar financieramente.

Argumentan cómo en diferentes sectores los valores son más o menos importantes, por ejemplo, mientras el "value equity" y el "retention equity" son factores claves en el sector de coches de alquiler, son poco importantes en el sector de pañuelos faciales, donde el "brand equity" es el factor más importante en el "customer equity".

Lo que sí ponen de manifiesto es que no todos los clientes son "reyes". Los clientes difieren en su contribución a los beneficios de la empresa, y por tanto, ésta debe focalizar su atención en aquellos que contribuyen más al "customer equity", cómo en aquellos otros que tienen un gran potencial de influir en otros clientes, como se verá en el capítulo siguiente al analizar la recomendación.

Lemon y otros autores (2001) describen "customer equity" como una combinación del valor que el cliente ve en el servicio o producto que recibe ("value equity"), el valor que aprecian en la marca de la empresa ("brand equity") y la relación que la empresa tenga con sus clientes ("relationship equity"). Estos autores recogen que si los productos y servicios que la empresa ofrece no cumplen con las expectativas y necesidades de los clientes, por muy fuerte que sean las estrategias de marca y de retención de los clientes, no habrá valor para la empresa.

Bayón y otros autores (2002) entienden por Marketing de Valor del Cliente (Customer Equity Marketing), como una aproximación de la dirección para adquirir y retener clientes, midiendo a nivel individual los valores a lo largo de la vida de los actuales y futuros clientes con el objeto de incrementar continuamente el Valor del Cliente. Se basa en las ventas cruzadas, futuras recomendaciones, duración de la retención, etc.

En la Figura 5.8 se muestra el objetivo a alcanzar con el Valor del Cliente según estos autores.

Según Bayón y otros autores (2002) a través de una orientación VCT, se puede incrementar o crear más valor con la adquisición y retención de clientes de alto VCT.

Estos autores proponen la siguiente ecuación para calcular el VCT de un cliente.

$$VCTc = (Cc + WOMc) \times Wc$$

($Wc, >=1$, es un peso relacionado con el potencial del cliente).

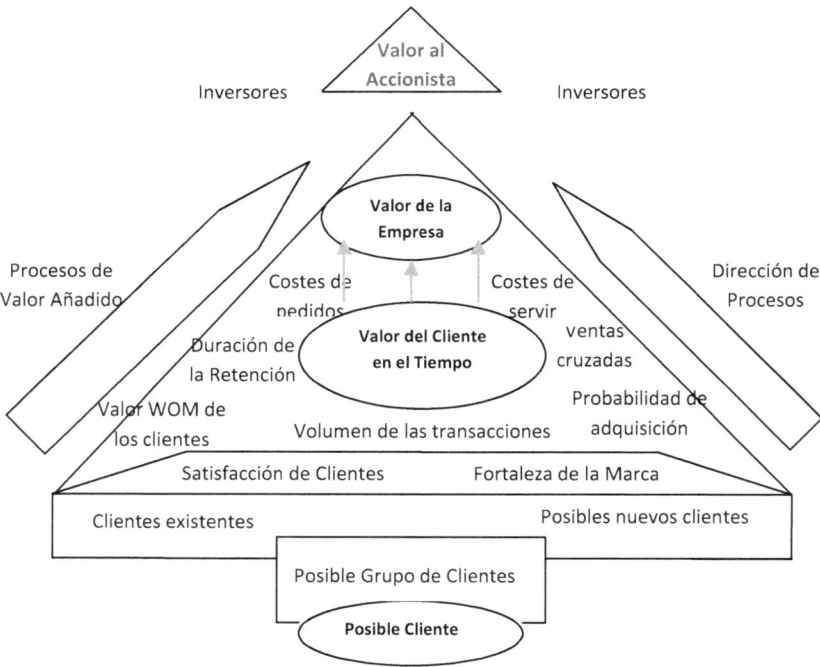

Figura 5.8 Modelo de Customer Equity Marketing (Bayón y otros (2002))

Donde, Cc es la suma de la "caja" generada por el cliente "c", transacciones directas durante su vida T, descontada a la actualidad.

El cálculo de Cc es

$$Cc = \sum_{t=0}^{T} Cc,t \times 1/(1+i)^t$$

y WOMc es el valor actual neto de los flujos de actividades de "word of mouth", decir las cajas generadas por referencias de este cliente "c".

Estos autores indican que el VCT se refiere a los clientes actuales. No obstante el "Customer Equity", además tiene en cuenta los posibles futuros clientes que también deben ser considerados en el estudio.

Kumar y otros autores (2004) para el cálculo del VCT (de todos los clientes actuales y potenciales, "customer equity") consideran tres escenarios:

Escenario 1. Se considera un coste de adquisición A, una contribución media GC y unos costes de servir y de marketing M por cliente y año que se suponen constantes en cada periodo (GC y M). Si la tasa de retención es "r" y el coste del capital para la empresa es "d", el VCT de un cliente adquirido, en el instante t=0, referido al momento inicial (t=0) sería:

Capítulo 5 Modelos de valoración del cliente

$$VCT_0 = \sum_{t=0}^{\infty} \left[\frac{(GC - M)}{(1 + d)^t} r^t \right] - A$$

Para un cliente obtenido en un momento posterior k (t=k>0), el VCT de ese cliente, actualizado al momento t=0 sería,

$$VCT_k = \frac{1}{(1 + d)^k} \left\{ \sum_{t=k}^{\infty} \left[\frac{(GC - M)}{(1 + d)^{t-k}} r^{t-k} \right] - A \right\}$$

Suponiendo que el número de clientes que se agregan o adquieren cada año es constante, al igual que el resto de los parámetros, tendríamos que el valor de los clientes adquiridos a lo largo de los años (un cliente cada año) sería:

$$VCT_{escenario\ 1} = \sum_{k=0}^{\infty} \left[\frac{1}{(1 + d)^k} \left\{ \sum_{t=k}^{\infty} \left[\frac{(GC - M)}{(1 + d)^{t-k}} r^{t-k} \right] - A \right\} \right]$$

pues se va sumando el VCT de cada cliente que entra en cada nuevo año (si cada año entraran dos clientes sería el doble, etc.).

Es decir, la suma del cliente adquirido en el momento cero (k=0 que coincide con VCT0), más el adquirido un año después (k=1), etc.

El escenario 1 mide el VCT de todos los clientes si cada año entrara un cliente. Si entraran n clientes cada año sería n veces ese valor, ya que el resto de los parámetros son constantes en el tiempo.

Escenario 2. Supongamos ahora un segundo escenario donde el número de clientes que se adquieren varía de un año a otro. En este caso el VCT sumado para todos los clientes adquiridos durante todos los años sería

$$VCT_{escenario\ 2} = \sum_{k=0}^{\infty} \frac{n_k}{(1+d)^k} \left\{ \sum_{t=k}^{\infty} \left[\frac{(GC-M)}{(1+d)^{t-k}} r^{t-k} \right] - A \right\}$$

donde n_k sería el número de clientes adquiridos en el periodo k (si n_k fuera constante, independiente de k, el escenario 2 coincidiría con el 1). Se recoge el valor total de todos los clientes que entran en todos los periodos.

Escenario 3. En este escenario se supone que tanto GC, la contribución por cliente, como los costes de servicio y de marketing, M y los costes de adquisición de un cliente A varían de un periodo a otro:

$$VCT_{escenario\ 3} = \sum_{k=0}^{\infty} \frac{n_k}{(1+d)^k} \sum_{t=k}^{\infty} \left[\frac{(GC_{t-k} - M_{t-k})}{(1+d)^{t-k}} r^{t-k} \right] - \sum_{k=0}^{\infty} \frac{N_k - A_k}{(1+d)^k}$$

Estos autores sugieren esta herramienta para evaluar fusiones o adquisiciones de firmas. No obstante, estimo que el efecto que sobre la cuenta de una empresa puede ejercer la prescripción de sus clientes, tanto positiva como negativa, hace que el "valor de la empresa" pueda diferir de este valor arriba expuesto.

También hacen una aproximación individual, ya que los clientes no tienen por qué estar activos (comprando) en todos los períodos. Recogen que la probabilidad de que un cliente esté activo en un momento N (P (activo)), depende del periodo T transcurrido (T<=N) desde que el cliente hizo la primera compra hasta la última, en que se quiere medir N, y del número de compras "n" que se han efectuado en ese periodo T:

$$P (Activo) = (T/N)^n$$

Por ejemplo, veamos dos clientes diferentes con compras en diferentes momentos (X); ¿cuál sería la P(activo) o probabilidad de que esté "activo" en el mes doce de cada cliente?

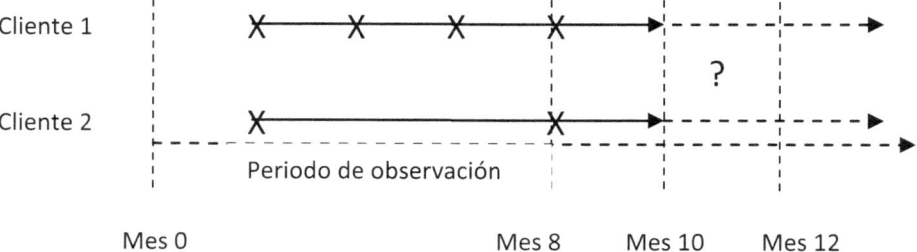

En ambos casos la última compra se efectuó en el mes ocho. Pero mientras el cliente 1 hizo cuatro compras, el cliente 2 solo efectuó dos.

Si calculamos en ambos caso la Probabilidad de que el cliente 1 y 2 estén activos (compren) en el mes 12:

P(Activo) en el mes 12 para el Cliente 1:

$$P(Activo)_{cliente1} = (T/N)^n = (8/12)^4 = (0.667)^4 = 0.197$$

y P(Activo) en el mes 12 para el Cliente 2:

$$P(Activo)_{cliente2} = (T/N)^n = (8/12)^2 = (0.667)^2 = 0.444$$

Es curioso observar, según estos autores, que el cliente que ha estado comprando cada dos meses, que ha hecho más compras que el otro, pero que no ha comprado cuando por cadencia le correspondía en el mes diez, tiene menos probabilidades de comprar en el mes doce que otro que ha tenido, en comparación, una compra más reciente según su hábito de compra.

De esta manera, en función de la probabilidad de que el cliente esté activo y de la contribución de éste, se pueden hacer actuaciones estratégicas de seguir invirtiendo en marketing (si el Valor Actual Neto es mayor que los costes a incurrir en nuevas campañas de marketing a esos clientes en un periodo determinado) o seleccionando clientes adecuadamente en los que invertir.

En estos casos, calcularíamos el VAN de las contribuciones brutas esperadas del cliente "i" en un momento "t", CBE_{it}, durante un periodo de tiempo "x" posterior en función de la probabilidad de que esté activo y de la contribución que aportaría:

$$\text{VAN de la CBE}_{it} = \sum_{n=t+1}^{t+x} P(\text{Activo})_{in} \times \text{MCBM}_{it} \left[\frac{1}{(1+d)}\right]^n$$

donde,

MCBM$_{iT}$ Margen de Contribución Bruta Media en el periodo t basada en compras a priori del cliente i

d   Tasa de descuento

i   Cliente

t   Periodo para el que se calcula el Valor Actual Neto

x   Periodo posterior en el tiempo para el que se calcula el VAN

n   Número del periodo posterior a T (contador)

P(activo)$_{in}$ Probabilidad de que el cliente i esté activo en el periodo n

Cabe plantearse cómo pueden afectar las diferentes estrategias que desarrolle la empresa en la curva de Valor del Cliente en el Tiempo en diferentes momentos de la vida del cliente. En la Figura 5.9 se puede apreciar cómo cabe esperar se comporte el VCT en las diferentes etapas de la vida del cliente, desde que se adquiere hasta que se pierde. Asimismo, a través de estrategias adecuadas podemos impactar en que la curva de valor de cada cliente crezca (Kumar y otros autores, 2004).

Parasuraman hace la siguiente clasificación jerárquica de los clientes en función de la permanencia de los mismos en la empresa:

- Los clientes que etiqueta como A, recién incorporados, darán información útil para conocer atributos de valor apreciado por el cliente bajo la asunción de que los clientes que inician una relación ponen mayor atención en los atributos específicos del producto o servicio ofrecido.

- Los clientes etiquetados como B, que ya llevan más tiempo de relación con la empresa, pueden aportar información de cómo reforzar las estrategias dirigidas a estrechar los lazos de relación con el cliente.

- Los clientes que se han marchado, tipo C pueden aportarnos todo tipo de información anterior, pero sobre todo aprender de ellos como evitar el deceso de los clientes.

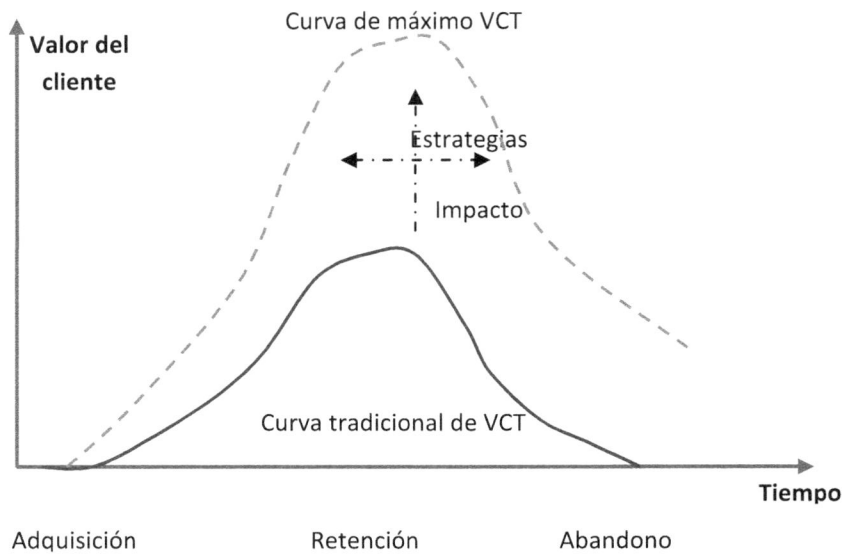

Figura 5.9 Curva del VCT a lo largo del tiempo y el impacto de las estrategias. Kumar (2004)

Conociendo y corrigiendo las deficiencias no solo se evitará que se vayan clientes, sino que se reforzarán los lazos de relación entre la empresa y el cliente.

CAPÍTULO 6 RECOMENDACIÓN CLIENTE-CLIENTE (WORD OF MOUTH)

No debemos confundir a un cliente fiel con un cliente simplemente retenido.

Porque un cliente siga manteniendo una relación con la empresa que le sirve, no debe presuponerse que es un cliente fiel, sino que puede estar retenido por unas condiciones que le impiden cambiar de proveedor. Por ejemplo, un cliente que además de tener una cuenta en un banco, tiene otros productos, como una hipoteca, y precisamente éste es el producto que le obliga a permanecer al no poder cambiar por las condiciones onerosas impuestas en la cancelación. Posiblemente, este cliente, retenido contra su deseo, más que un cliente fiel, es un cliente rehén, y sea un cliente que continuamente está recomendando negativamente su banco.

Estos clientes retenidos, además de no estar satisfechos, pueden ser muy peligrosos, y llegado el caso, es preferible perderlos.

En cambio un cliente fiel es aquél que además de estar satisfecho con el servicio que recibe, está convencido que no encontrará un servicio más adecuado a sus necesidades.

No necesariamente los clientes fieles son los que más tiempo llevan como clientes en la empresa.

Si este cliente fiel además de estar satisfecho recomienda el servicio o producto que recibe, diremos que es un cliente fidelizado.

Blodgett y otros autores (1993) recogen estudios que indican que de media un cliente insatisfecho cuenta a nueve clientes su experiencia negativa, y la empresa por esta falta de calidad o pobre servicio pierde entre un 10% y 15% de sus ingresos. Considerando que un cliente nuevo cuesta cinco veces más retener que uno existente, es esencial que se ponga atención y se resuelvan las reclamaciones de los clientes (y lo que es también muy importante, que se pongan de manifiesto las insatisfacciones para resolverlas y crear más valor en el cliente).

En 1955, Katz y Lazarsfeld (recogido por Harrison-Walker, 2001), encontraron que WOM (Word of Mouth, o recomendación cliente-cliente) era siete veces más efectivo que el anuncio en prensa o revista, cuatro veces más efectivo que el correo personalizado y dos veces que el anuncio en radio. Asimismo, una persona predispuesta a una compra era más abierta a recibir WOM sobre el producto o servicio.

Silverman (2001) define WOM como la comunicación sobre productos y servicios entre personas independientes de la empresa que da el producto o servicio, a través de un medio también independiente de la empresa que da el producto o servicio.

Stoke y Lomax (2002), definen WOM como la comunicación oral persona a persona entre un receptor y un comunicador que es percibido por el receptor como imparcial. Es una comunicación cara a cara, pero que en el nuevo contexto de Internet y otros medios, se debe hacer extensible, por lo que se puede suprimir lo de oral.

Según Mitchel (2005), los consumidores tienen una percepción cada vez más negativa de la comunicación a través de anuncios. Por ello, las personas cada vez más tienden a los amigos para informarse y buscar recomendación. Es importante tener en cuenta a los llamados "Speakers or Influentials", por ser personas con una gran influencia en un colectivo o comunidad determinada.

Según Silverman (2001), WOM puede ser una comunicación o un testimonio, en directo o a través de cualquier canal, en persona, por teléfono, e-mail, o cualquier otro medio. Puede ser uno a uno, uno a muchos o en un grupo de discusión. Pero es esencial que además de ser independiente de la empresa que entrega el servicio o producto, no haya por medio ningún incentivo que distorsione la veracidad e independencia de la comunicación y le de toda la credibilidad.

Contrariamente, un anuncio o cualquier otro medio de comunicación que se emplee por parte de la empresa, tiene una parte interesada en la venta de dicho producto o servicio.

Precisamente es esta independencia lo que puede llevar a que la recomendación pudiera ser negativa y que incluso en estos casos, el poder de transmisión sea incluso mucho mayor que en la recomendación positiva.

Stoke y Lomax (2002), describen WOM en tres términos: dirección, valencia y volumen. Dirección en cuanto a la forma de influir (recomendación emitida ó recomendación recibida). Valencia en cuanto a su sentido positivo o negativo. La recomendación negativa suele tener un impacto mayor que la positiva, sobre todo cuando se emite. La recomendación negativa a través de quejas puede influir no solo en la lealtad de los clientes actuales, sino en los nuevos clientes a adquirir. Y volumen en cuanto al alcance de la WOM, que normalmente, en empresas pequeñas, se ve limitado por la restricción donde operan los clientes.

De estudio de File y otros autores (1992), se sugiere que la intensidad y frecuencia con que intervenga el cliente o participe durante la entrega del servicio, hace que éste sea más proclive a efectuar WOM.

También Zeithaml (1992) (recogido por Stoke y Lomax, 2002) recoge que el grado de interacción que el cliente tenga en el proceso de entrega del servicio o de interacción entre el cliente y el proveedor, influye en la recomendación.

Cuando una persona va a tomar la decisión de comprar un producto, sopesa el riesgo que la misma tiene. Para evitar este riesgo solo hay un medio, "experimentar" el producto y la compra. Esta experimentación solo se puede llevar a cabo de dos maneras, una directamente, y otra indirectamente.

La experiencia directa es haciendo la compra y comprobando si se han cubierto las expectativas. La otra es escuchando la experiencia de otras personas. Esta segunda experimentación es mucho más económica.

Silverman (2001) pone de manifiesto que si bien las campañas de comunicación de marketing están encaminadas a conseguir la venta, transcurriendo entre ambas acciones, la campaña y la venta solo el tiempo, esto no es del todo cierto, pues entre ambos hitos interviene poderosamente la WOM.

Muchas empresas no se preocupan de la WOM negativa o de sus efectos, pues creen que los clientes están satisfechos con sus productos; usan los ratios de satisfacción de los que disponen, que normalmente no son significativos, y por ello no prestan atención a la insatisfacción (Richins, 1983). La comunicación WOM de una empresa, se hace quiera ésta o no (Mitchel, 2005).

Stoke y Lomax (2002) indican que el empresario debe conocer las recomendaciones, tanto recibidas por el cliente (inputs), como las que da (outputs). También recoge que el output es parte del comportamiento de la postcompra. Se debe estimular la WOM positiva en comunicación, y minimizar la WOM negativa y su impacto.

Se entiende por comportamiento de compra del cliente como el "conjunto de actividades que lleva a cabo una persona física o jurídica desde que siente la necesidad hasta el momento en que efectúa la compra y posteriormente lo utiliza o consume" (Cuesta 2003).

A veces los prescriptores y clientes que prescriben, pero que no pueden llegar a ser clientes o no son clientes, tienen más valor que otros que sí son clientes. Algunas empresas, acertadamente, invierten más en ciertos prescriptores aunque no sean clientes que en otros clientes. (Peppers y Rogers, 1996)

No es habitual que las empresas pidan a sus clientes que referencien. Según estudio de LIMRA´s U.S. "Buyers and non buyers of Life Insurance", sólo 3 de cada 10 clientes de seguros es requerido por su representante para que lo recomiende. Asimismo, 3 de cada 10 dijeron que si hubieran sido solicitados para referenciar, lo hubieran hecho (Mitchel, 2005).

El éxito en la relación con el cliente hace que éste se convierta en parte de la empresa y haga referencia y desarrolle positivamente WOM sin que ello suponga un sobrecoste para el presupuesto de marketing (Gummesson, 2004).

No todos los sectores son igualmente de propensos a WOM. Aquellas profesiones o servicios más personalizados y asociados con un mayor riesgo en la selección (por ejemplo en los servicios médicos), se ven más influenciadas por WOM, pues se emiten más juicios en cuanto al servicio. (Harrison-Walker, 2001).

6.1 La satisfacción del cliente y la confianza en WOM positivo

Ralston (1996) resalta la importancia de la satisfacción del cliente. Un cliente satisfecho repite y a su vez trae a más clientes. El modelo SURe (satisfacción-Uso-Recomendación) de Ralston (Figura 6.1.1) recoge que un incremento en la satisfacción hace que aumente la probabilidad de que el cliente siga usando el servicio, y un incremento en el uso del servicio lleva a su vez a una mayor recomendación a otro potencial cliente.

Figura 6.1.1 Modelo SURe (Satisfacción-Uso-Recomendación)
(adaptado de Ralston, 1996)

Según este modelo un incremento en un 5% en la satisfacción del cliente, lleva a un incremento en un 3,0% de probabilidad en seguir comprando y en un 2,5% de incremento en recomendar. A su vez, ese incremento en un 3% de seguir utilizando el servicio, lleva a un aumento en un 1,2% de recomendar, es decir, un aumento de un 5% en la satisfacción, lleva a un aumento de un 1,2% en recomendación indirecta vía mayor utilización, además de un 2,5% en recomendación directa, además de seguir utilizando, con un incremento en dicha probabilidad del 3%, los servicios o comprando.

Ranaweera y Prabhu (2003) analizaron los efectos de la "satisfacción del cliente" y de la confianza en la retención y la WOM positiva. Encontraron en su investigación que el efecto sobre la retención es mayor con la satisfacción que con la confianza. No obstante, para una WOM positiva, influye casi por igual la satisfacción que la confianza, siendo marginalmente menor la confianza.

A mayores niveles de satisfacción, mayores niveles de WOM positiva.

Aunque la confianza es muy importante en la relación entre empresas, no es tan determinante en la relación en mercados masivos como la satisfacción. A mayor nivel de confianza, mayor nivel de WOM positiva.

No obstante, según análisis llevado a cabo en 59 empresas industriales (Sánchez Arrieta, 2007), la confianza mostró ser la variable que tanto de manera directa como correlacionada con la calidad y la satisfacción contribuía más a la WOM.

Satisfacción y confianza, ambas, tienen una contribución positiva a la WOM, aunque en la retención, la confianza contribuye menos que la satisfacción al igual que en la WOM, según estudio de los anteriores autores. Los efectos de la confianza, aunque menor que los de la satisfacción, son significativamente altos para la WOM positiva.

6.2 La insatisfacción del cliente y WOM

Muchos investigadores piensan que la lealtad a una marca incluye una aptitud positiva o preferencia hacia la marca o a volver a comprar, pero poco es sabido sobre la influencia de la insatisfacción en la lealtad a la marca o a cambiar de marca.

Según Fitzgerald (1995), los efectos de WOM serán mayores cuando el cliente se encuentra en una situación de disconformidad.

Richins (1983) investigó sobre las consecuencias en la queja o WOM según las insatisfacciones. Cuando la insatisfacción experimentada es pequeña, normalmente el consumidor no se queja, y no suele dar recomendaciones negativas; pero cuando la insatisfacción es importante y seria, el cliente tiende a quejarse. Si la queja es convenientemente tratada por la empresa, el cliente puede ser recuperado e incluso dar una recomendación positiva, mejor incluso que en los casos en los que el cliente no hubiera siquiera puesto una reclamación o queja, o estuviera incluso satisfecho.

Maxham (2001) define el fallo en el servicio como cualquier problema (real o percibido) que ocurre durante una experiencia del cliente con la empresa. Y entiende como "recuperación del servicio" ("service recovery"), como el proceso por el que una empresa rectifica un fallo en el servicio entregado. Sugiere que un efectivo tratamiento de la queja puede llevar a una mayor lealtad. Los esfuerzos que una firma haga para recuperar el servicio ante un fallo o queja, puede tener importantes implicaciones en los niveles de satisfacción, intención de compra y WOM positivo.

Blodgett y otros autores (1993) desarrollan el modelo "Comportamiento ante respuestas de quejas" de clientes insatisfechos (ver Figura 6.2.1), en el que recogen como influye el tratamiento que se da a una queja por parte de la empresa, en la WOM negativa y la influencia de ese comportamiento en que el cliente no deje de serlo.

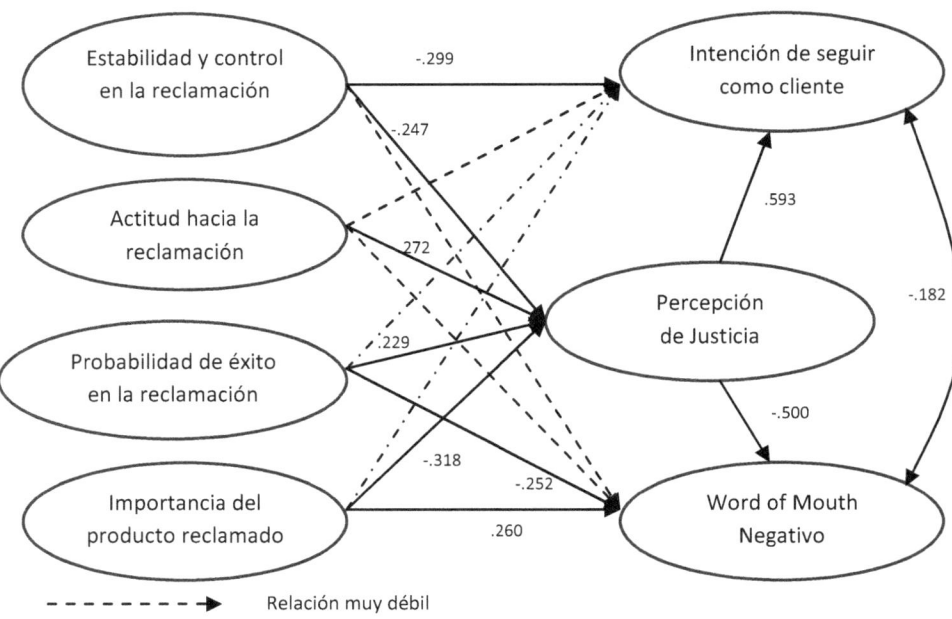

Figura 6.2.1 Modelo de comportamiento ante reclamaciones (Blodgett y otros autores 1993)

Hacen el análisis de investigación en función de los siguientes parámetros recogidos en el modelo: la "Estabilidad y control en el comportamiento de la queja ", que viene a recoger el grado en que la insatisfacción se hubiera podido evitar o que no haya indicios de que se vuelva a producir por una falta de control por parte de la empresa; la "Actitud hacia la queja", o predisposición de la empresa a que se repare la queja; la "Probabilidad de éxito", o la percepción que tenga el cliente de la diligencia en resolver la queja la empresa, y la "Importancia del producto", pues no a todos los productos el cliente les da la misma importancia y por tanto la disfunción no tiene el mismo impacto.

Gran parte de la influencia de estos parámetros en la WOM y la Intención de seguir siendo cliente, se canalizan a través del concepto que definen y recogen en el modelo como "Percepción de justicia". Clientes que tengan la apreciación de que no ha habido justicia en la resolución de su queja, estarán más predispuestos a abandonar o no volver a comprar y a una WOM negativa.

Las empresas que responden a los clientes insatisfechos y que se quejan, con una adecuada estrategia de respuesta que resuelva la queja o no satisfacción, pueden transformar clientes insatisfechos en satisfechos, impactando positivamente en las cuentas de resultados, evitando la WOM negativa, e incluso propiciando una WOM positiva.

La queja o la reclamación es una oportunidad de mejora y de fidelización, pues cuando un cliente se queja, en general está demostrando un interés.

Horovitz (ver Cuesta 2003) nos plantea la pirámide de problemas y quejas según el comportamiento de los clientes en porcentajes. Vemos en esta pirámide (ver Figura 6.2.2) que gran parte de los clientes se van sin quejarse, no dando la oportunidad de no perderlos y poderlos fidelizar, ya que un cliente que presenta una queja cuando tiene un problema, normalmente está esperando una respuesta y suele ser de los que más comprometidos están (Cuesta 2003).

Capítulo 6 Recomendación cliente-cliente (Word of Mouth)

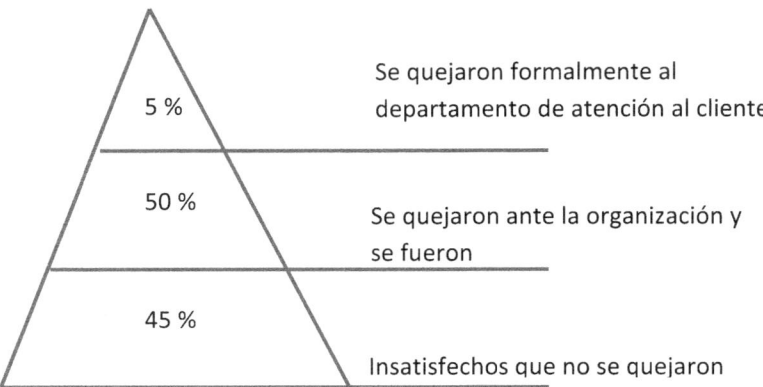

Figura 6.2.2 Pirámide de problemas y quejas de Horovitz (Cuesta, 2003)

Según Kotler (2000) solo el 5% de los clientes insatisfechos (siendo éstos el 25% de todos los clientes) se queja. El otro 95% no suelen transmitir la queja. El resolver satisfactoriamente una queja de un cliente es clave, pues siguen con la empresa (entorno al 34% de las quejas importantes bien atendidas el cliente sigue y este valor se eleva al 52% en caso de quejas menos importantes), además de aumentar la fidelidad y la recomendación (menos negativa y más positiva) que hacen de la empresa.

Halstead (2002) distingue tres tipos de comportamientos de quejas del comprador: queja directa al vendedor ("Voice complaints"), queja a amigos y familiares ("Private complaints") y quejas a organizaciones independientes como prensa, grupos consumidores, etc. ("Third party complaints"). WOM en el caso de "private complaints" se refiere al acto de contar al menos a un amigo o familiar sobre una experiencia insatisfactoria del producto o servicio. Define por "extensión" de WOM, el número de personas al que el consumidor o cliente traslada o comunica su experiencia.

Halstead clasifica a los clientes según el siguiente cuadro (ver Figura 6.2.3)

Clientes	Que se quejan	Que no se quejan
Satisfechos		
Insatisfechos		

Figura 6.2.3 Clasificación de los clientes por su satisfacción/insatisfacción y queja directa. (Halstead, 2002)

La extensión, alcance o volumen de WOM de clientes insatisfechos será significativamente mayor que la extensión de WOM de clientes satisfechos.

Recoge que el comportamiento de los consumidores ante una insatisfacción y posterior tratamiento de su queja dependerá en como haya sido ésta tratada. Indica que "voice complaints" puede llevar a un mayor "private complaints" simplemente porque la experiencia que el consumidor tiene de la insatisfacción posterior a la queja al vendedor ("voice complaints") hace que sea mayor la insatisfacción, y por tanto también la extensión WOM será también mayor.

La extensión WOM será mayor tras una queja al vendedor ("voice complaints") que si no la hubiera, si ésta no es correctamente tratada.

WOM negativa será más poderosa que la WOM positiva, particularmente en el impacto en otras compras y el comportamiento.

Los clientes insatisfechos ("voice complaints") que se quejan son los que presentan una WOM más negativo.

Los clientes satisfechos que no se quejan son los que hacen los comentarios más favorables.

Los clientes insatisfechos que no se quejan tendrán una WOM más negativa que los que se quejan pero están satisfechos.

Las quejas son inevitables, según Richins (1983), y aunque existan controles, la forma en que se lleve su atención y resolución es importante para que el cliente no haga una WOM negativa. Se debe disminuir el impacto de la WOM negativa ante las reclamaciones, e incluso evitarlas ante clientes insatisfechos que no han llegado a reclamar, lo que es más difícil de detectar.

Según crezca la severidad del problema asociado a la insatisfacción, la tendencia a provocar una WOM negativa aumenta. Según Richins (1983) cuatro variables recogen la severidad del problema: el tiempo que el producto ha estado en manos del cliente, la utilidad del producto aunque no fuera satisfactorio, la dificultad de reparación del problema y el precio. Las dos primeras variables tienen una relación negativa con la percepción de un problema serio por parte del cliente y por tanto con la WOM, mientras que las otras dos sí tienen una relación positiva.

Cuanto más dependa el motivo de la insatisfacción del canal de distribución ("marketing institution") que del consumidor, como podría ser una selección equivocada, mayor es la tendencia a la WOM negativa.

Asimismo, cuanto más negativa es la percepción del cliente de la actuación de la empresa en la reclamación o queja, mayor es la tendencia a la WOM negativa, es decir, cuando las expectativas que el cliente tenía de que se resolviera la reclamación y la forma en que se resuelve no es como al final se ha resuelto la reclamación.

Hay otros aspectos interesantes que Richins (1983) recoge en su estudio:

- Cuanto más serio es el problema asociado a la insatisfacción, mayor es el esfuerzo que el cliente está dispuesto a hacer en responder a la insatisfacción.

- Cuanto más dependa el motivo de la insatisfacción del canal de distribución, mayor es el esfuerzo que el cliente está dispuesto a hacer en responder a la insatisfacción.

- Ante una reclamación, conforme sea menor la apreciación que el cliente tenga del trato, atención o respuesta por la empresa para resolver la reclamación, mayor tendencia a la WOM negativa.

Los niveles de satisfacción, intención de compra y WOM positivo serán menores tras un fallo en el servicio, si en la recuperación posterior del servicio, el cliente percibe un bajo servicio de recuperación. Asimismo, los individuos que perciben un mayor esfuerzo en la recuperación del servicio, experimentarán una mayor satisfacción, intención de compra y WOM positiva después de dicha recuperación (Maxham, 2001).

Maxham en sus trabajos empíricos reveló que todo esfuerzo en la recuperación, aumentaban la satisfacción, intención de compra y WOM positiva tras una recuperación del servicio por un fallo en el mismo. Con esto se demuestra que las empresas pueden mantener la retención de sus clientes y la lealtad a través de un efectivo servicio de atención de los clientes (seguimiento y recuperación del servicio). También comprobó que no se experimentaba un aumento de la satisfacción y la intención de compra de pasar de un esfuerzo moderado a un esfuerzo alto en la recuperación del servicio. No obstante, sí apreció un aumento en la WOM.

Cabría preguntarse, ¿cuántos clientes retenidos hacen una prescripción positiva? Y ¿cuántos la hacen negativa? Nos podemos encontrar con clientes retenidos que además de costar dinero a la empresa están haciendo una prescripción negativa (Cuesta 2003), como se exponía al inicio de este capítulo.

6.3 Calidad y Compromiso y WOM

Harrison-Walker (2001) define el compromiso de un cliente con una organización como la fuerza con que un individuo se identifica con ésta. Distingue dos clases de compromiso, el "Compromiso afectivo" (Affective commitment) y el "Compromiso de alto sacrificio" (High sacrifice commitment). Por "Compromiso afectivo" se entiende aquel motivado por una atracción hacia la empresa de la que se recibe el servicio. Por "Compromiso de sacrificio" aquel provocado por motivos que llevan a no abandonar la organización que presta el servicio por lazos o impedimentos que se crean.

Teniendo por otra parte en cuenta la "Calidad en el Servicio", Harrison se plantea el siguiente modelo, (ver Figura 6.3.1).

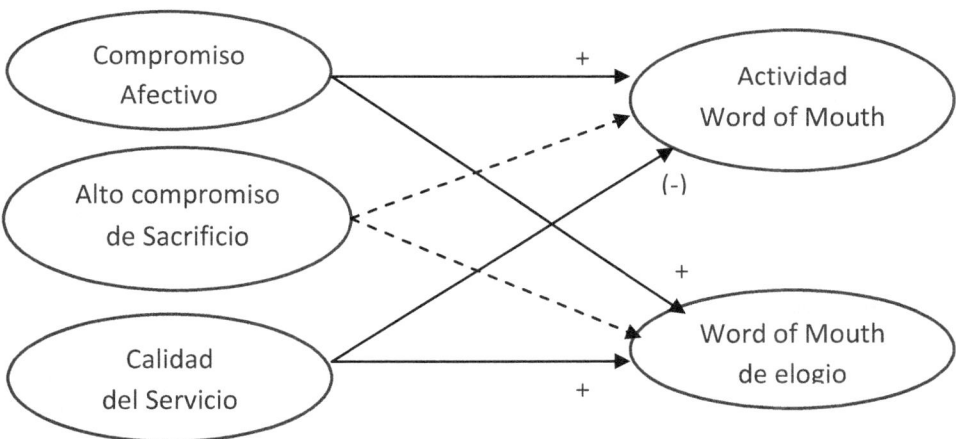

Figura 6.3.1 Modelo conceptual de calidad y compromiso y WOM (Harrison, 2001)

Donde *"Actividad WOM"* viene a recoger la frecuencia, intensidad e interés en practicar y difundir WOM y *"WOM de elogio"* muestra el orgullo y buena opinión que se tiene de la empresa y así se transmite.

En este modelo, Harrison recoge que el "compromiso afectivo" afecta positivamente a la WOM de "actividad" y de "elogio". En los resultados empíricos no recogía una relación entre el "compromiso de sacrificio" y la WOM. Respecto a la "calidad del servicio", ésta está directamente relacionada con la "WOM de elogio" y negativamente relacionada con "Actividad WOM". Aumenta más la intensidad y frecuencia de WOM negativa por una falta de calidad, que en el caso de recibir una calidad buena. Una persona a la que no se le haya atendido adecuadamente, se lo puede contar a otras 9 ó 10, mientras que una persona bien atendida solo se lo contará a 4 ó 5.

6.4 Tipología de quién referencia y WOM

Wangenheim y Bayón (2004b) determinan dos clases de características que influyen en la comunicación WOM, que el que comunica sea de "similares" características al que recibe la recomendación, o que sea un "experto" frente a quién recibe la recomendación.

Según recogen en su modelo (ver Figura 6.4.1), el efecto de la WOM en el receptor es mayor cuando quien lo emite es un cliente "similar", por lo que la influencia de la referencia WOM es mayor cuando quien la hace es similar a quién la recibe.

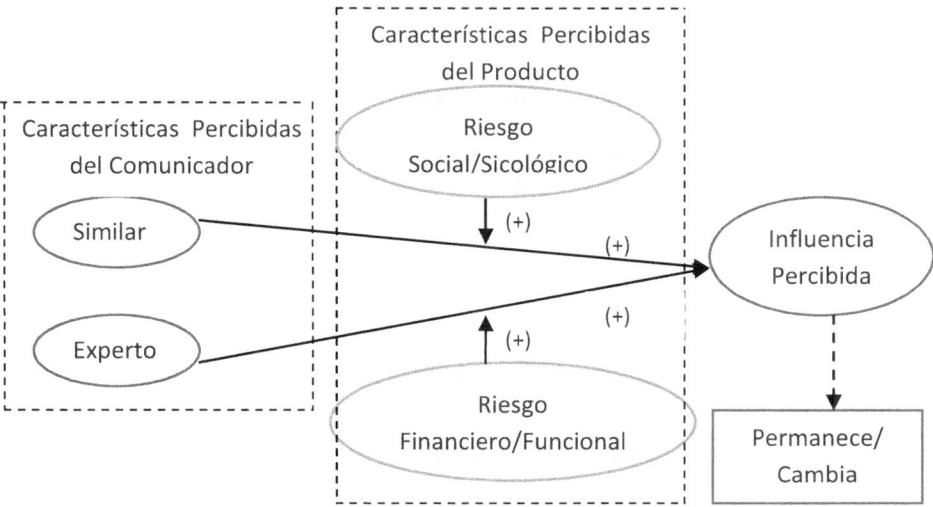

Figura 6.4.1 Modelo de influencia del tipo de comunicador y el riesgo percibido sobre el comportamiento de cambiar (Wangenheim y Bayón, 2004b)

Es obvio pensar que la información de que dispone un experto debe ser más influenciable, ya que además de disponer de mayor información, tiene una mayor credibilidad y por tanto su opinión será tenida más en cuenta que la de otros. De aquí la influencia de la referencia WOM es mayor cuando quién la hace es un experto.

Estos autores discriminan entre diferentes clases de riesgos, definiendo éste como "la expectativa subjetiva de poder perder al tomar una decisión (comprar)".

Por una parte está el riesgo "funcional", que se refiere al riesgo que el cliente percibe de que los atributos funcionales del producto o servicio no satisfaga sus necesidades, y por otra el "riesgo financiero", que está referido a las pérdidas económicas que podrían haber en el caso de que el producto no fuera viable o se haya efectuado una mala compra. Según investigaciones empíricas, hay una gran correlación entre estos dos riesgos, ya que por otra parte el cliente interpretará como una pérdida económica el que el producto no cumpla sus necesidades.

Por otra parte definen otros dos riesgos también correlacionados, el "riesgo social" que se refiere a las potenciales consecuencias negativas que puede llevar asociado el producto en relación con el entorno social del comprador, y el "riesgo psicológico", asociado a la percepción que el cliente puede tener de haber podido hacer una mala compra. También hay una gran dependencia entre estos dos riesgos, pues una baja aceptación social llevará a una percepción de insatisfacción en la compra.

Según estos tipos de riesgos, cuando el riesgo social/psicológico es alto, el efecto WOM causado por un referente "similar" será mayor. Asimismo cuando el riesgo financiero/funcional es alto, el efecto WOM causado por un experto será mayor.

La WOM tendrá una mayor influencia en juicios producidos cuando es un experto la fuente, entendiéndose por experto aquél que tiene un conocimiento reconocido sobre el producto o servicio No confundir con "atractivo o persona influenciable" (Fitzgerald, 1995).

6.5 La influencia de WOM en el comportamiento futuro del cliente

Money (2004) analizó que clientes que consultaron más de una fuente de WOM (o al menos una) en su búsqueda de proveedor, una vez que elegían uno, era menos probable que cambiaran de proveedor industrial (lo hicieron en el mercado B2B) que los compradores o clientes que no usaron fuente WOM para elegir al proveedor.

Wangenheim y Bayón (2004a), analizaron las diferencias en cuanto a satisfacción, lealtad y WOM entre clientes recientemente adquiridos ("switchers") o que han cambiado de empresa, de aquellos otros que permanecen ("stayers"), o hace mucho tiempo que no cambian de proveedor. Asimismo analizan la diferencia en cuanto a comportamiento de los adquiridos, o recibidos, a través de WOM y los adquiridos por otros medios.

Los "switchers", debido a que han asumido experiencias y riesgos en su o sus cambios de proveedor, perciben menor riesgo al cambio por coste. Por ello, en un caso de insatisfacción o ante una oferta más económica, asumirán más fácilmente (con un menor riesgo estimado) el cambio de proveedor que los "stayers". Esto les lleva a plantearse que comparado con los "stayers", los "switchers" serán menos leales.

Asimismo, los clientes que cambian por una referencia (clientes referenciados), además de ver siempre un menor riesgo en las decisiones que toman al cambiar que los otros "switchers" tienen un mayor conocimiento (a través de la recomendación) de la calidad del servicio que van a recibir y constataran mejor la calidad entregada, por lo que serán más activos a referenciar. Comparado con otros "switchers", los referenciados, exhiben mayores niveles de lealtad activa (comportamiento proactivo).

Asimismo. Los "switchers" que no vienen por referencia, han asumido mayores riesgos, y temen menos a equivocarse ante un nuevo cambio. Comparado con otros switchers, los switchers referenciados, exhiben mayores niveles de lealtad pasiva (son menos sensible al precio y a la competitividad).

Según Richins y Root-Shaffer (1988) (recogido por Wangenheim y Bayón, 2004a), la WOM es mayor en el periodo inmediato posterior a la compra, por ello, estos autores se plantean que comparado con los "stayers", los "switchers" serán más probables que referencien de su proveedor.

Los Switchers referenciados, han dado una gran importancia a la referencia para tomar la decisión de cambiar, por lo que comparado con otros "switchers", los "switchers" referidos serán más propensos a referenciar a su proveedor.

6.6 La influencia de la cultura en WOM

Mooradian y Swan (2006), entienden por "extroversión" (nivel de extrovertido) como la predisposición a un afecto positivo y preferencia por la interacción interpersonal. Estos autores buscaron la correlación entre "extroversión" y la difusión de WOM. Recogen que culturas caracterizadas con un alto nivel de extroversión confían más en la WOM que aquellas otras con menor extroversión.

La base de estudio comprendió doce países con 15.250 personas que respondieron, que una vez analizadas quedaron en 14.961.

Teniendo en cuenta datos de partida de medición de extroversión en diferentes culturas (DDB Needham Wordl Styles

Survey, intercultural) obtuvieron el siguiente gráfico (ver Figura 6.6.1)

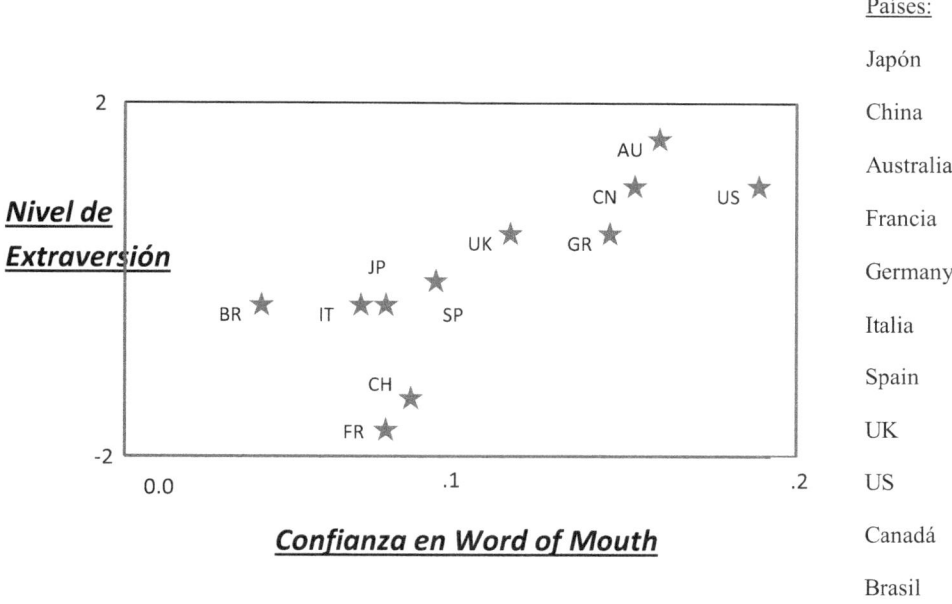

Figura 6.6.1 Relación de WOM y nivel de extroversión de la cultura de un país. Adaptado De Mooradian (2006)

En Europa tendemos a mostrarnos menos enérgicos a la hora de pedir a los clientes que nos recomienden a otros clientes (Burnett, 2002).

6.7 Contribución de WOM en el valor de la firma y la lealtad

Gruen y otros autores (2006) analizan el camino y el grado en que eWOM (WOM en Internet) contribuye en dar valor adicional a la empresa y en intención de lealtad.

Examinan el eWOM desde la perspectiva de la motivación, la oportunidad y la habilidad (MOA).

Desarrollan el siguiente modelo (Figura 6.7.1),

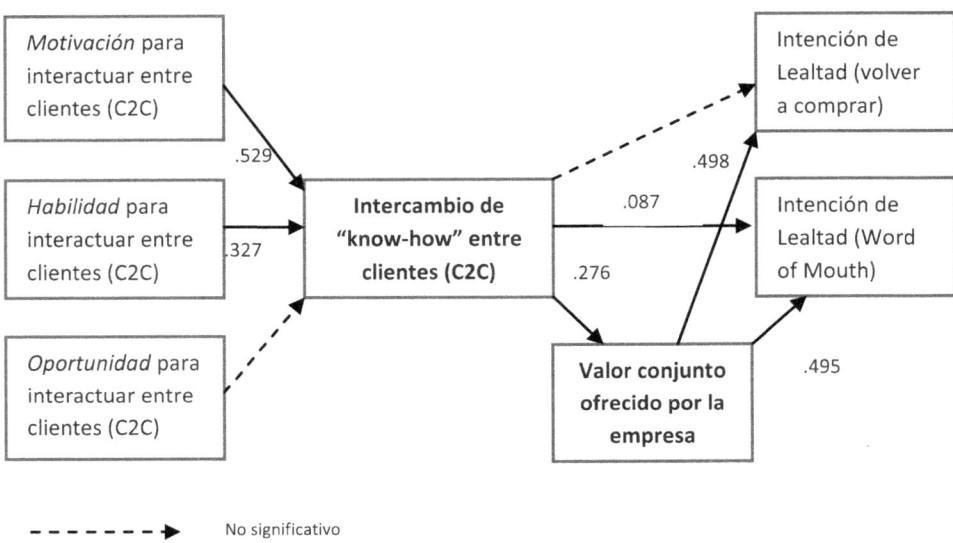

Figura 6.7.1 Resultado empírico del modelo "C2C know-how exchange". Gruen y otros (2006)

En su modelo proponen que el "valor percibido por los clientes" y subsecuentemente la intención de "lealtad", pueden verse favorecidas e inducidas por el intercambio de información y conocimiento entre clientes (C2C o "client to client"). La motivación, la oportunidad y la habilidad, facilitan este intercambio.

El modelo "C2C know-how exchange" (modelo de intercambio de conocimiento Cliente-Cliente) es la interacción entre individuos que sirve como fuente de información que mejora la competencia y el conocimiento, "know-how", como intercambio entre clientes. Es una "herramienta" que interfiere en el proceso de decisión del cliente.

La noción de valor es generalmente vista como la percepción del valor recibido por el cliente de la empresa proveedora en relación con el "coste de sacrificio" hecho para obtener esos beneficios (Zeithaml 1988).

El primer objetivo de la empresa con el cliente, a través del marketing mix, es dar valor al cliente del segmento objetivo. Gruen y otros autores (2006) consideran en su modelo que "C2C know-how Exchange" impacta positivamente en el valor percibido de la empresa por el cliente.

Consideran WOM positiva como la diligencia del cliente para recomendar el producto o servicio a otros.

"C2C know-how Exchange" impacta positivamente en la intención de lealtad del cliente (aunque posteriormente en la experimentación no quedaría como significativo), y a mayores niveles de "valor percibidos" por el cliente de la empresa, mayores niveles de intención de lealtad.

Por otra parte definen factores facilitadores del intercambio "C2C Know-how", como: *motivación, oportunidad y habilidad* (MOA). Entendiéndose por motivación aquellas "fuerzas" que dirigen a los individuos a conseguir unas metas determinadas. Oportunidad refleja la extensión en la que una situación es conducida para alcanzar lo que se desea y habilidad recoge la medida en que el cliente tiene las herramientas necesarias que propicien o permitan dirigirse a las metas deseadas.

Según esto, recogen en su modelo que habrá un mayor nivel de intercambio de conocimientos e información entre clientes conforme mayor sea el nivel de motivación, de oportunidad y habilidad de los clientes.

La mayor contribución de sus estudios fue analizar y explorar el impacto que el intercambio de conocimientos entre clientes tiene en el valor percibido del servicio recibido y la lealtad de los mismos a la empresa.

De sus estudios se desprende que el intercambio de conocimientos entre clientes tiene un significativo efecto sobre el valor percibido que la empresa les ofrece a estos. Este intercambio también tiene una relación directa con la lealtad, y otra indirecta a través del valor percibido (ver figura 6.7.1).

Respecto a los factores facilitadores, mientras la motivación y la habilidad favorecen o tiene un efecto sobre el intercambio, no se encontró que la oportunidad influyera.

Según estudios de Procter & Gamble (Heskett, 2002), concretamente del departamento de relaciones con el consumidor, encontraron que los clientes con los que se tenía una relación por Internet, eran los más propensos a comunicarse con otros clientes opinando sobre los servicios y productos recibidos. Esto explica cómo un cliente comprometido con la empresa, puede generar el mismo valor a lo largo de su relación con la empresa que otros clientes leales pero que no "reclutan" o referencia a la empresa y no dan ideas que mejoren los servicios y productos.

6.8 WOM como estrategia de negocio

Stoke y Lomax (2002), a través de investigaciones en clientes de hoteles, averiguaron que los clientes elegían los hoteles por las estrategias diseñadas por éstos para que la WOM hiciera hincapié en ese sentido. La WOM debe formar parte de la estrategia general del negocio.

La WOM debe servir para promover la lealtad y conseguir nuevos clientes, minimizándose la WOM negativa (una manera muy importante de reducir la recomendación negativa es adecuando los procesos de reclamaciones de los clientes, como ya se ha comentado).

La WOM en las estrategias de marketing debe tener en cuenta:

- La investigación de emisión y recepción de WOM y cómo influye en el proceso de la venta.
- La identificación de las actividades que estimulan las actividades de recomendación positivas.
- El desarrollo e implementación de una WOM defensiva que minimice la WOM negativa.

Reichheld (2006) define el "valor neto de promoción de una empresa" (NPS ó "net-promoter store") como la diferencia entre el porcentaje de "promotores" y "detractores" de una empresa. Para conocer este ratio, previamente la empresa debe medir el número de promotores, pasivos y detractores que tiene preguntando directamente a sus clientes: ¿cómo de probable es que usted nos recomiende a un amigo o colega? Si la medición se hace en una escala de 0 a 10 (donde 10 representaría "totalmente probable" y 0 "totalmente improbable"), Reichheld define como promotores aquellos que marcaran un nueve o diez, y serían los que darían una WOM positiva de la empresa; como "pasivamente satisfechos" los encuadrados en siete u ocho, que serían aquellos satisfechos, pero que no recomiendan o de hacerlo sería en un porcentaje muy inferior a los "promotores"; y por "detractores" aquellos que marcaran entre cero y seis, y serían los que recomiendan negativamente a la empresa o no recomiendan.

- **NPS (net promoter score) = %clientes promotores - %clientes detractores**

Utilizando NPS como ratio del grado de fidelización de los clientes de una empresa, podemos marcar estrategias encaminadas a aumentar la rentabilidad de los clientes y los ingresos de la empresa.

Para esto, Reichheld clasifica a los clientes según su grado de recomendación y su rentabilidad (ver Figura 6.8.1)

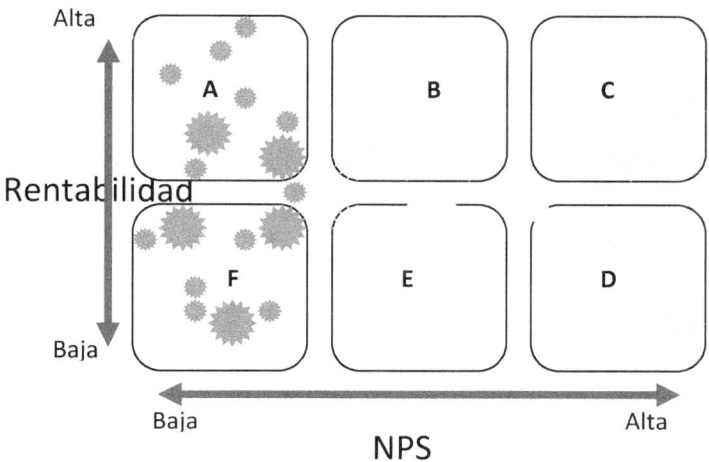

Figura 6.8.1 Clasificación de los clientes según su NPS y rentabilidad
(adaptado de Reichheld 2006)

La empresa puede conocer a sus clientes con una mayor tasa de retención; solo basta preguntar, posteriormente a su probabilidad de recomendar, durante qué tiempo ininterrumpidamente ha sido cliente (pues puede darse el caso que en determinados periodos de tiempos comprara a la competencia). Conociendo su grado de recomendación y ese tiempo se puede analizar su grado de retención.

Los clientes "promotores" suelen ser menos sensibles al precio que otros clientes, ya que sienten que están obteniendo un valor de la empresa. Asimismo suelen hacer un mayor número de ventas cruzadas. Con esto, los "promotores" suelen ser clientes que aportan mayor valor a la empresa, sin tener en cuenta el valor que se aporta con la recomendación al atraer a otros clientes.

En estudio realizado en clientes industriales (Sánchez Arrieta, 2007), se contrasta el nivel de recomendación por estos dados (WOM) con el nivel de rentabilidad directa que aportan o pueden aportar a su empresa proveedora o con la que comercializa. En la Figura 6.8.2 se recoge el resultado de la investigación, donde se aprecia una correlación de 0,493 entre el nivel de recomendación WOM que manifestaban y su predisposición a mayores compras, mayor duración y una mejor aceptación del precio (en Anexo A se recoge modelo de encuesta).

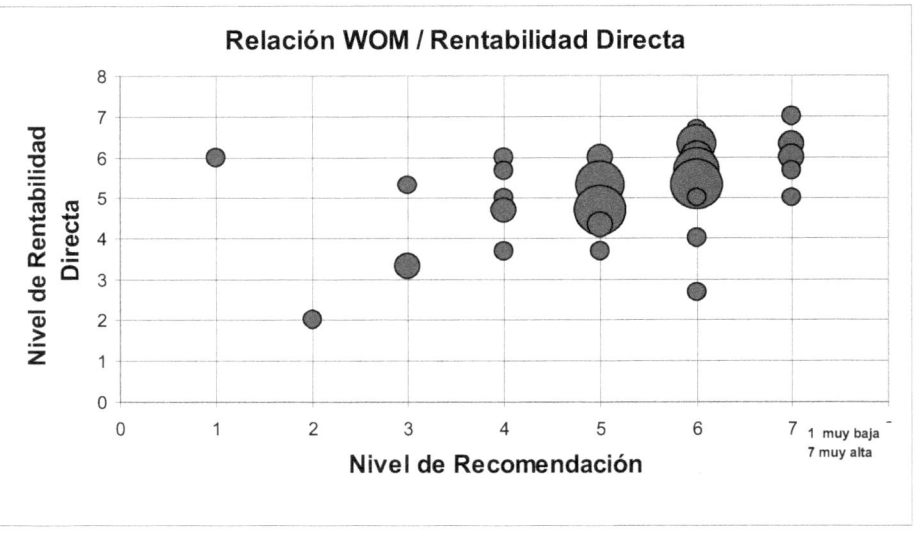

Figura 6.8.2 Relación entre el nivel de Recomendación y el nivel de Rentabilidad Directa (Sánchez Arrieta, 2007).

En esta gráfica apreciamos que los clientes con mayores niveles de recomendación son los que tiene un potencial mayor de hacer más compras.

Precisamente, este valor, el de la recomendación (WOM), y más hoy en día, con Internet, donde los clientes pueden dejar su opinión y "experiencia" después de una compra o servicio y ser conocida de manera casi instantánea por un gran número de clientes, puede ser lo más importante. Las empresas deben tener muy en cuenta el poder de la WOM, pues, según Reichheld, un comentario negativo solo se neutraliza con diez comentarios positivos.

En su clasificación (ver Figura 6.8.1), Reichheld propone que se debe invertir en el núcleo de clientes de alta rentabilidad y recomendación (Grupo C). Asimismo, marca como prioritario después de este grupo a los de alta rentabilidad, pero muy baja recomendación (detractores muy rentables, grupo A). Para este grupo propone averiguar las causas que les lleva a ser detractores y corregirlas. A veces es tan sencillo como preguntarles.

En cambio con los detractores, pero de baja rentabilidad (Grupo F), aparte de averiguar por qué recomiendan negativamente, se debe analizar la manera de servirles para mejorar la rentabilidad. En algunos casos es preferible "invitar a que el cliente cambie de empresa" subiendo el precio de servir.

Las migraciones de grupo que Reichhel propone es pasar clientes del Grupo D al C mejorando su rentabilidad, pero intentando que no cambie su nivel de recomendación, pues pudiera ser que ésta aportara un mayor valor que su rentabilidad como cliente individual, o del grupo B al C mejorando y aumentando su grado de recomendación.

6.9 WOM y la cuenta de resultados de un cliente

Según Küster (2002), la fidelidad tiene dos componentes (ver figura 6.9.1)

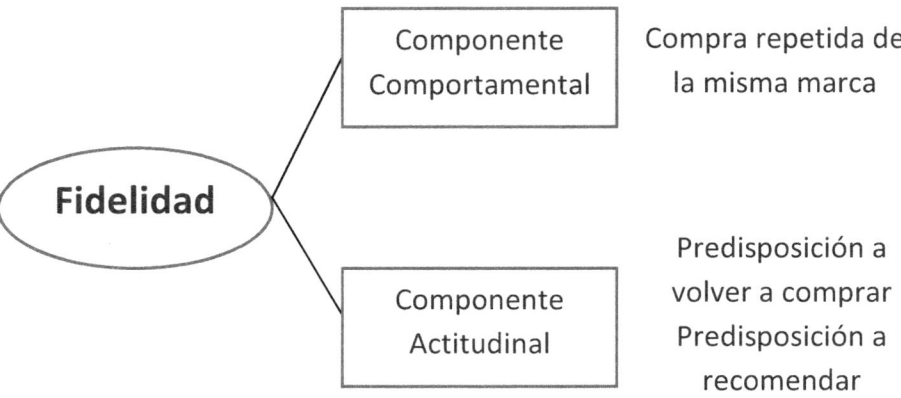

Figura 6.9.1 Componentes de la Fidelidad. Küster (2002)

Un componente "comportamental" que lleva al cliente a seguir comprando, y un componente "actitudinal" que además le lleva a recomendar el producto o servicio a otros.

Precisamente es desde esta componente "actitudinal" donde pensamos que se puede poner de manifiesto la importancia que puede llegar a tener la predisposición del cliente no solo a recomendar, normalmente se piensa en la recomendación positiva, sino a recomendar negativamente.

Mientras que desde en la componente "comportamental" mediremos el punto de vista financiero, las compras repetitivas, ventas cruzadas, coste de servir, etc.; desde la componente "actitudinal" mediremos el punto de vista de marketing, no solo la parte financiera, sino el valor que el cliente aporta, positivo con las recomendaciones positivas, y negativo con las negativas.

Según Cuesta (2003), desde esta perspectiva de marketing, podremos medir el valor del cliente como una cuenta de resultados para cada cliente, donde no solo tengamos en cuenta el propio valor que aporta el cliente a través de sus compras, sino el valor que nos crea o destruye con su aportación al recomendarnos a otros clientes.

- Valor de un cliente = Valor del cliente + Valor de las recomendaciones positivas - Valor de la recomendaciones negativas.

En la Figura 6.9.2 se puede observar cómo sería la cuenta de un cliente (en un mercado de venta de energía) teniendo en cuenta las recomendaciones que haga, recomendaciones que en gran medida irán en función de la satisfacción y otras variables que en este libro analizamos. En esta cuenta consideramos como "Margen de contribución inducidas en clientes en10 años" y "Pérdidas inducidas en clientes en 10 años", los beneficios o pérdidas que durante el primer año ocasionan los clientes recomendados, nuevos si la recomendación es positiva, o perdidos si es negativa; y a lo largo de diez años de permanencia del cliente prescriptor. En este segundo caso, si el cliente que recibe la recomendación se pierde, solo consideramos las pérdidas ocasionadas (ingresos dejados en el caso de un cliente que se va) durante el primer año. Se podría haber considerado las pérdidas en los restantes nueve años esperados de permanencia del cliente. En el caso primero, cuando se gana un cliente, durante el segundo año ya no son márgenes inducidos, sino directos de este nuevo cliente que se contemplarán en la cuenta de este nuevo cliente. Esta cuenta se analizará más detenidamente en el capítulo 8, donde podremos apreciar varios casos aplicados de una valoración de clientes clasificados por su satisfacción.

Como observación indicar que es conveniente imputar a cada cliente los gastos en los que incurren, pues sobre todo en un mercado entre empresas, donde estos costes pueden ser muy significativos y sobre todo limitados, es muy importante imputar a cada cliente aquellos recursos que de su empresa comercializadora requieren. Para esto se recomienda un reparto de costes según el modelo ABC ("Activity Base Costing").

VALORACIÓN DE UN CLIENTE EN 10 AÑOS POR SUS RECOMENDACIONES		
Cliente con consumo anual de		3.000.000 kwh
margen por kwh		0,005 €/kwh
ventas cruzadas		4.000 €/año
Probabilidad de recomendar positivamente		15%
Probabilidad de recomendar negativamente		10%
Alcance de las recomendaciones positivas		5
Alcance de las recomendaciones negativas		10
%efectividad o conversión		20%
Margen inducido = Probabilidad recomendación x Alcance x % conversión		
	1 AÑO	10 AÑOS
Contribución Margen por consumo	15.000 €	150.000 €
Contribución Margen por ventas cruzadas	4.000 €	40.000 €
´- Costes previstos de servir	5.700 €	57.000 €
MARGEN DE CONTRIBUCIÓN DIRECTA EN 10 AÑOS		133.000 €
MARGEN INDUCIDO POR RECOMENDACIONES POSITIVAS		19.950 €
MARGEN INDUCIDO POR RECOMENDACIONES NEGATIVAS		-26.600 €
VALOR DEL CLIENTE EN 10 AÑOS		126.350 €

Figura 6.9.2 Ejemplo de valoración de un cliente según sus recomendaciones.

En este capítulo hemos analizado las diferentes contribuciones que se pueden hacer a la recomendación cliente-cliente (WOM) a través de diferentes variables controlables por la empresa y cómo este nivel de recomendación influye en la cuenta de resultados de la empresa, si no directamente en la cuenta del cliente, sí en mayores ventas a otros clientes y asegurando el negocio frente a la competencia.

Vemos que las diferentes herramientas financieras mostradas en el anterior Capítulo 5, no recogen el alcance real que puede suponer en la cuenta de resultados de una empresa la recomendación cliente-cliente, sobre todo cuando ésta es negativa.

Podemos concluir que la cuenta financiera que actualmente se mide en algunas empresas, en muchas ni siquiera se llega a la medición personalizada por cliente, y que recoge la aportación de cada cliente a la misma, no es una medida exacta de la contribución que cada cliente hace a la empresa,. Hay que considerar las ventas inducidas por los clientes en otros, y los clientes que se pierden o que no llegan a materializarse como clientes, debido a recomendaciones negativas sobre estos por clientes actuales. Estos clientes en muchos casos están considerados como clientes "leales" por no haber abandonado nunca a la empresa e incluso aportar beneficios a la misma, pero que hacen recomendaciones negativas, que en casos de clientes con una gran extensión o alcance a otros clientes o con una gran "reputación" en el mercado donde operan, pueden tener un efecto devastador.

Hay que distinguir entre Gran Cuenta ("Large Account") y Cuenta Clave (Key Account). La primera habría que medirla a través de resultados directos, y la segunda a través del negocio inducido, dándosele a ambas el mismo trato en la mayoría de los casos (Cuesta, 2003).

Capítulo 6 Recomendación cliente-cliente (Word of Mouth)

CAPÍTULO 7 MARKETING INDUSTRIAL O MARKETING ENTRE EMPRESAS

En mercados centrados en el producto, como han venido siendo los mercados energéticos y de las telecomunicaciones, mercados en monopolios, que paulatinamente dejan de ser cautivos y necesitan que su producto indiferenciado ("commodity") sea más competitivo, se debe imprimir una política comercial orientada al cliente, como se ha visto en capítulos anteriores. Por ello, en un mercado industrial, que desarrollamos en este capítulo, la política de Marketing Industrial o entre empresas es aún más necesaria, no sólo para diferenciarse de la competencia, sino para ser una empresa de "alto rendimiento" (véase Figura 1.2.1).

El mercado Industrial, dirigido a grandes clientes, en cuanto al volumen de consumo y su limitación en número de clientes en el mercado en que opere, se distingue de otros mercados menos singulares por la importancia que en el mismo adquieren los clientes.

7.1 Contexto del marketing Industrial

Por mercados industriales podemos entender aquellos formados por agentes económicos considerados como unidades intermedias entre los mercados primarios y los mercados finales de consumo, así como los proveedores de estos (Cambra 2005). Mientras en el mercado de consumo final, el producto o servicio está dirigido a los individuos y hogares, en el mercado industrial, el uso o consumo está dirigido a la industria.

Los mercado industriales se caracterizan por sus compradores, por a quienes se dirige, y menos por sus productos (Webster y Keller,

2004), ya que la "forma de compra" y la finalidad del producto suele ser diferente entre el mercado industrial y el mercado de consumo final.

Según Metcalf y otros (ver Cambra, 2005), los mercados industriales, por su característica, al tener que desarrollar y mantener relaciones duraderas con clientes de cierta entidad y trascendencia, ya que por otra parte son grandes los recursos económicos y los medios necesarios, tanto para captar un nuevo cliente como para mantenerlo, presentan unos niveles relativamente altos de incertidumbre y riesgo.

Para poder controlar adecuadamente este riesgo y rentabilizar las inversiones que se dedican a estos clientes, el marketing relacional o marketing "one to one" descrito en capítulos anteriores, presenta una adecuada metodología y manera de proceder con estos clientes, pues minoriza este riesgo y aumenta la rentabilidad. De hecho viene a denominarse "marketing de empresa a empresa" o de "negocio a negocio", traducción literal del inglés de "business to business marketing" (B2B).

Equivocadamente se ha pensado que en los mercados industriales se debe dar una relación de adversarios entre comprador y vendedor, donde éstos intentan maximizar su beneficio a costa de un menor beneficio del otro en una transacción de suma cero, "yo gano, tu pierdes". Esto no es así, no solo desde el punto de vista del vendedor, que en este tipo de mercado tiene solo un relativamente pequeño grupo de clientes con los que desea y debe mantener una estrecha y fructífera relación a largo plazo, sino también del comprador que necesita asegurarse un suministro a largo plazo.

En una relación con una perspectiva "yo gano, tu ganas" los márgenes esperados en cada venta o servicio son menores, pero se reducen los costes de servir y los costes de marketing, además de reducirse los riesgos que como se ha comentado hay en este mercado de reducido número de clientes.

Como empresas encuadradas en este contexto industrial, no solo debemos considerar las empresas, tanto públicas y privadas, con ánimo de lucro, sino que también debemos incluir como clientes industriales a las instituciones, organismos públicos y privados que comercialicen y se provean tanto de productos como de servicios.

Una característica de este mercado es el reducido número de clientes potenciales de una empresa que comercializa con clientes industriales frente a los clientes que se encuentra, posiblemente la misma empresa, en el mercado masivo o de clientes finales. Esto permite poder conocerlos de una manera más sencilla, pues recordemos los problemas que en un mercado masivo, con un gran número de clientes, se presenta con el manejo de la base de datos; por otra parte felizmente resuelto con las nuevas tecnologías que permiten un mejor y más fácil conocimiento de las características y necesidades específicas de cada cliente para así poder detectar sus necesidades y poder darle un trato personalizado.

Además de diferenciarse del mercado masivo o de consumo final en cuanto al número de clientes que hay, en el mercado industrial los clientes son de un gran potencial de compra (compradores de un gran tamaño con un gran potencial de compra).

Por "mercado potencial" se recoge aquél determinado por el máximo posible de ventas de un producto por todos los vendedores de ese producto en el mercado industrial durante un periodo de tiempo. Por "potencial de ventas" en cambio se entiende el máximo número posible de ventas referido a una empresa en concreto (Cox y Havens, 1997).

Normalmente las empresa que operan en los mercados industriales obtienen el mayor grueso de sus beneficios de unos pocos clientes (Webster y Keller, 2004)

Según Cambra (2005), en la medida que una empresa con servicios industriales sea capaz de adaptarse a las exigencias de los clientes de su mercado para poderles dar un valor añadido importante, que no sea fácil de copiar, a la vez que aumente la confianza del cliente hacia la empresa y su grado de compromiso, podrá mantener una relación estrecha y duradera, que según hemos visto se consigue con el marketing relacional.

Tradicionalmente, en todos los mercados, y en mayor medida en el mercado industrial, el vendedor es el que inicia el contacto con el comprador (ver Figura 7.1.1).

Figura 7.1.1 Relación Tradicional Proveedor-Comprador (Blenkhorn y Leenders, 1988)

Cada vez más es el comprador el que inicia la relación de intercambio, lo que supone una inversión en los papeles tradicionales (ver Figura 7.1.2). A este cambio de actuación se le viene a llamar "marketing inverso" (Blenkhorn y Leenders, 1988).

El comprador intenta persuadir la venta

Figura 7.1.2 Relación de Marketing Inverso Proveedor-Comprador (Blenkhorn y Leenders, 1988)

En "marketing inverso" es el comprador el que intenta persuadir al vendedor a que le de exactamente lo que necesita. Esto permite en muchas ocasiones que sea el comprador el que lleve las iniciativas y las estrategias de la compra, adecuando al proveedor a sus necesidades.

Aunque está ampliamente difundida, tanto en la práctica como en la doctrina la diferenciación entre el marketing industrial y el marketing de productos de consumo, hay autores como Fern y Brown (recogido por Santesmases, 2007), que se muestran contrarios a la separación.

7.2 Mercados Industriales

Los mercados objetivo en marketing industrial están constituidos por las personas, empresas, organizaciones e instituciones que no son consumidores finales, sino que emplean los bienes y servicios adquiridos para utilizarlos, transformarlos, o incorporarlos en sus procesos productivos (de otros bienes o servicios) o para revenderlos (Santesmases, 2007).

La demanda de los mercados industriales se distingue principalmente por ser una demanda:

a) Derivada.
b) Volátil.
c) Inelástica.
d) Concentrada.
e) De mayor volumen unitario.

Estas características son de una gran importancia y conviene recordar y destacar aquí algunos aspectos relevantes para el diseño de estrategias de marketing.

a) *Demanda derivada*: Que depende de la demanda primaria o para el consumo final. Una característica de los productos del mercado industrial es que la demanda de estos productos están derivados a su vez, directa o indirectamente, de la demanda de otros productos de otras empresas (Webster y Keller, 2004).

b) *Demanda volátil*: También los productos industriales pueden presentar una gran volatilidad, como ocurrió con la fluctuación en la demanda de combustibles fósiles en los finales de los años setenta del pasado siglo en la producción de maquinaria de equipamiento para la producción de fuel (véase estudio de Bishop, 1984). Según Bishop, pequeños cambios en la demanda de productos de consumo final, pueden causar grandes cambios en la demanda de equipamientos industriales destinados para producir estos productos.

c) *Demanda inelástica*: Especialmente si se trata de componentes que no son fácilmente sustituibles o representan una pequeña fracción del coste del producto final. Un mayor esfuerzo promocional o una reducción del precio, puede no tener ningún efecto si la demanda de un producto va ligada a un proceso industrial.

d) *Demanda concentrada*: El número de compradores suele ser reducido, lo que permite canales de distribución directos o muy cortos y la utilización de la venta personal como instrumento preferente de promoción.

e) *Demanda de elevado volumen unitario*: Las compras efectuadas por las organizaciones, en comparación con las de los particulares, suelen ser de mayor volumen, tanto en cantidad, como en valor monetario. Esto implica que, en muchas ocasiones, el poder negociador del comprador sea importante, especialmente si el primer intercambio puede generar posteriores relaciones continuas y regulares a través de compras de reposición u otras compras.

Los responsables de marketing de las empresas que venden en un mercado industrial, no solo deben preocuparse de la demanda o necesidad de sus productos por parte de sus clientes, sino también de la demanda de los productos de sus clientes (Bishop, 1984).

Todas las empresas que operan en el mercado industrial forman parte de una equilibrada cadena, y por tanto deben conocer la posición en dicho mercado de sus clientes (Burnett, 2002). Hay que ver al cliente como el siguiente eslabón de la cadena de valor de un producto, pero teniendo la suficiente visión como para evaluar las amenazas y las oportunidades más allá de ese siguiente eslabón, con el cliente de nuestro cliente, o con el cliente del cliente de nuestro cliente. Asimismo, será necesario estar atento a los patrones de compra del consumidor final y a aquellos factores del entorno que le afecte.

Para esto es necesario que el proveedor de un producto industrial conozca como está imbricado su producto en la "*ramificación industrial*" a la que pertenece dicho producto. Por "ramificación industrial" (De Velasco, 2002), se entiende la representación gráfica de todo el análisis que se tiene que hacer en un mercado, desde el aprovisionamiento de las materias primas, pasando por los procesos de transformación y canales de distribución, hasta el consumidor o "destructor" final del bien, ya que la demanda de bienes industriales se deriva en último término de la demanda de bienes de consumo (ver Figura 7.2.1), como hemos comentado.

Figura 7.2.1 Modelo de Ramificación Industrial, Adaptado de De Velasco (2002)

Conocer la imbricación de los clientes de una cartera industrial en sus respectivos mercados es muy importante, ya que por una parte permitirá no solo adelantarse a las nuevas necesidades de los clientes, dándoles un servicio más competitivo, sino adelantarse a los problemas que pudieran surgir. Por ejemplo, en los años 90 había un gran número de empresas fabricantes de plásticos para invernadero con unos crecimientos en ventas muy grandes, actualmente algunas de ellas atraviesan graves problemas ante la entrada de nuevos fabricantes de otros países a precios mucho más competitivos. Asimismo, en épocas de crisis económicas, hay sectores más expuestos que otros y que pueden arrastrar a otros clientes con sus problemas.

El especialista de marketing industrial debe estar atento a los patrones de compra del consumidor final y a aquellos factores del entorno que le afecte, así como averiguar donde está el "centro de gravedad" o punto neurálgico que puede afectar al mercado donde opere. Por ejemplo en el mercado de placas de transformación de energía solar en energía eléctrica, el centro de gravedad serían los proveedores de placas, ya que no hay muchos, y sobre todo los fabricantes de polisilicio, material utilizado para la fabricación de placas; ya que hay muy pocos en este mercado, además de ser un producto, el polisilicio, utilizado en otros procesos productivos como son las pantallas de ordenadores y televisores.

7.3 Comportamiento de la Compra Industrial Organizada

Existe bastante literatura al respecto del comportamiento de la compra en el mercado final o masivo, mientras que hay poca cuando nos referimos al mercado industrial, aplicándose en muchas negociaciones de compras industriales las mismas estrategias que se hacen en el mercado masivo, lo que puede ser un error.

El proceso de compra industrial, suele ser más complejo, largo y duradero, debido al elevado valor monetario que suelen tener las compras, a la naturaleza técnica de algunas de ellas y al número de personas que intervienen o están afectadas por la compra, que normalmente no suele ser una sola, sino varias, especialmente en las grandes organizaciones.

Los criterios de evaluación que utiliza el comprador industrial suelen ser más racionales que los del comprador particular, aunque también influyen los factores emocionales. En general, se valora la oferta global y se pone especial énfasis en la asistencia técnica, la formación, los precios, la calidad del producto, los plazos de entrega y condiciones financieras de la oferta (Santesmases, 2007).

La compra industrial tiene lugar en el contexto de una organización formal (industrial o institucional) influenciada por los presupuestos, los costes y los beneficios que la decisión va a suponer para la empresa.

La compra industrial es un proceso de toma de decisiones en una combinación en la que intervienen las personas y las organizaciones. El comportamiento en la compra involucra decisiones en interacciones entre personas con otras personas, tanto de dentro como de fuera de la organización que compra, dentro del contexto de los objetivos de dicha organización, sus recursos, su estrategia y su estructura (Webster y Keller, 2004).

Esta interrelación y el juego que conlleve cada decisión en la compra, variará de un escenario a otro dependiendo del tipo de producto y de los interlocutores que participen o intervengan.

La gestión del proveedor en el proceso de compara debe comenzar conociendo a todos los participantes relevantes en la organización de la empresa que intervengan en la toma de decisión; conociendo sus funciones, como participan y sus actitudes hacia el proveedor e implicándose en el proceso identificando las necesidades antes que el cliente (Burnett, 2002).

Podemos recoger que las bases de la relación con el cliente en el proceso de compra son:

- Comprender los mecanismos de decisión de compra del cliente.
- Tener presente los objetivos del cliente y sus intereses a corto y largo plazo.
- Conocimiento recíproco de las organizaciones.
- Reducción de los riesgos percibidos por el cliente

Según Webster (1978) cuatro características recogen la singularidad de la compra industrial:

1. Gran dependencia del marketing para conseguir una efectividad en otras funciones del negocio industrial.
2. La complejidad del producto que conlleva tanto aspectos técnicos como económicos y de relaciones personales entre el comprado y el vendedor industrial.
3. Un alto grado de interdependencia entre comprador-vendedor más allá de la transacción.
4. la complejidad del proceso de la compra organizada.

Webster y Keller (2004) definen los siguientes roles que interviene en un proceso de compra industrial:

- *Iniciadores*: Los que inician el proceso de compra.
- *Usuarios*: Los que hacen uso del producto o van a hacer uso del mismo.

- *Compradores*: Los que pueden comprometer a la organización a pagar por el producto o servicio.

- *Decisores*: Los que tiene autoridad para elegir entre potenciales oferentes del producto o servicio.

- *Prescriptores y asesores*: Añaden o restringen información que puede afectar a la toma de decisión en el proceso de compra.

- *Filtros*: Controlan el flujo de información dentro del proceso de compra.

Podemos definir el **Grupo de Compras** como aquél integrado por las anteriores personas y que intervienen en todo proceso de compra organizada de un producto o servicio en particular en el mercado industrial (Johnston, 1981).

Este Grupo de Compras puede incluir tanto personas de dentro como de fuera de la organización; tales como organismos públicos, consultores, asesores, principalmente técnicos y otros agentes que participen en el canal de servicio (Webster y Keller, 2004).

Normalmente lo que se forma es un grupo que toma las decisiones de compra, bien por consenso o por votación, donde las influencias personales, de persuasión, compromiso y negociación adquieren gran importancia.

Según Webster y Keller (2004), la marca del producto o servicio, es la que mayormente puede influir en la toma de decisión en el grupo de compra predisponiendo a su compra.

Las personas de la organización, concretamente las personas que configuran el Grupo de Compras, no compran productos o servicios, sino soluciones que resuelvan los problemas o inquietudes. Por una parte un producto o servicio económico dirigido para resolver un problema o necesidad estratégica de la empresa, y por otra parte un servicio que cumpla con sus expectativas en la compra que cubra su interés personal y de recompensa que espere (no necesariamente económica o premio) por la selección determinada (Webster y Keller, 2004).

Según Bishop (1984), los agentes que deciden la compra industrial están motivados por dos objetivos, uno, comprar al menor precio, y otro mantener un adecuado aprovisionamiento de dicha producto.

La complejidad en el proceso de decisión de la compra se ve reflejada en la influencia que tiene la organización formal de la empresa que compra, el gran número de personas involucradas, los complejos factores técnicos y económicos que intervienen y que se deben tener en cuenta, el medio ambiente en que se desenvuelve y opera la empresa que compra, y la gran cantidad de capital que en estas transacciones se realiza (Webster, 1978). La decisión de la compra es un proceso que no solo puede envolver a un gran número de personas, sino que debe satisfacer diferentes objetivos de la organización, lo que puede llevar a conflictos en criterios para la compra que hacen que ésta pueda tener a veces lugar en un periodo extenso de tiempo (Webster y Wind, 1996).

Según Webster (1978), el problema en el proceso de compra en el marketing industrial tiene varias dimensiones:

- Está el problema de las múltiples influencias que intervienen en la compra, con muchas personas comprometidas en el proceso de la misma.

- Cada una de estas influencias tiene diferentes criterios para decidir la compra y parten de diferentes fuentes informativas.

- Estas influencias interactúan entre ellas como parte del proceso de compra organizada, por lo que los patrones que influyen, tanto formales como informales, se deben tener en cuenta.

El Centro de Compra Organizada de una empresa puede medirse en cinco vectores según Johnston (1981): *"implicación vertical"*, *"implicación lateral"*, *"extensión"*, *"conectividad"* y *"centralidad"*. Este modelo de Johnston se recoge en la Figura 7.3.1

Capítulo 7 Marketing Industrial o Marketing entre empresas

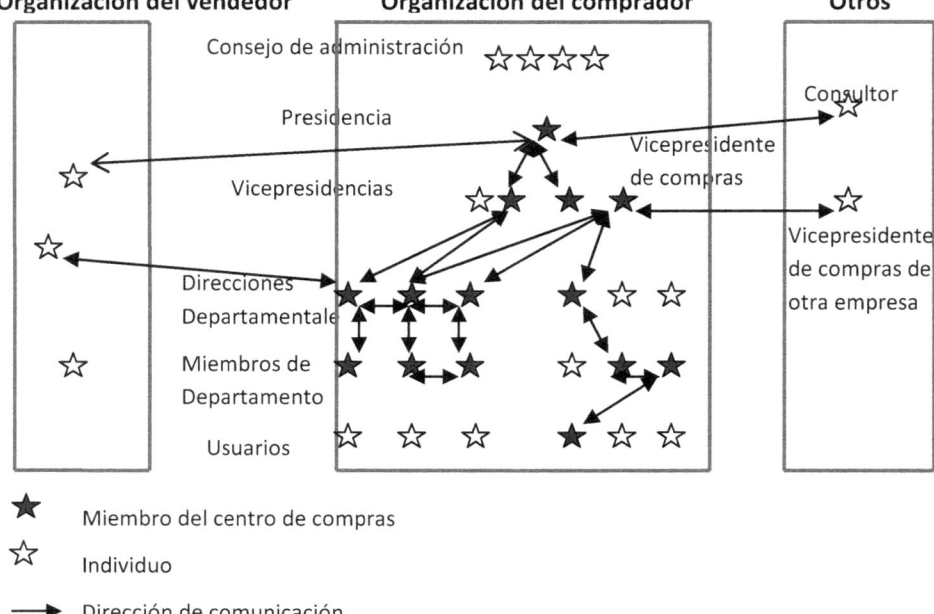

Figura 7.3.1 Comunicación en Modelo de Compra Organizada adaptada de Johnston (1981)

Donde:

"Implicación vertical" recoge el número de niveles jerarquizados de autoridad con poder de influencia y comunicación dentro del centro de compras del comprador. En el ejemplo de modelo de la Figura 7.3.1 aparecen cinco niveles de autoridad definidos (Presidencia, Vicepresidencias, Direcciones departamentales, Miembros de departamentos y empleados o usuarios finales).

"Implicación lateral" de los diferentes departamentos, divisiones que en un mismo nivel jerárquico hay en el centro de compra. En el caso de ejemplo se implican cuatro direcciones de departamentos de seis existentes.

"Extensión" es el número total de individuos implicados o que pueden intervenir en la compra dentro de la organización. En el caso del ejemplo sería de catorce individuos.

"Conectividad" recoge el grado de comunicación que hay entre los individuos del centro de compra. En el caso del ejemplo serían dieciséis bidireccionales, es decir, treinta y dos comunicaciones.

"Centralidad" recoge el número total de comunicaciones o lazos, en ambas direcciones si lo hubiera, desde las personas del centro de compras con un alto grado de autoridad o decisión. En el ejemplo se recogen seis comunicaciones, cuatro entre dos vicepresidentes y el presidente y dos entre un vicepresidente de compras y un homólogo de otra organización.

La dimensión de estos vectores, dentro de la misma empresa, variará de una situación de compra a otra, dependiendo bastante de los atributos del producto cuya compra se decide y de la estructura organizacional de la empresa que compra.

Para el proveedor es necesario conocer cuáles son las claves, las variables y los factores organizacionales que intervienen por parte del comprador industrial para poder conocer mejor a éste y así hacer fructífera, para ambas organizaciones (proveedor-comprador/cliente) la relación y la venta. Los comportamientos de compra no son necesariamente iguales, ni siquiera dentro de un mismo sector.

Los factores organizacionales causan que el comportamiento, y por tanto las decisiones, que toman los individuos que participan en el proceso de la compra industrial organizada, no sea el mismo si toman las decisiones de manera individual o en grupo (Webster y Wind, 1996).

De estos autores, Johnston y Webster y Wind, podemos recoger el modelo de compra organizada que aparece en la figura 7.3.2.

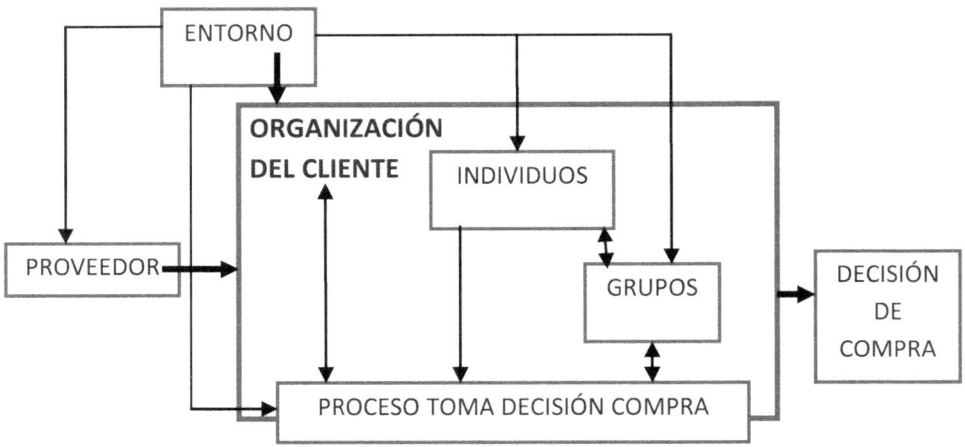

Figura 7.3.2 Centro de Compra Organizada. Adaptado de Johnston y Webster y Wind (1996)

Webster y Wind (1996) recogen cuatro factores diferentes que influyen en la decisión de la compra organizada (ver Figura 7.3.3). Para cada factor hay dos variables, las que están orientadas a resolver el problema o la necesidad que lleva a la compra, y otras no encaminadas a tal fin, sino a otro diferente de la propia venta.

FACTOR INFLUENCIA	VARIABLES TAREA O PROFESIONALES	VARIABLES NO TAREA O PERSONALES
FACTORES INDIVIDUALES	Deseo por obtener el menor precio	Sistema de valores personales
FACTORES DE GRUPO	Búsqueda específica del producto	Relaciones al margen del trabajo
FACTORES DE LA ORGANIZACIÓN	Políticas de calidad, precio, plazo	Políticas sobre relaciones empleados
FACTORES DEL ENTORNO	Evolución y tendencias negocio	Factores políticos y socioeconómicos

Figura 7.3.3 Clasificación de las variables de influencia en la decisión de compra (Webster y Wind, 1996)

Para entender el comportamiento personal dentro del "centro de compra", es útil considerar tres aspectos del "rol" que toma el individuo cuando decide. Un "rol de expectativa" que lleva a éste a decidir tomando en cuenta como deciden otros, un "rol de comportamiento" o su propio rol y un "rol de relación" cuando toma decisiones a nivel grupal. Estos tres roles vendrían a configurar el comportamiento de un individuo a la hora de actuar (Webster y Wind, 1996).

Una vez que se conozca la forma de actuar del Centro de Compra Organizada de un cliente, podremos desarrollar el "Decisiograma de Compras" o el flujo que lleva dentro de la organización de un comprador la compra organizada (en la Figura 7.3.4 se puede apreciar un ejemplo de una empresa de compra de un producto industrial). A través del "Decisiograma de Compras" definiremos y conoceremos las diferentes etapas claves que componen el proceso de compra de cualquier cliente, desde que éste tiene una "necesidad" hasta que efectúa la compra.

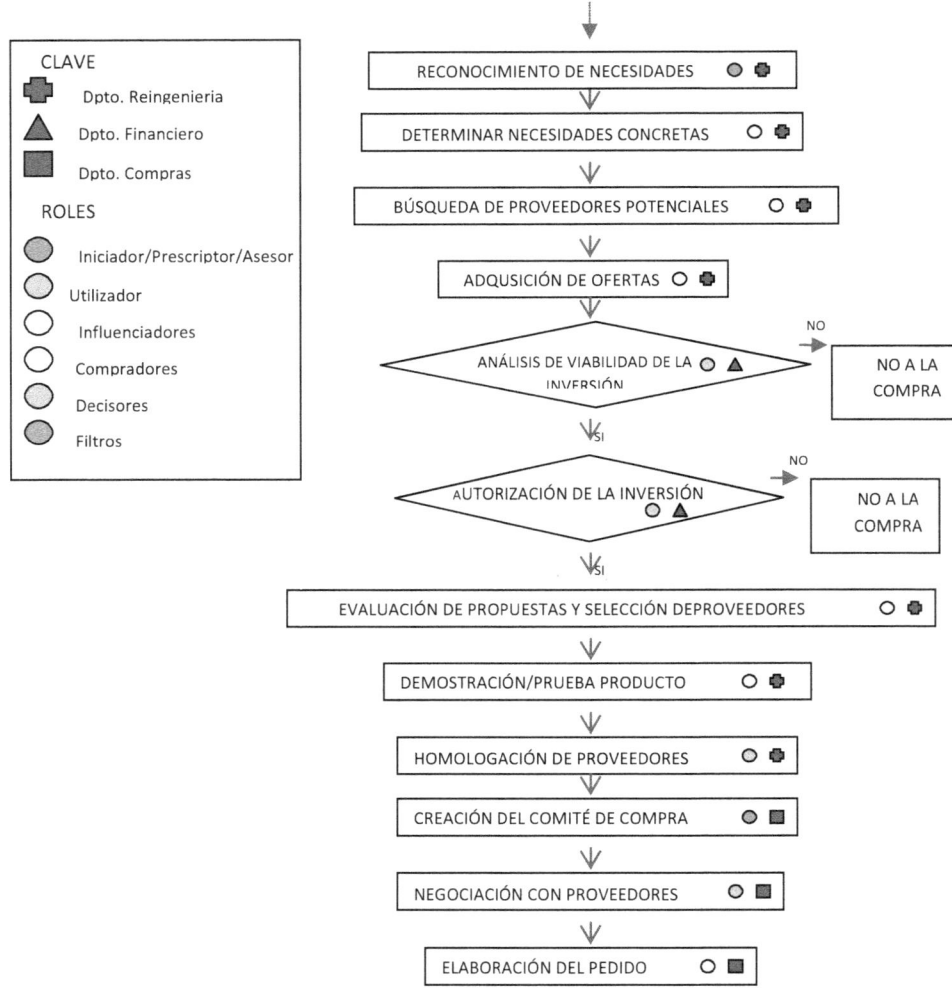

Figura 7.3.4 Ejemplo de "decisiograma de compras" en mercado de carretillas elevadoras. Elaboración propia

Entendemos que es necesario conocer los riesgos que cada uno de los agentes que intervienen tienen y pueden asumir. En la Figura 7.3.5 podemos apreciar qué riesgos asume cada agente que interviene en la compra organizada (De Velasco, 2002).

Figura 7.3.5 Modelo de Comportamiento del Grupo de Compra ante el riesgo. De Velasco (2002)

Siemens clasifica a los proveedores para la compra de sus productos necesarios según el *"Riesgo de la oferta"* y el *"Impacto de la rentabilidad o valor de la compra"* (Burnett, 2002).

Estas dos variables, riesgo e impacto, crean una matriz de evaluación de proveedores con cuatro posibles clasificaciones (ver Figura 7.3.6).

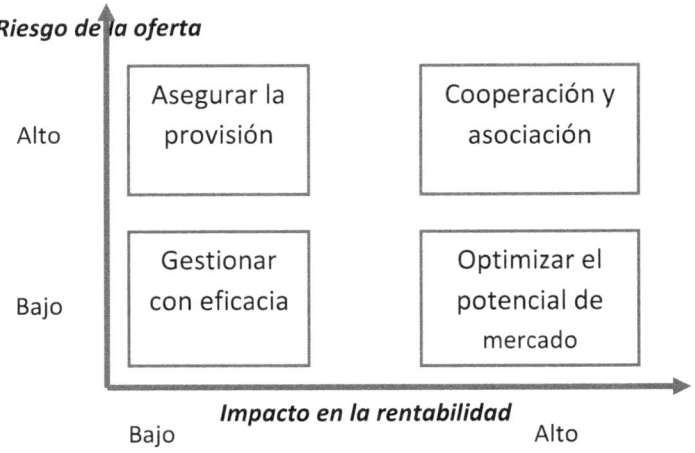

Figura 7.3.6 Matriz de compras (Burnett, 2002)

Por ejemplo, para una oferta de "gran riesgo" y con un "gran impacto en la rentabilidad" en la empresa (productos de alto valor con unos fuertes requisitos técnicos), se debe ir a una "cooperación y asociación" con el proveedor (estrategia de compra de cooperación técnica). De darse un "bajo riesgo" pero "alto impacto en la rentabilidad" (productos estándares de gran volumen), la estrategia de compra sería la optimización del potencial de ahorro. Para un "gran riesgo en la oferta", pero "bajo impacto en la rentabilidad" (productos de bajo valor, pero con unos fuertes requisitos técnicos), la estrategia de compra sería de garantizar la disponibilidad del proveedor. Y para un "bajo riesgo" y "bajo impacto en la rentabilidad" (productos estándares de bajo valor), la estrategia de compras sería de un eficiente trámite en las mismas. Vemos que para el vendedor es importante saber cómo el comprador le ve en esta clasificación, para así saber la naturaleza de relación cliente-proveedor determinada por la matriz de clasificación de su cliente.

En estrategias donde hay un "alto riesgo con el proveedor", suelen ser más cercanas y estrechas las relaciones entre cliente y proveedor, mientras que en situaciones de "bajo riesgo con el proveedor", éstos deben preocuparse en esforzarse por diferenciarse con el fin de aumentar la percepción del comprador de su prioridad.

7.4 La venta Industrial (la "fuerza de ventas")

Los recursos económicos y recursos en general, necesarios para la captación de un cliente en el mercado industrial son muy elevados, ya que aparte del tiempo invertido en la captación y atracción del interés del cliente por el servicio que se ofrezca, se deben hacer en muchos casos fuertes inversiones en ensayos y pruebas además de en el propio producto o servicio antes de la entrega.

La captación de datos del cliente, en una estrategia CRM apoyada en los procesos y orientada a la relación personalizada con el cliente, por las personas que forman la "fuerza de ventas" y aquellas otras que se relacionan con el cliente, es básica para poder conocer al cliente y crear una relación fructífera y de largo alcance (Alcaide y Agirre, 2006).

Según Lawrence B. Chonko (recogido por Ingram y otros autores, 1989), la actuación de la fuerza de ventas viene causada por el esfuerzo y desempeño que ésta ponga; lo que a su vez dependerá del compromiso, con la organización y el puesto de trabajo, y de la motivación, tanto intrínseca como extrínseca del gestor o vendedor (ver Figura 7.4.1).

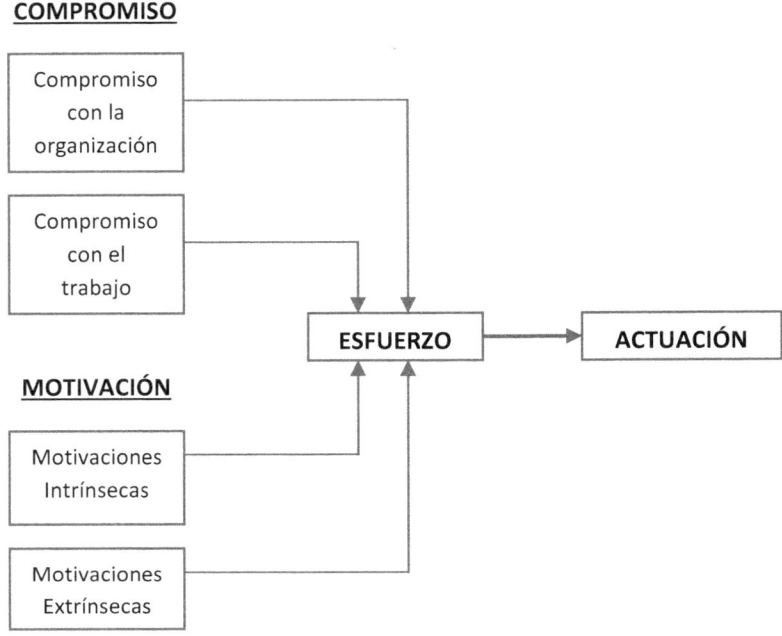

Figura 7.4.1 Modelo de Compromiso y Motivación en la Fuerza de Ventas (adaptado por Ingram y otros autores, 1989)

Donde se define el *compromiso con la organización* como una identificación personal con los valores y objetivos de la organización y *compromiso con el trabajo*, al nivel de involucración del gestor o vendedor con las actividades de su trabajo. Asimismo recoge por *motivación intrínseca* al placer o valor en sí mismos que conlleva una actividad, mientras que la *motivación extrínseca* enfatizaría en los valores conseguidos como consecuencia de una acción y en la probabilidad de realización de la consecución de los resultados. Actuando sobre estos factores reforzaremos la actuación de la fuerza de ventas para la consecución de los objetivos. Reforzando el compromiso del vendedor con la organización y con su propio trabajo se tendrá más un efecto en el medio y largo plazo, mientras que si se quiere actuar en el corto plazo, se deberá poner un mayor énfasis en las motivaciones y recompensas.

Otro modelo determinante de la actuación de la fuerza de ventas es el modelo de Walter y otros autores (1977). En este modelo (ver Figura 7.4.2), se define que la actuación de un vendedor es función de tres factores básicos: (1) su nivel de motivación, (2) su aptitud y habilidad en la venta y (3) sus percepciones sobre cómo su trabajo se va a desarrollar.

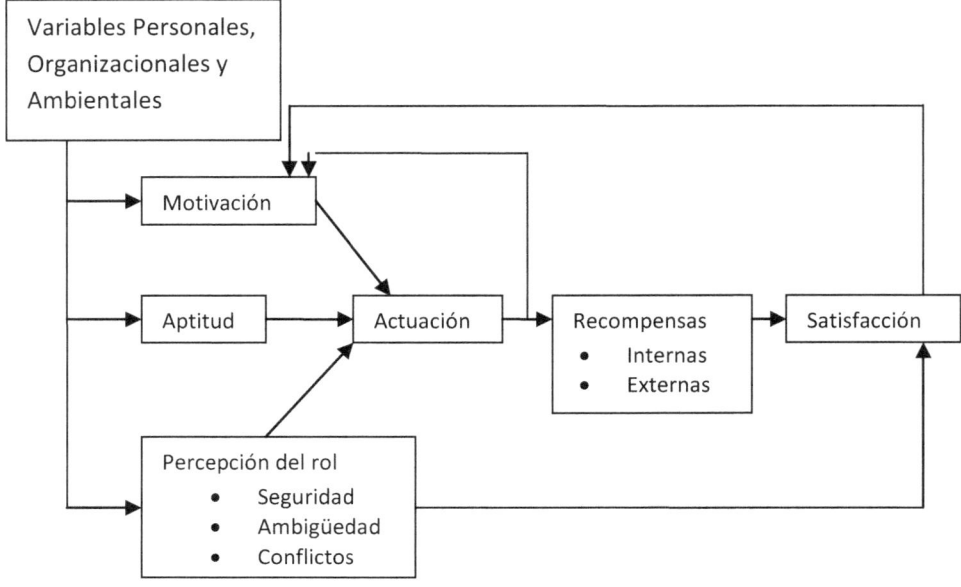

Figura 7.4.2 Modelo de actuación de la Fuerza de Ventas (Walter y otros autores, 1977)

Mompó (2006), clasifica el tipo de vendedor o gestor de una cuenta comercial de un cliente industrial según sea el tipo de compra (a cada comprador su vendedor) según se recoge en la Figura 7.4.3.

Es muy importante la cualificación que el gestor de un cliente industrial debe tener, y ésta se definirá en función de la clase de cliente al que se dirija. Entendemos que el recurso de un gestor altamente competido es limitado en cuanto a personas y el coste que supone, por lo que según se recoge en el cuadro anterior, a cada cliente hay que asignarle su gestor o vendedor.

TIPO DE VENDEDOR / MODELO DE COMPRA	JUNIOR	TRADICIONAL	COMPETITIVO	CONSULTOR
MOTIVO DE COMPRA	NECESIDAD PUNTUAL	QUIERE LO ÚLTIMO	INCREMENTAR RENTABILIDAD	INCREMENTAR CUOTA DE MERCADO
CRITERIOS DE COMPRA	BUEN PRECIO	SOLUCIÓN A LA NECESIDAD DE AYER	ENFOQUE GLOBAL PARA DESAFÍOS	MÉTODO PROACTIVO PARA EL CRECIMIENTO
VISIÓN DEL PRODUCTO	CONTROLAR SU COSTE	ES TECNOLOGÍA	INCREMENTO DE BENEFICIOS FUTUROS	INVERSIÓN QUE APOYA CRECIMIENTO
RELACIÓN DE VENTAS	VENDEDOR DE GUARDIA	PROVEEDOR DEL PRODUCTO	ASESOR DE SUS PROBLEMAS DE NEGOCIO	SOCIO A LARGO PLAZO

Figura 7.4.3 Tipo de vendedor en función del comprador. Mompó (2006)

Podemos clasificar la tipología anterior de gestores de clientes o vendedores (junior, tradicional, competitivo y consultor) según el nivel de relación que con el cliente se quiera llegar a tener. Esto nos marcará la fuerza de vínculo con el cliente y la dificultad que pueda encontrar la competencia de arrebatarlo (ver Figura 7.4.4).

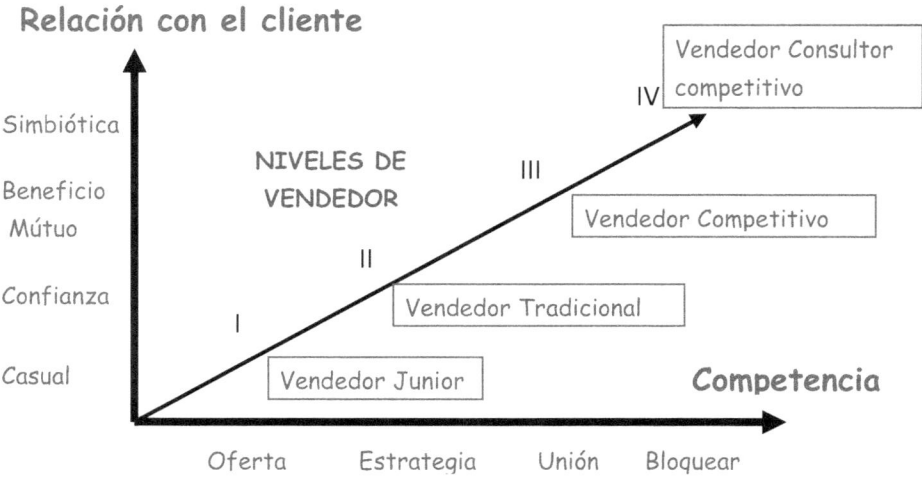

Figura 7.4.4 Niveles de vendedores. Adaptado de De Velas (2002)

Podemos observar que la barrera que tenemos con nuestro cliente puede ir desde una simple oferta o contrato que con él tengamos, a una relación de unión pasando por un planteamiento estratégico puntual en el tiempo con el cliente o a conseguir un bloqueo total con la competencia, por la relación tan estrecha que se ha conseguido con el cliente que va más allá del propio beneficio a corto plazo.

El gestor *"Junior"*, es un vendedor con un dominio de conocimientos elementales: catálogos, técnicas de ventas, seguimiento del mercado, relaciones interpersonales, etc. Es un vendedor que "Sabe".

El gestor *"Tradicional"*, es un vendedor con un dominio de técnicas, organización y planificación del tiempo que analiza necesidades del cliente y prepara a medida las visitas. Se adapta al cliente y su comunicación y escucha es activa. Es un vendedor que "Sabe Hacer".

El gestor "*Competitivo*", es un vendedor con un dominio de las relaciones interpersonales y la comunicación. Domina la entrevista personal. Conoce usos y costumbres del cliente y su capacidad de visión es global. Es un vendedor que "Sabe Ser".

El gestor "*Consultor competitivo*", tiene una gran capacidad creativa y muestra curiosidad y flexibilidad. Tiene una visión global de la actividad comercial. Improvisa de manera inteligente y está preparado al cambio. Es un vendedor que "Sabe Estar".

En la venta entre empresas la figura más reconocida es la de "Key Account Manager" o gestor de Grandes Cuentas Claves (GGCC). Esta persona es la responsable de la cuenta de explotación de la cartera de clientes industriales que tenga asignada. Se responsabiliza ante la dirección de su empresa de la captación y desarrollo de oportunidades de negocios de sus clientes asignados.

Para esto debe estar en continuo contacto y conocimiento de sus clientes y el mercado donde operan, para poder trasladar dicha información (y no solo datos) a su dirección, y en función de ella coordinar la comunicación eficaz del cliente con los distintos departamentos de la empresa, así como contribuir a desarrollar las estrategias adecuadas a la detección y servicio a los clientes claves que lleven a su fidelización.

Como se ha indicado anteriormente, el perfil de un Gestor de Grandes Cuentas debe ser la de un gestor "consultor competitivo", que sea capaz de crear entre su empresa y el cliente unos lazos de confianza y colaboración que lleve a la fidelización del cliente.

El cliente debe ver, a través del gestor de GGCC, a una empresa que le está dando algo más que un producto o un servicio. Debe ver a una empresa orientada a sus objetivos, los del cliente, convencido de no encontrar otra que pueda prestarle un servicio más competitivo.

Como ha quedado demostrado en muchas ocasiones, la confianza que el cliente llega a depositar en el gestor de GGCC, hace que la fidelización de aquél con la empresa pase por éste, y llegado el caso de que el gestor cambiara de empresa, se fueran con éste a la nueva empresa.

7.5 Comunicación e Investigación Industrial

La comunicación con los clientes en un mercado industrial debe ser más intensa y asociativa, no debiendo estar orientada a la venta simple (Alcaide y Agirre, 2006). Se puede observar cómo una firma cementera se anuncia en un campo de fútbol, o una empresa fabricante de ladrillos lo hace en la radio.

Según Alcaide y Agirre, pueden existir las siguientes relaciones con un cliente en un mercado industrial:

- Relación Básica: Es una relación en una orientación al producto.
  - No existe una verdadera relación.
  - Tras una venta, proveedor y cliente siguen por separado.

- Relación Reactiva: Se actúa ante un requerimiento del cliente.
    - La red comercial solo actúa ante problemas.
    - Es la más común en el sector español.

- Relación de Seguimiento: Se contacta esporádicamente con el cliente para ver si hay alguna nueva necesidad.
    - Desde la estructura comercial del proveedor se llama al cliente para verificar de que no hay problemas, y de paso para vender algo más. Es una orientación centrada en la venta

- Comunicación Proactiva: De manera más regular se contacta con el cliente para mejorar la relación con él.
    - Se contacta con el cliente para asegurar el servicio y el desarrollo y crecer con éste.
    - Se puede emplear en cualquier industria, tanto de servicios como de productos.
    - Se apoyan en un servicio técnico y comercial, que por otra parte reafirma la relación con el cliente.

- Comunicación Asociativa: O relación de socio (Partnership).
    - El producto o servicio está diseñado a la medida del cliente. El cliente y proveedor trabajan juntos en el diseño a la medida de las necesidades del cliente.

La investigación en mercados industriales, en cuanto a sus necesidades, entendemos se compone de tres fases:

- Una primera fase de identificación de los diferentes agentes que intervienen en dicho mercado: proveedores,

---

Note: at the top of the list (before "Relación Reactiva") appears:
- Los gestores de clientes, o vendedores, se limitan a atender peticiones o pedidos.

transformadores, prescriptores, clientes, sistema logístico, fuerza de ventas, empresas de mantenimientos, formadores, consultores, organismos reguladores y entorno en general, etc.

- Una segunda fase de análisis de la demanda en cuanto a tendencias (en la Figura 7.5.1 se recoge ejemplo de análisis de tendencias en un mercado industrial de carretillas elevadoras):

    o *Tendencias Demográficas*: Nuevas aplicaciones de la celulosa para pañales en personas mayores y hospitales. Nuevos servicios para la tercera edad, etc.

    o *Tendencias Sociológicas*: Nuevos detergentes y espumas ecológicas, pinturas con disolución en agua, etc.

    o *Tendencias Económicas*: Plan "renove" en vehículos, usos del gas en las cocinas de vitrocerámica, etc.

    o *Tendencias Comerciales*: El envase "tetrabrik", la tarjeta de "plástico", cajeros electrónicos, teléfono móvil, etc.

    o *Tendencias Tecnológicas*: CAD, CAM, nuevos medicamentos, biotecnología, etc.

TENDENCIAS ECONÓMICAS	FACTORES CLAVE DE LA DEMANDA
<ul><li>Crecimiento de la economía española, europea y mundial</li><li>Concentración de las actividades industriales</li><li>Crecimiento de las actividades de almacenaje y distribución</li><li>Creciente importancia de la productividad</li><li>Reducción de presupuestos para carretillas</li><li>Encarecimiento del precio del suelo de uso industrial</li><li>Aprovisionamiento "Just In Time"</li><li>Reducción del activo inmovilizado</li></ul>	<ul><li>Crecimiento de las toneladas de tráfico de carga en aeropuertos, puertos, líneas férreas, carreteras</li><li>Incremento de las zonas/plataformas logísticas</li><li>Uso más intensivo de carretillas</li><li>Demanda de mayores prestaciones</li><li>Aumento del mercado de segunda mano</li><li>Construcción de instalaciones más optimizadas en altura y anchura</li><li>Menor volumen, mayor frecuencia de movimiento de mercancías</li><li>Incremento del alquiler respecto a la compra</li></ul>
TENDENCIAS COMERCIALES	**FACTORES CLAVE DE LA DEMANDA**
<ul><li>Aumento de la demanda de Servicios Integrales</li><li>Mayor oferta de carretillas</li><li>Estandarización de la unidad de carga de mercancías en paletas</li><li>Mayor peso de referentes en los procesos de compra</li></ul>	<ul><li>Incremento de la demanda de servicios de mantenimiento</li><li>Mayor competencia en precios y servicios</li><li>Mayor uso de carrerillas para paletas</li><li>Mayor importancia de la cartera de clientes</li></ul>
TENDENCIAS TECNOLÓGICAS	**FACTORES CLAVE DE LA DEMANDA**
<ul><li>Introducción de nuevas tecnologías (radiofrecuencia, códigos de barras, etc.) y Software de Gestión de Almacenes que permitan aumentar la productividad</li></ul>	<ul><li>Mayor automatización de los procesos de movimiento de mercancías</li></ul>

Figura 7.5.1 Ejemplo de tendencias en un mercado industrial de carretillas elevadoras (elaboración propia)

- Una tercera fase de Segmentación del mercado para un posicionamiento adecuado.

    o *Segmentación Demográfica*: CNAE, consumo energético, número de empleados, ventas, área geográfica, etc.

    o *Segmentación Sicográfica*: Empresa líder, innovadora, seguidora, retadora, etc.

    o *Segmentación Comportamental*: Compra centralizada, descentralizada, rutinaria, puntual, etc.

    o *Segmentación Funcional*: Tecnológica, coste funcionamiento, aplicación, etc.

Para hacer una oferta adecuada a los clientes del mercado industrial entendemos que no es suficiente con su segmentación, pues no todos los mercados son conocidos, sobre todo los nuevos y los de I+D, donde las necesidades y especificaciones no están definidas a priori. En proyectos I+D la oferta y demanda no es tan transparente o conocida. El comportamiento de los agentes que intervienen en un mismo segmento no son siempre los mismos, y no siempre es fácil elegir cómo debe segmentarse en este tipo de mercados.

Podemos definir tres conjuntos de criterios para una segmentación en el mercado industrial, Técnicos, Comportamentales, y Otros (ver Figura 7.5.2)

CRITERIOS TÉCNICOS	CRITERIOS COMPORTAMENTAL	OTROS CRITERIOS
Necesidades del Cliente	Objetivos del cliente	Tamaño de la empresa
Especificaciones técnicas	Posición del cliente en el mercado	Cuenta de la empresa
Características del producto	Competidores	Ubicación
Tecnología del cliente	Importancia del precio	Sector industrial
Procesos Técnicos	Grupo de compra	Capacidad de inversión
Etc.	Asunción del riesgo	Necesidad otros servicios
	Innovación	Etc.
	Compra centralizada	
	Etc.	

Figura 7.5.2 Criterios de segmentación en un mercado industrial. De Velasco, 2002

7.6 El Producto en el mercado Industrial

Los productos del mercado industrial se pueden clasificar por su destino (ver Cuadro 7.6.1), y por su necesidad (ver Figura 7.6.1).

CLASIFICACIÓN	CARACTERÍSTICA
Bienes de producción (máquinas, herramientas,...)	Permanecen largo tiempo con el cliente
Bienes de transformación (materias primas, accesorios, semielaborados,....)	Se transforman en el proceso de producción del cliente
Bienes de consumo (combustibles, lubricantes,...)	Se destruyen en el proceso del cliente
Servicios (Ingeniería, mantenimiento, investigación,...)	Presentan la imposibilidad de uso permanente por el cliente

Cuadro 7.6.1 Clasificación Industrial de los clientes por su destino.

Por su necesidad, en productos de necesidades repetitivas o de necesidades puntuales:

Capítulo 7 Marketing Industrial o Marketing entre empresas

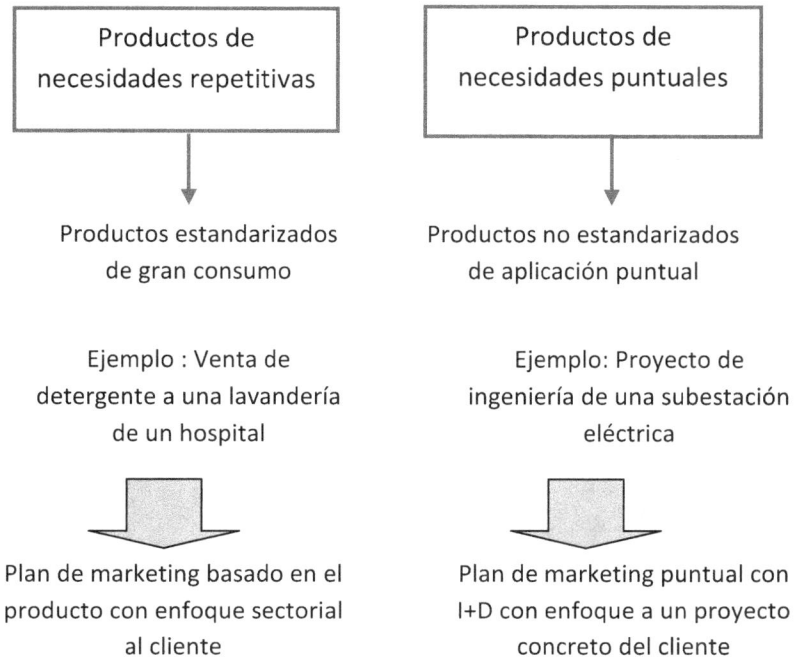

Figura 7.6.1 Clasificación del producto por su necesidad y estrategias de marketing. Elaboración propia

Normalmente el producto ofrecido en el mercado industrial no es un producto simple, sino que suele venir acompañado de otros productos complementarios y de un servicio, lo que por otra parte permite a la empresa que los ofrece el poder crear barreras diferenciadoras frente a la competencia, además de permitir ofrecer una gama de productos más extensa y de servicios a un mismo cliente aumentando su satisfacción.

Un aspecto que caracteriza a los productos vendidos por las empresas que operan en el mercado industrial es su valor añadido, bien sea por la transformación o incorporación de otros productos, o bien por los aspectos añadidos (transporte, almacenamiento, entrega servicio, financiación, garantía, etc.) que configuran los bienes y servicios vendidos por los comerciantes y empresas de servicios (Santesmases, 2007).

Las organizaciones por tanto al procesar los productos adquiridos incorporando otros bienes y servicios, energía o trabajo, proporcionan un valor extra o valor añadido al producto.

En la Figura 7.6.2 se puede apreciar un enfoque al cliente en un mercado industrial según Alcaide y Agirre (2006). Se debe pasar del enfoque de "rappels" y descuentos por consumo a los clientes más importantes a otro centrado en la "fidelización del cliente", como se recoge en este libro, con la concesión de privilegios de servicios y precio a aquellos clientes que reúnan unas características que favorezcan al proveedor.

Los criterios para decidir la compra son los factores usados para evaluar la oferta más competitiva. Estos criterios de elección, normalmente atributos que se asignan al servicio o producto, son los que permiten a los compradores comparar unas ofertas con otras.

Figura 7.6.2 Estrategias de Orientación al Cliente Industrial (Alcaide y Agirre, 2006)

Lehmann y O´Shaughessy (1974) clasifican los productos industriales en cuatro categorías:

- *Productos rutinarios (**productos tipo I**)*. Son aquella clase de productos que no es esperable causen ningún tipo de problema en su uso y manipulación.
- *Productos con necesidades procedimentales (**productos tipo II**)*. Son aquellos con los que el personal de la empresa que lo compra debe saber como utilizarlo. Suele ser necesario un aprendizaje en el manejo de los mismos.
- *Productos con incertidumbres en su empleo (**productos tipo III**)*. Son productos que hasta que no se prueban pueden

presentar dudas en cuanto a su eficacia. Suelen necesitar de pruebas previas a la compra.

- *Productos con connotaciones políticos (**productos tipo IV**)*. La decisión de la compra de este tipo de productos puede llevar a conflictos entre departamentos o personas de la empresa.

Según estos cuatro tipos de productos y considerando la clasificación de atributos recogidos en la Figura 7.6.3 como aquellos que se pueden tener en cuenta a la hora de comprar un producto, Lehmann y O´Shaughessy (1974), a través de estudio en 19 grandes empresas de EE:UU y 26 del Reino Unido que actúan en mercados industriales, clasificaron la importancia de los mismos (en un rango de 1 a 6, donde 1 sería muy importante y 6 poco importante) para cada tipo de producto a la hora de decidir su compra (ver Figura 7.6.4).

1.	**Reputación** del Proveedor	2.	Aspectos **Financieros**
3.	**Flexibilidad** del Proveedor en ajustarse a las necesidades	4.	**Experiencia** del Proveedor en situaciones análogas
5.	**Servicio Técnico** ofrecido	6.	**Confianza** en el Proveedor
7.	Conveniencia en el **lugar de entrega**	8.	**Fiabilidad del Producto**
9.	**Precio**	10.	**Especificaciones Técnicas**
11.	**Facilidad de uso** de la operatividad	12.	**Preferencias del principal usuario**

13.	**Formación ofrecida** por el proveedor	14.	**Tiempo de formación** requerido	
15.	**Fiabilidad en la entrega**	16.	Facilidad en el **mantenimiento**	
17.	**Servicio de postventas esperado**			

Figura 7.6.3 Atributos considerados en la decisión de la compra (Lehmann y O´Shaughessy, 1974)

	Atributo	*Tipo I*	*Tipo II*	*Tipo III*	*Tipo IV*
1.	Reputación	4	7	5	**2**
2.	Financiación	9	16	16	13
3.	Flexibilidad	3	5	**2**	5
4.	Experiencia pasada	6	13	9	10
5.	Servicios Técnicos	12	**1**	**3**	7
6.	Confianza en el proveedor	14	15	15	16
7.	Conveniencia en la entrega	15	17	17	17
8.	Fiabilidad en el producto	11	11	4	**3**
9.	Precio	**2**	8	8	**1**
10.	Especificaciones Técnicas	5	9	6	6
11.	Fácil de usar	10	**2**	7	8

12.	Preferencia del uso	13	14	13	14
13.	Entrenamiento ofrecido	16	3	12	11
14.	Entrenamiento requerido	17	12	14	15
15.	Fiabilidad en la entrega	**1**	**4**	**1**	**4**
16.	Mantenimiento	8	10	11	12
17.	Servicio postventa	7	6	10	9

Figura 7.6.4 Orden de importancia de los atributos clasificados por tipo de producto (Lehmann y O´Shaughessy, 1974)

De esta clasificación se puede observar que en los productos Tipo I, el comprador considera que la "fiabilidad en la entrega" y el "precio" del proveedor son los atributos más tenidos en cuenta o que más influyen en la compra industrial. En los productos Tipo II (donde es de esperar que el comprador se interese por atributos que minimicen los problemas en el uso del producto), el "servicio técnico ofrecido", la "facilidad en cuanto al uso del producto" y la "formación" son los atributos más tenidos en cuenta en este tipo de compra. En los productos Tipo III (donde existe el desconocimiento de la adecuación del producto elegido, se espera que ponderen atributos que faciliten la elección adecuada), el "servicio técnico ofrecido", la "flexibiliad del proveedor" y la "fiabilidad del producto" son los atributos más significativos en importancia. Curiosamente el atributo más importante en este tipo de producto en el estudio salió la "fiabilidad en la entrega", siendo los tres anteriores mencionados los siguientes en importancia. En los productos Tipo IV (donde interesan productos con atributos que no interfieran en la toma de decisiones grupales), el "precio", la "reputación del proveedor", la "fiabilidad del producto", la "fiabilidad en la entrega" y la "flexibilidad del proveedor" fueron los atributos más importantes considerados en el estudio. Cabría haber esperado para este tipo IV de productos que hubiera sido significante la "experiencia del proveedor" y la "financiación".

El producto debe ser visto desde la óptica y necesidad del cliente. No todos los clientes hacen un mismo uso de éste o las especificaciones del mismo les afecta en la misma forma. Asimismo para cada cliente el producto puede ser más o menos estratégico y su impacto en la cuenta de gastos mayor o menor. Por ejemplo, la electricidad, ya no sola es vista por muchos clientes como un producto básico e indiferenciado en sus procesos, sino que la calidad y disponibilidad de la misma puede llegar a ser crítica. Por ejemplo, ante las nuevas máquinas industriales en los procesos de producción, cada vez con más componentes electrónicos de control, las mismas se vuelven más sensible ante pequeñas perturbaciones en las redes eléctricas, llegando en números ocasiones a disfunciones y avería, lo que con máquinas más sencillas no venía ocurriendo con tanta frecuencia, si bien la calidad del suministro eléctrico ha mejorado considerablemente en los últimos años.

Asimismo el servicio de atención se ha vuelto más importante y competitivo. Por ejemplo, ante avería sufrida en la línea eléctrica que alimentaba a un cliente de componentes electrónicos para una importante firma automovilística, por no ser desviada la alimentación desde otra fuente, por una falta de servicio en la atención, por desconocimiento de las líneas eléctricas desde las que se alimentaba al cliente y por no reconocer la importancia del mismo, éste estuvo más de siete horas sin suministro eléctrico, cuando en menos de media hora se podría haber repuesto. Esto llevó al cliente a tener una penalización, a nivel europeo con su cliente (empresa automovilística), ante la falta de contingencias previstas para asegurar el suministro eléctrico que había asegurado tener a la empresa automovilística. Es muy importante saber como utiliza el cliente el producto, cómo repercute en su proceso (más allá de la producción) y darle el mejor servicio.

7.7 El Precio en el mercado Industrial

Éste es un factor sobre el que puede influir tanto el vendedor como el cliente, y podemos encontrar distintas formas de actuación (Santesmases, 2007):

- Precios administrados: Es el método más común. El vendedor fija un precio y éste es inamovible; únicamente es posible una variación mediante descuentos que vendrán determinados por la política de ventas del vendedor o por la relación existente entre vendedor-cliente.

- Licitaciones: Procedimiento en el que mediante concurso abierto por el comprador para un cierto producto o servicio, las distintas empresas suministradoras pujan por obtener el encargo. Normalmente, lo consigue el precio más bajo siempre que se cumplan las características exigidas.

- Precios negociados: Esta actuación consiste en una negociación de las dos partes implicadas (suministrador y cliente) en la que pactan un precio para el producto o servicio. Se puede aprovechar para incluir determinadas ofertas o servicios alternativos.

También podemos clasificar los precios por sus limitaciones:

- Regulación
  - Precio mínimo.
  - Precio máximo: en defensa del consumidor.
- Demanda
  - Precio mínimo: calidad mínima percibida por el cliente.
  - Precio máximo: el precio dispuesto a pagar por una necesidad.
- Competencia
  - Precio mínimo: aquél que no crea una guerra de precios.
  - Precio máximo: aquél que no haga que el cliente cambie de proveedor a un producto sustitutivo.
- Costes
  - Precio mínimo: punto de equilibrio o punto muerto.
  - Precio máximo: no hay.

Desde el punto de vista de la demanda industrial frente a la final o del mercado masivo, el precio presenta una menor elasticidad (Cambra, 2005 y Alcaide y Agirre, 2006), ya que en este mercado se valoran multitud de elementos adicionales como la calidad, la adaptación del producto a la cadena de producción del cliente, los plazos de entrega, el servicio postventa, etc. Esto no quiere decir que el precio sea inamovible, ya que por otra parte dependerá de los agentes que compitan entre sí en el mercado de cada servicio. Lo que sí viene a ocurrir, si bien hay una gran negociación del precio en la formalización del servicio, normalmente a través de contrato de suministro del mismo, es que éste normalmente no se modifica durante la provisión del mismo, y de hacerse suele ser mediante negociaciones entre ambas parte, proveedor y cliente, durante la relación entre ellos.

Como se ha indicado, el precio entre servicios entre empresas viene a ser negociado a través de contratos en el tiempo. En este acuerdo para cerrar el precio, el cliente no pretende que el precio acordado con que se cierra sea el menor, sino que quiere unas garantías asociadas. En un momento de negociación del precio por la venta de energía eléctrica durante un año a una fábrica de automóviles, el director de compras indicó que no quería que el precio por el que pagaría la electricidad en ningún momento estuviera por debajo del coste real de servir que ésta tuviera, ya que de ser así rescindiría el contrato, pues su experiencia le demostraba que no se daba nada gratis, pues a la larga esta relación sale cara (abandono de suministro, peor calidad, etc.), y que él entendía que el suministrador debía ganar dinero, ya que esto le daba garantías de buen servicio, pero eso sí, que obtuviera un "beneficio justo", y que no cobrara más de lo que supusiera poder perder una relación. Precisamente por "precio justo" debemos entender aquél por el que ambos agentes, comprador y vendedor, están dispuestos a mantener una relación larga en el tiempo beneficiosa para ambos.

El precio es más defendible en un mercado industrial, ya que el producto o servicio ofrecido, es más fácilmente acompañado de tangibles cuantificables y medibles como es el servicio técnico, información adicional, asesoramiento, etc (Alcaide y Agirre, 2006).

No obstante la fijación del precio sigue un proceso de decisión (De Velasco, 2002), en función del mercado y de los objetivos que se marque la empresa (ver Figura 7.7.1).

Este proceso, aplicable en cualquier sector, permite definir el precio en función del rango en el que se mueva este producto o servicio ofrecido.

No obstante, en la diferenciación del servicio estará que ese rango sea mayor, pero siempre desde la perspectiva del cliente.

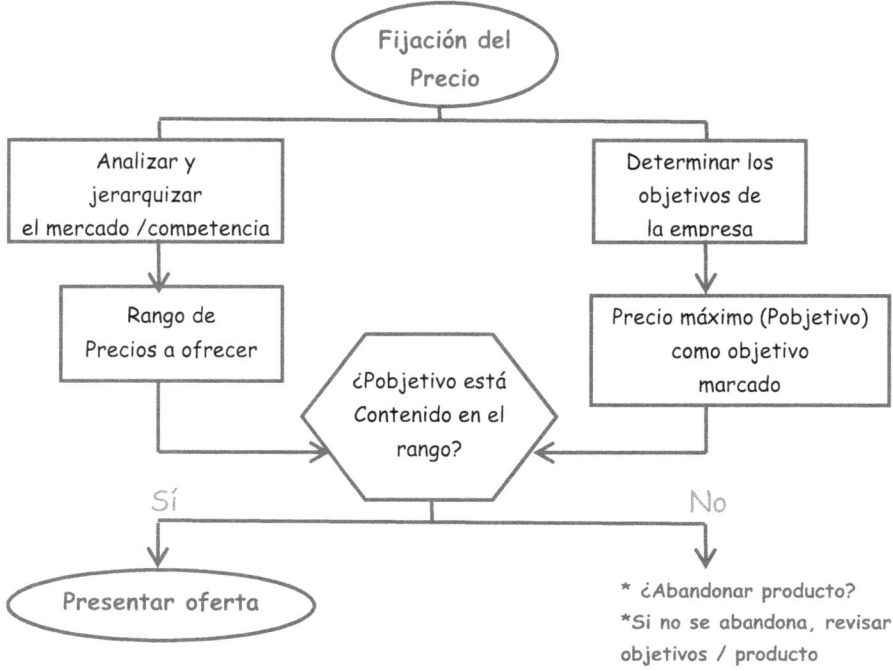

Figura 7.7.1 Proceso de fijación del precio. De Velasco, 2002

No hay que olvidar, sobre todo en mercados entre empresas, que el precio es un factor que el cliente siempre contemplará, en gran medida, como un factor que le haga más competitivo a la hora de ofrecer sus servicios o productos; pues lo trasladará directamente como un coste más, independientemente de otros servicio y garantías que el producto lleve asociado. Por ejemplo, a la hora de mejorar la competitividad en la elaboración de su producto en una fábrica cervecera, el coste de la energía era uno de los factores que le enfrentaba con otra fábrica de la misma marca, pues la producción en cada una de ellas, para posterior distribución repartiéndose el mercado, se marcaba en función de los costes de producción. En mercados internacionales, diferentes fábricas de una misma marca compiten entre sí para poder seguir existiendo, y en estos casos, la eficiencia y la productividad, ésta última muy influida por los costes, y estos por los precios, marcan la diferencia.

También es cierto que en otras empresas, ciertos costes de algunos productos no son significativos en cuanto a su contribución a los costes de producción. En estos casos es importante saber cómo de significativos o estratégicos son los costes del producto que se ofrece. Por ejemplo en los procesos de conglomerado para pavimentación de asfaltados, el betún y el fuel suponen el 50% de los costes, mientras que la electricidad tan solo el 1%.

También la empresa que opera en mercados industriales debe diferenciar el precio en función del cliente, pues no debe ocurrir, que por tener todo vendido no pueda atender a un cliente "clave" (lo que vendría a definir como morir de éxito). En momentos de liberalización del sector energético ha habido excesos de demanda de energía eléctrica por nuevos clientes que pasaban de un mercado regulado a un mercado liberalizado ante desaparición de la primera. Al ser la empresa que comercializa en el mercado libre diferente de la que operaba en el regulado, la primera se ha encontrado con un déficit de energía, debiendo vender a nuevos clientes a unos precios mayores de los que ya tenía previamente comprometida con los productores. No entendiendo un cliente esta diferencia de precios (fábrica de embutidos y carne de cerdo que sacrificaba al día entorno a 5.000 cerdos), por qué un mismo producto era ofrecido a diferentes precios por diferentes comercializadoras, le explicaba que era como si a él de pronto le venía un día un nuevo cliente, cliente de muy alta rentabilidad y con el que podría hacer mucho negocio en el futuro, y le pidiera 500 cerdos sacrificados, de los que no disponía. Qué hacer ¿trasladarle un mayor coste porque estos cerdos debe comprarlo fuera, vendiendo a un precio mayor que a los otros, y poder no ganar (o perder) este cliente de alto potencial? Por esto es muy importante trasladar a cada cliente los costes de servir que tiene, yendo más lejos aún, poner a cada cliente un coste en función de su valor, para no encontrarnos sirviendo un producto limitado a clientes de bajo valor pudiéndoselo ofrecer a otros de mayor valor, pues el producto es limitado. Para esto, como veremos en el Capítulo 10, es necesario tener correctamente clasificados a los clientes.

Esta clasificación, como veremos más adelante, permitirá conocer a los clientes en función de su contribución en valor a la empresa. A la hora de marcar los precios por los diferentes servicios y productos que se ofrezca a un cliente, deberemos tener en cuenta el valor de este cliente y cómo los diferentes servicios y productos contribuyen en valor. Recientemente estaba negociando una revisión de contrato de suministro eléctrico a la vez de ofrecer unos servicios muy importantes de ingeniería a un mismo cliente. Lo que el cliente quería bajar en coste en uno de los productos significaba la quinta parte de los beneficios que dejaba el otro servicio, amén de futuros proyectos mucho más interesante. Finalmente el no poder atender la sugerencia del cliente no llevó a un acuerdo. ¿Cuánto se perdió?, mucho, pero esa pérdida no aparecerá nunca en la cuenta de resultados.

Son muchas las empresas que para diferentes productos y servicios a un mismo cliente, erróneamente ofrecen diferentes estrategias de precios, pues el precio de cada uno es definido por diferentes departamentos, sin tener nunca en cuenta al cliente como único y no tener una estrategia común.

7.8 Estrategias en el Mercado Industrial

Conocer el Valor del Cliente en el Tiempo (VCT) de clientes del mercado industrial, aparte de ser más fácil de conseguir que de los clientes del mercado masivo, lo que permitirá una más efectiva gestión de aquellos clientes clave (Alcaide y Agirre, 2006), puede ser mucho más significativo y crítico que en el mercado masivo.

En un mercado industrial, los efectos de WOM (Word of Mouth) son muchos más determinantes, sobre todo un WOM negativo, que en un mercado masivo, por el menor número de clientes que intervienen y la mayor comunicación entre empresas. Aunque hay que observar, con las nuevas tecnologías e Internet, las nuevas formas de comunicación entre usuarios en el mercado masivo, que hace que la información sea más extensible y rápida en su divulgación.

El proveedor debe continuamente buscar un margen competitivo percibido por el comprador que lo diferencie de la competencia. Este margen competitivo se crea de dos formas (Burnett, 2002):

- Liderazgo en costes, que permita ofrecer precios menores que los de la competencia.

- Competencia distintiva, que permita ofrecer a sus clientes un margen competitivo en el mercado que opere.

En función de las estrategias de compra que tomen los compradores, los proveedores deberán posicionarse.

En una estrategia de marketing industrial orientada a los clientes se deberán marcar las pautas para definir (saber) qué quiere cada cliente y adecuar el servicio a lo esperado por el mismo, aumentando la calidad percibida por estos para crear "incentivos de compra" y favorecer la fidelización.

Estratégicamente, por parte del proveedor, se debe conocer y analizar la "cadena de valor" de los procesos de sus clientes, para de esta manera poder incidir positivamente en la misma aportando valor con objeto de aumentar la satisfacción de los mismos a través de un mayor valor apreciado por parte del cliente.

Burnett (2002), clasifica a los clientes en un mercado industrial de un proveedor en función del "% de factor atrayente del cliente" (alto, medio o bajo) basado en factores como: el volumen y crecimiento, rentabilidad, adecuación, etc. y del "*Status de relación*", que recoge la capacidad del proveedor de competir por el negocio del cliente. En la Figura 7.8.1 se recoge esta clasificación y en función del posicionamiento de cada cliente la estrategia a seguir.

% de factor atrayente del cliente

	Débil	Medio	Fuerte
Alto	Mantener selectivamente	Desarrollar	Desarrollar / Defender
Medio	Mantener al mínimo	Defender / Mantener	Desarrollar
Bajo	Retirarse	Mantener al mínimo	Defender selectivamente

Estatus de la relación

Figura 7.8.1 Opciones estratégicas para clientes (Burnett, 2002)

En esta matriz se aprecian cuatro estrategias claramente diferenciadas:

- Desarrollo del cliente. Especialmente indicada para aquellos clientes con un gran potencial en aumentar su "cuota de cliente".

- Defenderse de los competidores. Especialmente a aquellos clientes que son atractivos para la competencia.

- Mantener al cliente con recursos mínimos. Clientes con los que hay una buena relación comercial, aunque no son bastante atractivos.

- Retirarse. El cliente utiliza más recursos, que ni en el momento presente ni en el futuro, van a ser recuperados en el negocio con éste.

La estrategia en cuanto a recursos a utilizar y el canal de servicio apropiado en cada momento a un cliente, vendrá definida en función de la posición del cliente en la matriz.

No obstante, tal como se desarrolla en este libro, estas estrategias se deberán tomar teniendo en cuanta el valor con que identifiquemos a nuestros clientes, siendo éste no solo el que aporta el cliente por sus compras y potencial a futuro, sino por la recomendación que de la empresa haga en el mercado.

En este sentido, a la hora de clasificar a los clientes industriales, es muy importante no solo conocer su potencial de compras a futuro y su fidelización o recomendación a otros clientes, sino su proyección a futuro en su propio negocio.

Este es el caso de una importante cementera, que por las oportunidades de crecimiento en su mercado y por motivos estratégicos de necesitar crecer para hacerse fuerte en su sector, se decide por una nueva instalación. Este cliente industrial no solamente ofrece unas mayores compras, sino que necesita un colaborador externo que le ayude, asesore y provea de servicios en su nueva ampliación del negocio (recogido en el Anexo A).

En capítulos posteriores se incidirá en la importancia de conocer y clasificar adecuadamente a los clientes que toda empresa debe reconocer como "claves", objetivo de este libro.

El crecimiento y rentabilidad de una empresa está en función de una correcta identificación de sus clientes "claves", aquellos que le garantizan crecer de manera rentable en el tiempo.

CAPÍTULO 8 MARCO CONCEPTUAL DEL VALOR DEL CLIENTE

Las empresas siempre se han preocupado por el beneficio que aportan a sus dueños, socios o accionistas. Incluso en las empresas sin ánimo de lucro, los patronos que las financian esperan que su contribución tenga un resultado social.

Normalmente este resultado se recibe de aquellas personas a las que va dirigida el bien social de la empresa de manera económica, permitiendo que ese fin social para el que se crea la empresa pueda no solo perpetuarse, sino ir a más personas y con un mayor y mejor servicio.

Toda empresa que comercializa en un mercado industrial tiene como objetivo mantenerse en el mismo aportando beneficios a sus inversores así como capital para poder, no solo mantenerse, sino crecer en su mercado.

Cada vez más, los mercados, en el caso que nos lleva en este libro, entre empresas, están menos aislados entre sí. Los clientes, empresas a su vez, de estos mercados buscan las mejores soluciones, deseando y esperando servicios que aporten un mayor valor a su cadena de producción y servicios, para así, no solo dar un mayor valor a ésta, sino poderse dedicar con mayor empeño a su negocio básico que es su mayor ventaja competitiva, aquello que solo ellos saben hacer mejor que otros y no pueden dejar en manos ajenas, su "core business" o sus procesos estratégicos. Hoy en día entendemos que éstos son, en la mayoría de las empresas, la I+D+i que continuamente la diferencia de sus competidores y su actividad comercial en la parte del marketing relacional que en el Capítulo 1 hemos expuesto y que es la política de relación y el conocimiento de sus clientes y del mercado donde operan.

Para dar este mejor servicio integrado, cada vez más las empresas que operan en los mercados industriales, y también en los mercados de consumo final o doméstico, saben que el mismo viene de dar una mayor calidad y un servicio de mayor valor para sus clientes. Para esto, las empresas ya dejan de ofrecer exclusivamente los servicios básicos por las que fueron creadas, y pasan a ver no sólo cómo este producto o servicio se adecua a las necesidades de sus clientes, sino qué otros valores y servicios necesitan sus clientes para que éste, de manera integrado, sea de un mayor valor.

Actualmente se está yendo a la convergencia de sectores, donde a través de alianzas con empresas especializadas en diferentes servicios, se puede, a través de la dirección de una de ellas, dar un servicio integrado a los clientes de su mercado. En estas alianzas entre empresas puede haber diferentes maneras de liderazgo llegando a acuerdos estratégicos donde se comparten los clientes dando una serie de valores integrados, sumando servicios y dándolos de una manera "agregada" al cliente. Entendemos que una de las empresas debe ser la que lidere el proyecto para el cual se crea la alianza.

Esta estrategia de servicios permite a las empresas ofrecer a sus clientes, de una manera integrada, un servicio más eficiente; permitiendo con ello conseguir a su vez una mayor "cuota de cliente", a la vez que consigue una mayor fidelización al poder llegar a una relación simbiótica con sus clientes claves.

Mostramos en el Capítulo 1 un ejemplo de *"empresa agregadora de servicios"* (Figura 1.4.2)

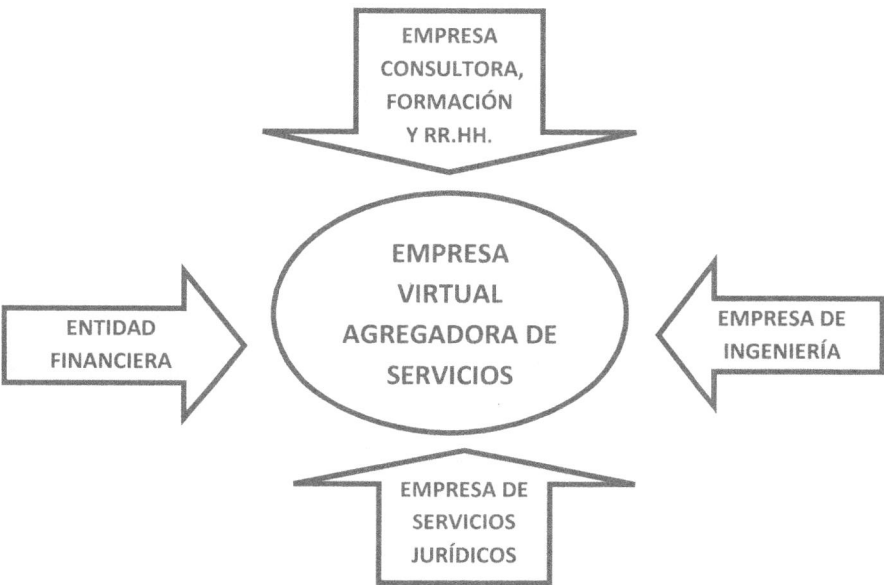

Figura 1.4.2 Ejemplo de empresa agregadora de servicios (elaboración propia).

En este nuevo marco la empresa ya no solo ofrece sus servicios "clásicos", sino que a través de las alianzas que desarrolle con sus socios estratégicos podrá ofrecer a sus clientes un servicio diferenciado de su competencia, dando a la vez un servicio con un valor añadido a sus clientes haciéndolos a su vez más competitivos.

Hemos visto también como para esto es conveniente una estrecha colaboración entre empresas que se asocien compartiendo la información de las necesidades de los clientes. Esto se puede conseguir a través de la *"empresa virtual liderada en red"* (véase el modelo COSMOS 2 de Cuesta, 2004) y que representábamos de la siguiente forma (Figura 1.4.3):

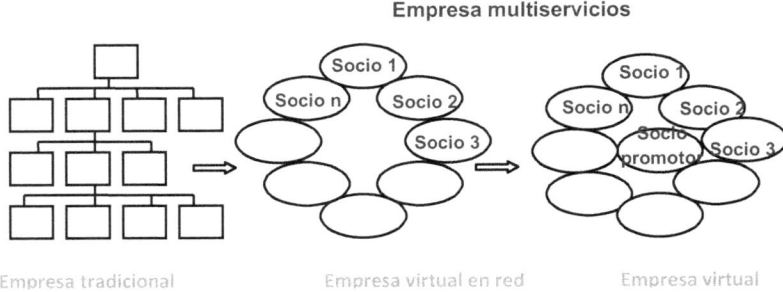

Figura 1.4.3 Trasformación de la empresa tradicional a la empresa virtual liderada (adaptado de cuesta, 2004)

Hoy en día es más fácil con las nuevas tecnologías mantener esta interrelación y actuar al unísono sin dejar de estar orientado al cliente, como recogíamos en la Figura 7.6.2.

No obstante, las empresas, para poder dar cada vez un mejor servicio a sus clientes, deben continuamente invertir en la mejora continua de sus procesos y sus personas, así como en I+D+i, además de remunerar a aquellos accionistas o socios que la han creado. Este valor económico sólo puede venir de sus clientes; debiendo estar apoyado en los recursos, los procesos y la organización, pero sustentados por los clientes, siendo éstos no sólo claves, sino críticos, llegando a poder determinar la continuidad o no de la empresa.

Capítulo 8 Marco conceptual del valor del cliente

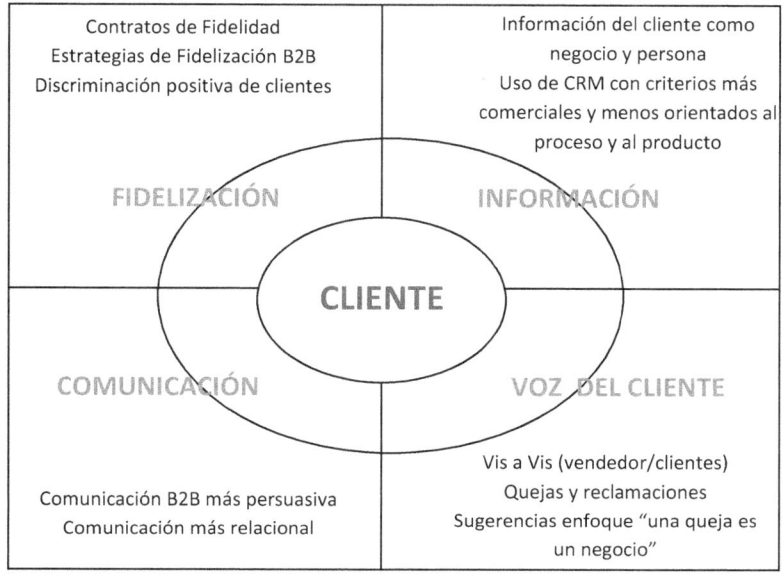

Figura 7.6.2 Estrategias de Orientación al Cliente Industrial (Alcaide y Agirre, 2006)

En el Capítulo 1 recogíamos el *"modelo de empresa de alto rendimiento"* y que representábamos en la Figura 1.2.1:

Establecer estrategias
Para satisfacer a los
Grupos Claves ………..

……mejorando los
Procesos básicos………..

……adaptando recursos y
organización………..

Figura 1.2.1 La empresa de alto rendimiento (según Kayak, Drazen y Kastner, recogido por Kotler, 2000)

La definíamos como aquella capaz de adaptar y orientar continuamente los recursos y la organización a sus clientes claves (Kotler, 2000), donde las estrategias que se marquen deben estar dirigidas a satisfacer a esos "Grupos Claves de Clientes".

Por Grupos Claves de Clientes entendemos aquellos clientes, agrupados por afinidad o por el motivo estratégico que en cada momento se defina, que permiten a la empresa crecer en valor conjuntamente con ellos. No todos los clientes del mercado donde opere una empresa aportan el mismo valor a la misma, por lo que ésta debe conocerlos y valorarlos para así clasificarlos y marcar las estrategias adecuadas con cada uno de ellos. Debe dirigirse a aquellos que les permita crecer en valor conjuntamente y de manera diferenciada, y llegado el caso discriminar a aquellos que no solo no le aportan valor, sino que lo destruyen.

Hemos visto a lo largo del Capítulo 5 diferentes modelos para valorar a los clientes por lo que aportan a la empresa que les provee o sirve, como es el Valor del Cliente en el Tiempo (VCT), llegando a considerar diferentes alcances y escenarios, pero poca documentación se ha encontrado donde se pusiera de manifiesto la importancia que el propio cliente tiene por sí mismo y en qué medida puede aportar éste mayor o menor valor a través de su *referencia* en el mercado objetivo de la empresa.

Clientes atractivos para una empresa deben ser aquellos que aprecien el valor que la empresa les da y que hagan que clientes similares o potenciales de parecido perfil, o que estén relacionado con él, se vean también atraídos por la empresa (Weinstein, 2002).

Hemos visto clasificaciones de clientes, propuestas por algunos autores, en función del Valor de los Clientes, pero poco se ha visto sobre cómo medir el valor que un cliente aporta a la empresa más allá de las propias transacciones económicas que con ésta tenga.

Clasificaciones clásicas, como la de L. Heskett (ver cuesta, 2003), recogida en el Capítulo 4 en la Figura 4.2, donde se clasifican a los clientes teniendo solo en cuenta su intención de permanencia o no en la empresa, según su lealtad y satisfacción, adolece a nuestro entender a día de hoy de una actualización donde se contemple también el valor que cada cliente aporta, pues entendemos, como ya hemos manifestado, que dicho valor es primordial para el desarrollo de las empresas.

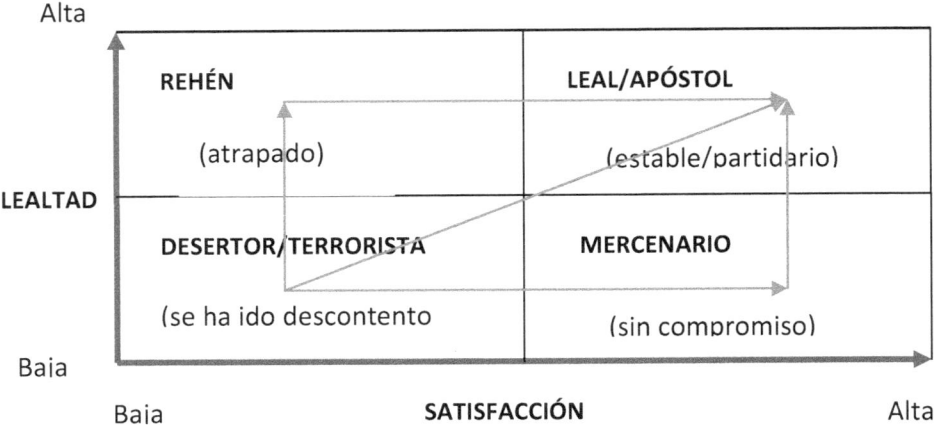

Figura 4.2 Clasificación de los clientes por su satisfacción/lealtad según Heskett (Cuesta, 2003)

Hoy, las empresas deben centrarse en esos clientes claves anteriormente definidos, llegando a ser empresas de "Alto rendimiento". Esto les permitirá por otra parte en este nuevo escenario globalizado con las Tecnologías de la Información, en la que cualquier "pequeña" empresa, pero con un "know how" diferenciado de sus competidores y con unas estrategias globales apoyadas en locales, poder competir con grandes empresas no adaptadas a los nuevos tiempos centrándose en sus clientes claves.

La valoración que de sus clientes haga una empresa, aparte de las transacciones que tenga con el cliente, debe contemplar la prescripción o recomendación que el cliente haga de la empresa en el mercado, principalmente en aquél donde opera. Esta prescripción o recomendación, recogida por las siglas WOM (Word of Mouth), y que hemos desarrollado en el Capítulo 6, está motivada e influenciada por diferentes variables, como ya se ha expuesto en dicho capítulo, donde se ha puesto de manifiesto que es una variable que toda empresa debe controlar, tanto en su aspecto de *"recomendación negativa"* como de *"recomendación positiva"*, ya que tanto una como otra, con mayor intensidad la negativa, pueden influir, no solo en los resultados económicos de una empresa, sino en su supervivencia.

Cuesta (2006), en su modelo ampliado de Heskett, contempla la clasificación de los clientes desde cuatro variables con dos entradas en la clasificación. Aparte de tener en cuenta en el modelo la "LEALTAD" y la "SATISFACCIÓN" del cliente, contempla otras dos variables relacionadas, el "VALOR" que aporta el cliente, y su "RENTABILIDAD" (ver Figura 8.1).

Según estas dos nuevas entradas en el modelo, segmentaríamos a los clientes en seis grupos, según su satisfacción/lealtad y su rentabilidad/valor.

Respecto al anterior modelo de Heskett más sencillo, se discrimina al cliente Rehén como aquél que se mantiene en la empresa (así se contemplaba antes), pero que aporta un valor bajo (incluso podría ser negativo), debido a que si bien en la contabilidad analítica de la empresa aporta un beneficio a través de las transacciones, este cliente, al recomendar negativamente, está destruyendo valor en clientes actuales o en potenciales. Se diferencia aún más entre cliente Rehén y Leal, ambos fieles, pero el primero destruye valor. También se distingue entre Terrorista y Desertor, pues mientras ninguno es fiel, el primero siempre recomienda negativamente, haciendo mucho más daño a la empresa.

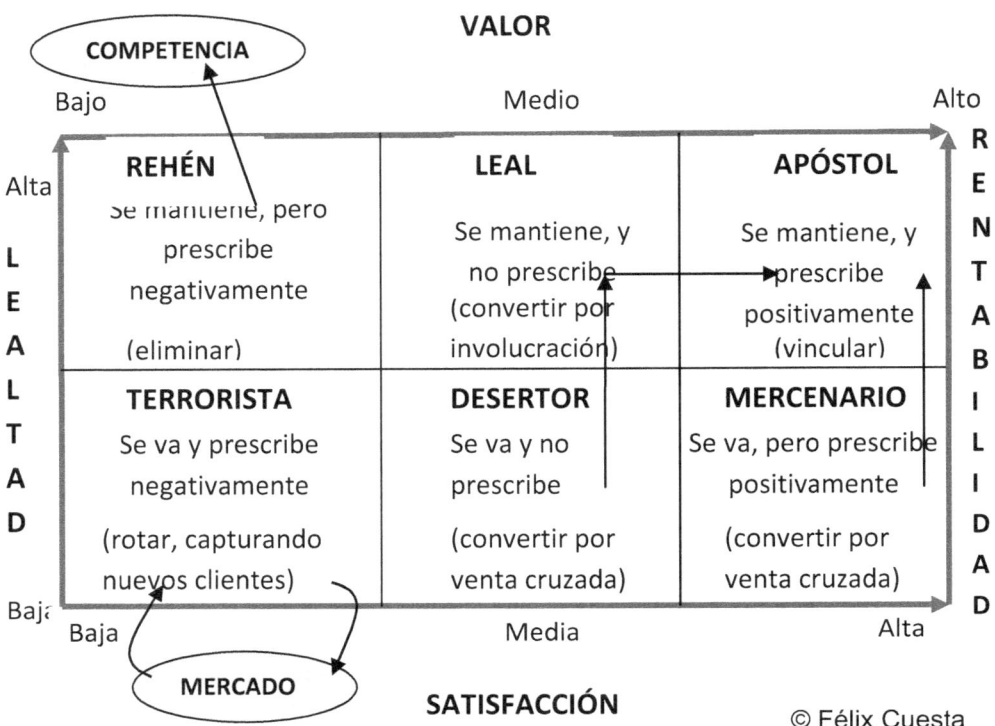

Figura 8.1 Clasificación de los clientes por su Satisfacción/Lealtad y Valor/Rentabilidad y "rutas de conversión" (Cuesta, 2006)

¿Qué estrategia seguir con cada grupo? Obviamente el más peligroso es el Rehén, lo que en muchas documentaciones se recoge como cliente atrapado y rentable. De hecho muchas empresas obligan a sus clientes, a través de cláusulas, a permanecer dificultando la salida de éstos. En el Capítulo 3, recogíamos en el modelo de sistema integrado de valor y CRM de Wang (2004), Figura 3.6, en uno de sus argumentos, que *"el sacrificio percibido por el cliente tiene un efecto directo y negativo sobre el comportamiento del cliente en un marco CRM"*. También recogíamos en el Capítulo 4, que mientras el "compromiso afectivo" y la "calidad" afectaban a la "intención de relación" entre cliente y proveedor, el "compromiso especulativo" no tenía esa influencia y no favorecía la permanencia del cliente, y de ser así sería forzada (Venteéis, 2004 y Berry y Parasuraman, 1997). Asimismo, en el Capítulo 6, recogido por Harrison (2001), indicábamos que el "compromiso de sacrificio" tiene una débil relación con la actividad de WOM o recomendación, por lo que dentro de los clientes Rehenes solo deberíamos recoger aquellos que recomiendan negativamente, distinguiéndolos así de los Leales.

A los clientes Rehenes pocas estrategias de conversión o migración a otro grupo pueden aplicarse. Los clientes Terroristas están saliendo y entrando, pero siempre haciendo una prescripción negativa. Con estos clientes la mejor estrategia es ponerles barreras no coercitivas (precios altos, no atraerlos, etc.) una vez se han ido. A ambos tipos de clientes, Rehenes y Terroristas, que destruyen valor, lo mejor para la empresa es perderlos (que se vayan con la competencia), sobre todo los segundos, y para ello se les debe hacer "ver" que hay otras empresas y repercutirles un mayor precio en la relación por el mayor coste que acarrean, aparte de averiguar que es aquello que les ha llevado a prescribir negativamente.

Respecto a los otros cuatro grupos, una vez que los clientes han sido encuadrados, se deben marcar las estrategias de conversión para que todos sean Apóstoles. A los Desertores convirtiéndolos en Leales dándoles un mayor valor en sus transacciones a través de otros servicios y ventas cruzadas, a los Leales, involucrándolos en el negocio y a los Mercenarios al igual que a los Desertores, dándoles un mayor valor.

Resumiendo, una vez se clasifiquen los clientes según su Satisfacción/Lealtad y Valor/Rentabilidad, como se recoge en la Figura 8.1, definiríamos las *"rutas de conversión"* de los clientes para llevarlos desde el segmento actual donde se encontraran a aquél que aporte un mayor valor a la empresa, así como definir las estrategias a llevar con cada cliente.

Vemos por tanto la importancia que tiene el valor que cada cliente aporta, para en función de ello definir cuales son nuestros clientes claves y dedicarles a éstos la mayor atención, ya que los recursos de la empresa son limitados, y a veces en algunas empresas, como ha ocurrido recientemente en el sector eléctrico en la liberalización total de la energía eléctrica, las empresas eléctricas se han encontrado sin energía a precios competitivos para ofrecer a sus clientes, claves en algunos casos, en el mercado libre (muy diferente en cuanto a riesgos de precios de compra frente al regulado).

La repercusión que puede tener la recomendación de un cliente no se recoge en la "contabilidad analítica" de la empresa y por tanto en la "cuenta de resultados" que, en el mejor de los casos, a través de un análisis de Costes Basado en Actividades (ABC), donde repercutamos a cada cliente sus costes, podamos calcular de manera desagregada por clientes. Tendríamos que ir más allá y analizar el beneficio que ese cliente nos aporta por sus recomendaciones y prescripciones, beneficio adicional de ser éstas positivas, o pérdida si son negativas.

No sólo se debe tener en cuenta la recomendación negativa o positiva que un cliente pueda hacer sobre otro, sino la relación, en unos casos accionarial y en otras de influencia que entre empresas puede haber y que un cliente pudiera tener con otros. Este extremo en algunos casos se determina en el "Modelo de compra organizada" que recogíamos en el Capítulo 7, pero no estaría ni cuantificado ni detectado en toda su extensión, siendo este modelo solo útil cuando se desea conocer los diferentes agentes de una empresa que intervienen en la toma de decisión de una compra o contrato de servicio.

El no tener claramente definida y cuantificada la relación que hay entre clientes en cuanto al poder que estos tienen de tomar decisiones o influir en el mercado en otros clientes, en muchos caso por una mala clasificación o no tener un conocimiento suficiente de los mismos, puede llevar a que clientes clasificados como medianos, por su contribución a la cuenta "contable" de la empresa que les sirve o vende, puedan, con su poder de prescripción o influencia en otros clientes, disminuir considerablemente lo que en estos otros cliente puede haber de valor, o al revés, crear oportunidades de negocios, no detectados, en otros clientes.

Veamos un ejemplo, basado en un caso real y desarrollado en el Anexo A, donde empresas medias se constituyen en sociedades mayores para acometer grandes proyectos e incluso en una empresa que les provea de material. En los años setenta un grupo de empresarios medios de la construcción, entorno a quince, vieron la oportunidad de crear una empresa dedicada el asfaltado de calles y carreteras; llamémosla empresa A. Por una parte había una gran demanda de este tipo de servicios por entidades públicas y por otra al tener que permanecer el conglomerado del asfaltado a unas temperaturas determinadas, hacía que la producción debiera estar cerca del lugar donde se empleara. Asimismo, al ser obras pequeñas en su mayoría, no le era competitivo a empresas no locales. Esto genero que un grupo de empresas cubriera una necesidad en el mercado que se relacionaba con la actividad principal a la que se dedicaban, la obra civil. Posteriormente, veinte años después, estos mismos empresarios, constructores, que crearon la empresa A, y liderados por esta misma empresa A, tienen necesidad de asegurarse un cemento competitivo para sus propias obras ante el gran crecimiento de la construcción, por lo que deciden construir una segunda empresa, llamémosla empresa B, en la que entran nuevos socios (la empresa A directamente con un 4%, aparte del resto de socios), y que se dedique a la producción de cemento. Esta nueva empresa cementera no nace integrada verticalmente en su proceso de producción, ya que no producía clinker (caliza cocida), materia base para la producción del cemento, pues el mismo venía importado del exterior.

La empresa B no solo sirve cemento a sus socios, sino que por la alta demanda del sector de la construcción y obras civiles, parte de la producción se vende externamente, apareciendo un nuevo negocio muy rentable y de gran crecimiento.

Ante las evidencias de esta nueva oportunidad de negocio, y la demanda del mercado, la empresa B decide hacer ampliación de su fábrica para poder producir más cemento, lo que crea oportunidades de negocios en la ampliación y una mayor demanda energética.

Por otra parte la necesidad de clinker para la empresa B, para no depender del mismo y disminuir costes, y la necesidad de B de crecer para ser más competitiva tanto a nivel nacional como internacionalmente, haciéndose un hueco en el mercado del cemento, estos empresarios deciden crear una tercera empresa, también liderada por A, llamémosla C, en la que A y B participan con más de un 20% cada una. Esta nueva empresa, de mucho mayor tamaño que B, al ser una empresa integrada verticalmente con producción de clinker, presenta nuevas oportunidades de negocios con empresas que se "asocien" a ella en su creación y crecimiento.

En la Figura 8.2 recogemos el valor que la empresa A puede aportar, en un negocio como es la provisión de energía y servicios de ingeniería con ésta relacionada, así como las empresas B y C.

Se pone de manifiesto cómo el cliente A, aparentemente pequeño, está fuertemente relacionado, no sólo con sus diferentes socios que lo componen, más de quince clientes industriales, sino con otras dos empresas, muchísimo más grande, y a través de éstas, con un gran entramado de empresas.

Para muchas empresas proveedoras de servicios energéticos, A como cliente no vale más que su facturación eléctrica de 40.400€/año por su fábrica de conglomerados, cuando en realidad A puede influir en oportunidades de negocios de más de 30 millones de euros a través del cliente B y C y de Unidades Temporales de Empresas con otros clientes en nuevos negocios de obra civil; además de las relaciones con los socios que conforman estas empresas.

En casos como el anteriormente descrito es muy importante tener perfectamente definida a cada una de las empresas que participan, las personas que toman decisiones y la relación que entre ellas hay; definiendo qué empresa o empresas son las que tienen un mayor poder dominante o influyente. En este caso la empresa A al nivel de su alta dirección, ya que la misma participa en otras empresas.

CLIENTE	VENTAS DIRECTAS	Facturación anual (€)	Valoración Acumulada
CLIENTE A	400.000 kwh/año	40.400 €	40.400 €
CLIENTE B	40.000.000 kwh/año	3.640.000 €	3.680.000 €

CLIENTE	VENTAS CRUZADAS	Oportunidad Facturación	Valoración Acumulada
CLIENTE B	Otras ventas (Ingeniería)	1.500.000 €	5.180.400 €
CLIENTE C	Desarrollo nuevo negocio	25.000.000 €	30.180.400 €
UTE de A con otro cliente	Desarrollos otros negocios compartidos (Ingenierías)	2.500.000 €	32.680.400 €

Cliente A (cliente de nivel pequeño en cuanto a facturación) con participación en Cliente B (cliente de nivel muy alto en cuanto a facturación) y muy importante participación en C. Datos simulados

Figura 8.2 Ejemplo de valoración de prescripción de un cliente. Elaboración propia

Con el ejemplo anterior podemos apreciar que no todos los clientes, aún teniendo el mismo nivel de prescripción, e independientemente del valor "contable" que tengan para la empresa, aportan el mismo valor, dándose la paradoja de que clientes aparentemente de bajo valor (midiéndose solo la aportación contable que hacen por su facturación), pueden aportar un valor, no mucho, sino muchísimo mayor de lo previsto para la empresa. ¿Cuántos clientes de este tipo que definiríamos como clientes de máximo valor se encuentran en muchas empresas, quizá por su tamaño, catalogados como clientes de bajo valor, no deseables o no interesantes?

Pero, ¿cómo podemos conocer ese valor real que supone cada cliente para una empresa que le presta servicios o lo tiene en su cartera de clientes? Por supuesto preguntando y relacionándonos con los clientes. Y ¿cómo podemos medirlos?

En el Capítulo 6 (figura 6.9.2) recogíamos lo que podría ser una cuenta de resultados de un cliente donde se contemplaba el impacto de la recomendación del cliente a lo largo de diez años.

Como se recoge en este libro, existe una relación entre el grado de satisfacción del cliente y la WOM o recomendación que éste hace. Supongamos, según se muestra en la Figura 8.3, la probabilidad de recomendación calculada en un mercado determinado, a través de una población medida, y su relación con el nivel de satisfacción indicado por los clientes de esta población (Real, 2002).

Podemos observar que en función del nivel de satisfacción del cliente hay un porcentaje de clientes de ese nivel con una prescripción positiva o negativa. Será mayor el porcentaje de prescriptores positivos cuando el nivel de satisfacción sea mayor.

Capítulo 8 Marco conceptual del valor del cliente

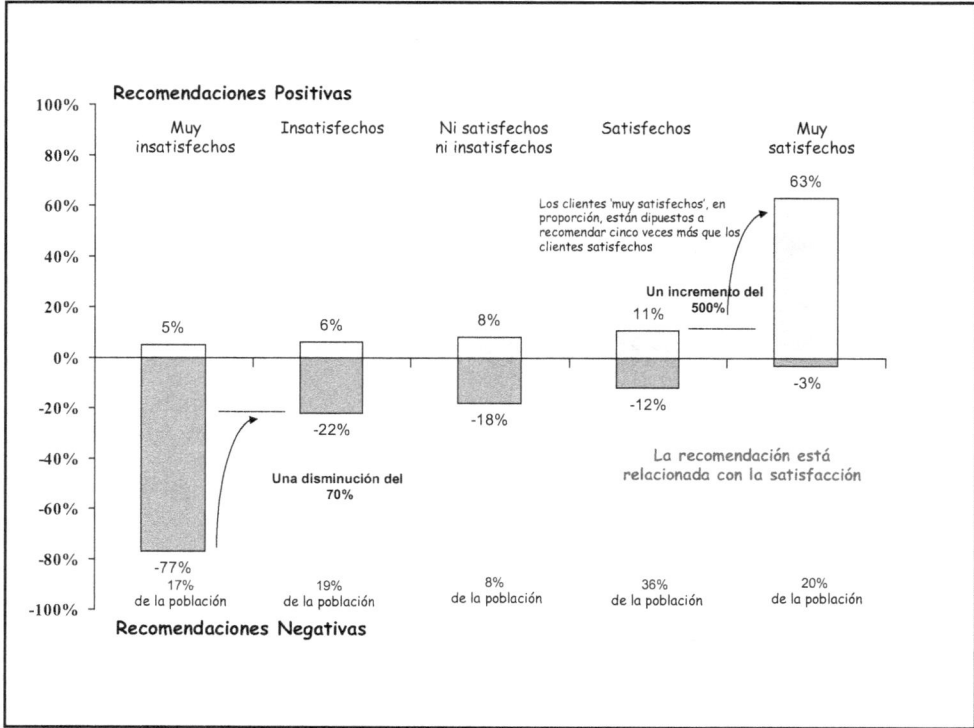

Figura 8.3 Ejemplo de % Recomendación en función del nivel de Satisfacción. Real (2002)

Supongamos un caso hipotético en que todos los clientes son iguales en cuanto al volumen de compra. Apliquemos la cuenta de resultados recogida en el Capítulo 6 (Figura 6.9.2). Consideremos un cliente industrial que compra o consume anualmente 3Gwh. El valor del cliente variaría en función de que esté más o menos satisfecho, es decir, del tipo de prescripción o recomendación que haga (considerando que una recomendación negativa se traslada a diez clientes mientras que una positiva solo a cinco y que la efectividad de conversión de las mismas es del 20%), además de unas mayores o menores cuentas cruzadas que en este ejemplo consideraremos iguales en todos los casos.

Siguiendo con este ejemplo, un cliente "satisfecho", que apenas recomienda (según la figura 8.3 el 11% de ellos prescriben positivamente y un 12% negativamente), y que permanece en la empresa al no abandonarla (cliente Leal), el valor en 10 años, según la cuenta de resultados teniendo en cuenta el valor añadido por la recomendación sería de 115.710€ (si no se tuviera en cuanta la recomendación sería de 133.000€) (ver Figura 8.4)

VALORACIÓN EN 10 AÑOS DEL CLIENTE LEAL O SATISFECHO		
Consumo anual		3.000.000 kwh
margen por kwh		0,005 €/kwh
ventas cruzadas		4.000 €/año
Probabilidad de recomendar positivamente		11%
Probabilidad de recomendar negativamente		12%
Alcance de las recomendaciones positivas		5
Alcance de las recomendaciones negativas		10
%efectividad o conversión		20%
Margen inducido = Probabilidad recomendación x Alcance x % conversión		
	1 AÑO	10 AÑOS
Contribución Margen por consumo	15.000 €	150.000 €
Contribución Margen por ventas cruzadas	4.000 €	40.000 €
'- Costes previstos de servir	5.700 €	57.000 €
MARGEN DE CONTRIBUCIÓN DIRECTA EN 10 AÑOS		133.000 €
MARGEN INDUCIDO POR RECOMENDACIONES POSITIVAS		14.630 €
MARGEN INDUCIDO POR RECOMENDACIONES NEGATIVAS		-31.920 €
VALOR DEL CLIENTE EN 10 AÑOS		115.710 €

Figura 8.4. Caso de valoración de un cliente Leal o satisfecho.

En cambio, nos podemos encontrar con situaciones donde el valor "total" del cliente, teniendo en cuenta las recomendaciones que puede hacer, difiera bastante del valor contable. Situaciones donde el cliente está muy satisfecho (ver figura 8.5) o muy insatisfecho (ver figura 8.6).

VALORACIÓN EN 10 AÑOS DEL CLIENTE APÓSTOL O MUY SATISFECHO		
Consumo anual		3.000.000 kwh
margen por kwh		0,005 €/kwh
ventas cruzadas		4.000 €/año
Probabilidad de recomendar positivamente		63%
Probabilidad de recomendar negativamente		3%
Alcance de las recomendaciones positivas		5
Alcance de las recomendaciones negativas		10
%efectividad o conversión		20%
Margen inducido = Probabilidad recomendación x Alcance x % conversión		
	1 AÑO	10 AÑOS
Contribución Margen por consumo	15.000 €	150.000 €
Contribución Margen por ventas cruzadas	4.000 €	40.000 €
'- Costes previstos de servir	5.700 €	57.000 €
MARGEN DE CONTRIBUCIÓN DIRECTA EN 10 AÑOS		133.000 €
MARGEN INDUCIDO POR RECOMENDACIONES POSITIVAS		83.790 €
MARGEN INDUCIDO POR RECOMENDACIONES NEGATIVAS		-7.980 €
VALOR DEL CLIENTE EN 10 AÑOS		208.810 €

Figura 8.5. Caso de valoración de un cliente Apóstol o muy satisfecho.

VALORACIÓN EN 10 AÑOS DEL CLIENTE REHÉN O MUY INSATISFECHO		
Consumo anual		3.000.000 kwh
	margen por kwh	0,005 €/kwh
	ventas cruzadas	4.000 €/año
Probabilidad de recomendar positivamente		5%
Probabilidad de recomendar negativamente		77%
Alcance de las recomendaciones positivas		5
Alcance de las recomendaciones negativas		10
%efectividad o conversión		20%
Margen inducido = Probabilidad recomendación x Alcance x % conversión		
	1 AÑO	10 AÑOS
Contribución Margen por consumo	15.000 €	150.000 €
Contribución Margen por ventas cruzadas	4.000 €	40.000 €
´- Costes previstos de servir	5.700 €	57.000 €
MARGEN DE CONTRIBUCIÓN DIRECTA EN 10 AÑOS		133.000 €
MARGEN INDUCIDO POR RECOMENDACIONES POSITIVAS		6.650 €
MARGEN INDUCIDO POR RECOMENDACIONES NEGATIVAS		-204.820 €
VALOR DEL CLIENTE EN 10 AÑOS		-65.170 €

Figura 8.6. Caso de valoración de un cliente Rehén o muy insatisfecho.

Vemos que en el caso de un cliente "muy satisfecho" que permanece (cliente Apóstol), el valor que aportaría el cliente en 10 años sería de 208.810€ frente a los 133.000€ si se midiera solo contablemente.

En el caso de un cliente "muy insatisfecho" y que también permanece en la empresa al no abandonarla (cliente Rehén), éste no solo no aportaría valor, sino que generaría unas pérdidas por valor de 65.170€, aunque contablemente se midiera una aportación de 133.000€ en diez años.

$VCT_{insatisfecho}$ (10 años) = Margen directo + Contribución WOM positivas − Contribución WOM negativas

Margen directo(10 años) = **13.300€/año x 10 años = 133.000€**

Contribución WOM positivas = 0,05 x 0,20 x 5 x 133.000€ = **6.650€**

Contribución WOM negativas = -0,77 x 0,20 x 10 x 133.000€ = **- 204.820€**

$VCT_{insatisfecho}$ (10 años) = 133.000€ + 6.650€ − 204.820€ = -65.170€

Vemos la importancia, no solo de saber el nivel de satisfacción que tenemos de nuestros clientes, sobre todos de aquellos insatisfechos (raramente medidos por las empresas en sus encuestas, más dirigidas a medir el nivel medio de satisfacción), sino de saber cómo nos recomiendan; sobre todos aquellos que lo hacen negativamente, como pudiera ser un cliente "Rehén", que al permanecer 10 años con la empresa y siempre prescribiendo negativamente, el impacto en la aportación de valor a la empresa es negativo, ya que aunque los ingresos directos sean positivos (compras efectuadas por el cliente), los ingresos inducidos (las ventas que quita de otros clientes por la recomendación) son negativos.

En el caso de tratarse de un cliente en el mercado industrial, que como ya se recogió en el Capítulo 7 se caracteriza por ser de pocos clientes, pero de un gran volumen, el impacto sobre la cuenta de resultados "real" de la empresa puede ser muy grande, encontrándonos con clientes que directamente nos dan beneficios, pero que por otra parte nos están haciendo perder beneficios en otros cliente y en el mercado, pudiendo incluso estar dañando la reputación y el valor de la marca de la empresa.

Si comparamos los tres tipos de clientes analizados (Leal, Apóstol y Rehén), podemos apreciar, en el ejemplo elegido para un cliente medio, cómo aportando contablemente el mismo valor cada cliente, el valor real con que contribuyen a la empresa es bastante diferente (ver Figura 8.7), aunque contablemente están dando el mismo valor.

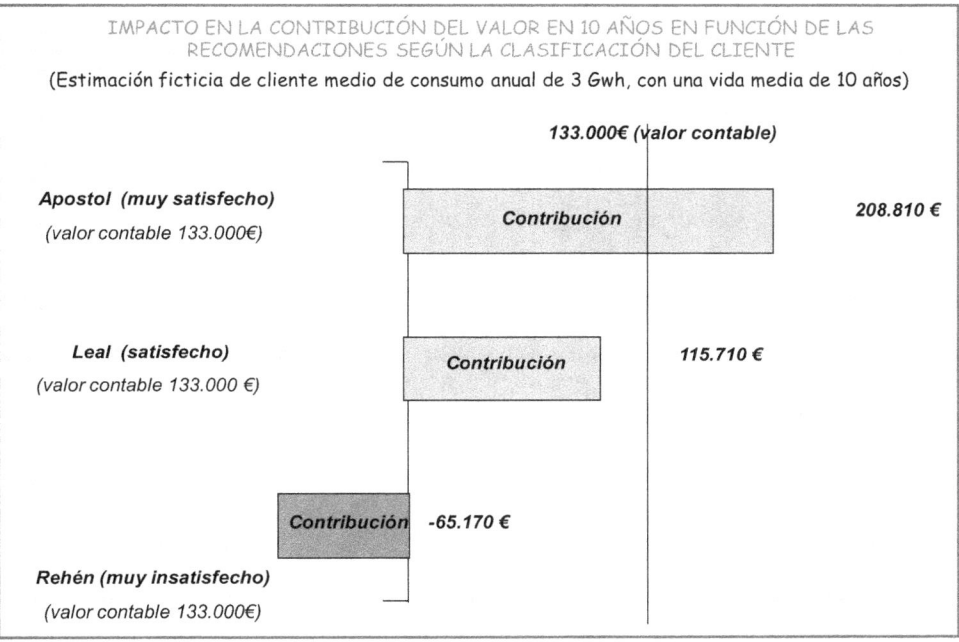

Figura 8.7 Ejemplo de diferencia de "contribución en valor" de clientes por su clasificación.

En la Figura 8.1 recogíamos la clasificación de los clientes según su Recomendación/Satisfacción y Rentabilidad/Lealtad, a la vez que se indicaban los caminos de migración de un segmento a otro. Entendemos que en cada empresa se debe medir el valor que en cada segmento se aporta por los clientes en él clasificados, para así al comparar unos con otros, según el segmento donde se ubiquen, ver el impacto en incremento de valor a la empresa que supone la migración de un segmento a otro y comparar éste incremento de valor con el coste de las estrategias encaminadas a realizarlo.

Como se ha expuesto en el Capítulo 2, con la herramienta CRM, dentro de un marketing "one to one", no sólo podremos atender de manera personalizada a los clientes, sino conocerlos y clasificarlos, pero para hacerlo, aparte de disponer de un personal adecuado que reporte lo que los clientes quieren y no lo que de ellos nos dicen, se deben marcar los parámetros que se quieran medir, entre otros cómo valorar a los clientes, para así clasificarlos y atenderlos, de tal manera que toda actuación de la empresa con el cliente, los claves, esté encaminada para crear valor en la empresa y en el cliente.

Según Ambler (2002) hay que poner un mayor énfasis en la retención que en la adquisición, particularmente en los clientes de mayor valor, en los clientes claves. Ambler indica que la herramienta de Valor del Cliente en el Tiempo (recogida en el Capítulo 5) no sólo es una herramienta para predecir ventas futuras, sino para comparar entre sí a los clientes. Aunque hay que mostrar un mayor interés por los clientes actuales que por los nuevos a adquirir, también se puede usar la herramienta de VCT para predecir qué clientes a adquirir podrán aportar un alto valor.

Como se ha recogido por diferentes autores en el Capítulo 1, la información del cliente es la verdadera ventaja competitiva sostenible (Peppers y Rogers, 1995a). En este libro damos un paso más, no basta con tener la información que nos da el cliente, sino que además debemos conocer el valor que nos aporta ese cliente, ya que esto nos ayudará a tomar decisiones correctas en la cartera de clientes, a optimizar y potenciar los recursos y en definitiva, a contribuir creando valor en el cliente con retorno del mismo a la empresa.

Además, en los tiempos actuales, sobre todo en los sectores que están iniciándose en mercados liberalizados, como pueden ser el de la energía y el de las telecomunicaciones, la fuerte competencia está provocando que haya flujos de clientes de unas empresas a otras. En estos casos las empresas deben tener correctamente clasificados a sus clientes, blindando a los "claves" que les dan valor y permitiendo que se vayan aquellos que solo destruyen valor y no son estratégicos. Es en estos momentos donde una herramienta que permita clasificar a los clientes por el valor que aportan es crucial.

En este siglo XXI, de mercados globalizados y altamente competitivos, las empresas deben adecuar sus estructuras y procesos para poder atender competitivamente este nuevo mercado. Para esto necesitan conocer cuales son sus clientes claves (estratégicos), para centrarse en ellos y poder crear valor sostenible e este nuevo entorno.

En este libro desarrollamos un modelo que recoge las variables que conducen e influyen en el valor del cliente desde una *perspectiva de marketing*" y que recogemos en el capítulo siguiente.

CAPÍTULO 9 MODELO DE VALOR DEL CLIENTE

Una vez definido el escenario en que nos movemos, y constatada la importancia de conocer el verdadero valor del cliente, para así clasificarlo adecuadamente, definiendo a los clientes Claves en el mercado en que actuemos, es necesario desarrollar un modelo que nos ayude a conocer el valor del cliente; no solo desde la perspectiva contable, sino en su totalidad, desde la perspectiva que llamaremos de marketing, como hemos venido desarrollando en este libro.

9.1 El modelo de Valor del Cliente desde una perspectiva de Marketing

El modelo, recogido en la Figura 9.1.1, muestra por una parte que el análisis del valor del cliente se forma por la "rentabilidad directa" o contable, y por otra parte de la "rentabilidad inducida", a consecuencia de la recomendación y prescripción que haga el cliente analizado sobre otros clientes actuales y potenciales.

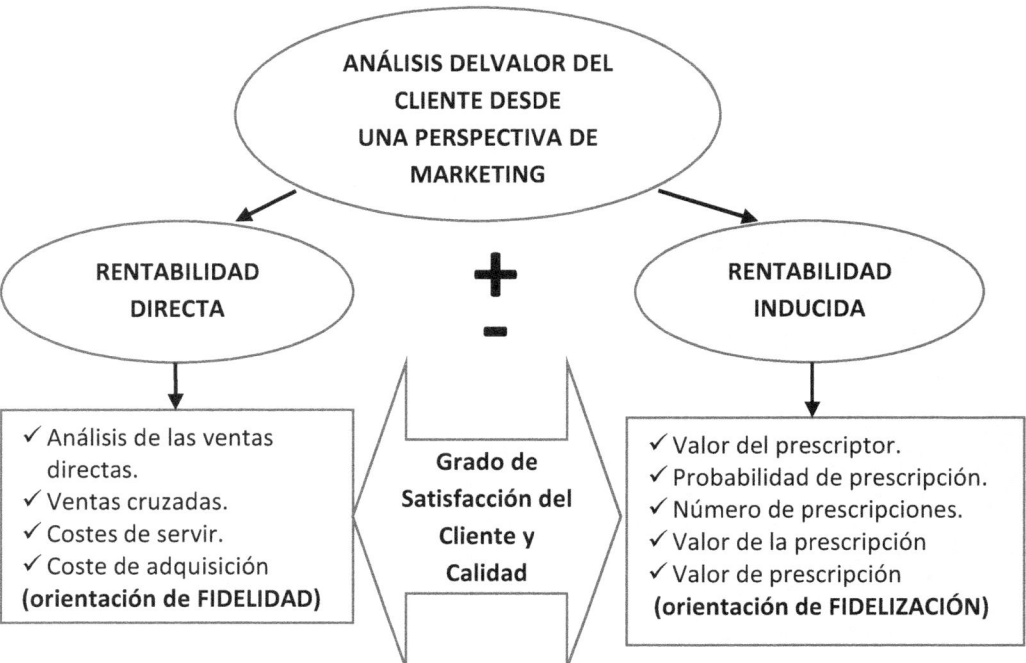

Figura 9.1.1 Modelo de Análisis de Valor del Cliente desde la perspectiva Marketing (Elaboración propia)

En este modelo recogemos por una parte la FIDELIDAD del cliente; definiéndose como fidelidad según la Real Academia de la Lengua Española "lealtad, observancia de la fe que uno debe a otro" o "constancia de la presencia de una especie en una comunidad". La Fidelidad del cliente (Capítulo 4) nos va a llevar a unas ventas repetidas por parte del mismo, e incluso a unas ventas cruzadas. Ésta hará que aumente la RENTABILIDAD DIRECTA del cliente.

Por otra parte, recogemos la FIDELIZACIÓN del cliente. Tal palabra no está definida por la Real Academia de la Lengua Española. Es una palabra muy frecuentemente usada en marketing y cuyo significado se suele atribuir al de Fidelidad. Podemos entender por

Capítulo 9 Modelo de Valor del cliente

Fidelización, aquella Fidelidad de un cliente que viene acompañada por una recomendación de éste de la empresa a la que está fidelizado. Esta Fidelización va a incidir, como mostramos en el modelo, sobre la rentabilidad directa y sobre la rentabilidad indirecta, siendo esta última la que el cliente consigue que otros clientes nos aporten gracias a la recomendación que éste hace de la empresa

El valor del cliente vendrá determinado por la suma de ambas medidas, la "rentabilidad directa" aportada por el cliente, más la "rentabilidad inducida" a través de otros clientes, pudiéndose dar el caso de que la contribución de la "rentabilidad inducida" sea negativa e incluso mayor que la "rentabilidad directa".

Podemos definir, según el anterior modelo, el Valor del Cliente en el Tiempo para un cliente "i" que permanece un tiempo T en la empresa (VCTi) mediante la siguiente expresión (Figura 9.1.2):

$$VCT_i = \underbrace{\sum_{t=1}^{t=1} \frac{(C_i(t)+B_i(t)) \times r_i^t}{(1+d)^t}}_{\text{Contribución directa del cliente i}} \pm \underbrace{\sum_{t=1}^{t=T}[WOM_i(t) \times COR_{ij}(t) \times r_i^t] \times \sum_{k=t+1}^{k=T} \frac{(C_{ji}(k)+B_{ji}(k)) \times r_{ji}^{k-t}}{(1+d)^{k-t}}}_{\text{Contribución de clientes recomendados (clientes j) por el cliente i}}$$

Figura 9.1.2 Cálculo del modelo de Análisis de Valor del Cliente desde perspectiva de Marketing (Elaboración propia)

siendo,

VCT_i	Valor del cliente i en un periodo T
t	Periodo t de servicio con el cliente i
T	Número de periodos de servicios esperados con el cliente i
d	Tasa de interés o actualización
$C_i(t)$	Contribución del cliente i en el periodo t
$B_j(t)$	Otras contribuciones del cliente i en el periodo t
r_i^t	Tasa de retención del cliente i en el periodo t
$WOM_i(t)$	Número de clientes recomendados por el cliente i en el periodo t. Signo (+) positivamente, signo (-) negativamente.
$COR_{ij}(t)$	Factor de conversión (%conversión) de los clientes j recomendados por el cliente i en el periodo t
$Cji(k)$	Contribución media esperada en el periodo k de los clientes j recomendados y convertidos en el periodo t por el cliente i
r_{ji}^{k-t}	Probabilidad de permanencia en el periodo k de los clientes j recomendados y convertidos por el cliente i en el periodo t
$Bji(k)$	Otras contribuciones medias esperadas en el periodo k de los clientes j recomendados y convertidos en el periodo t por el cliente i

Donde en "contribución directa del cliente i" se recoge la actualización de las contribuciones esperadas a futuro por el cliente i (ventas directas) más otras ventas esperadas (ventas cruzadas y proyectos singulares esperados en el tiempo) de este cliente i. En "contribución de clientes recomendados por el cliente i" se recogen las contribuciones aportadas por los clientes recomendados y convertidos por el cliente i. En una aproximación más simplista, por similitud, se puede considerar que los beneficios a aportar en un año de un cliente recomendado serán del orden de los que en ese año contribuya el recomendador "i". Esta contribución potencial, como ya se ha recogido anteriormente, vendría multiplicada por el número de clientes recomendados WOMi (t) (clientes recomendados por el cliente i en el periodo t y cuyo signo dependerá del sentido de la recomendación) y un factor que corrija cuantos de los recomendados pasan a clientes o se pierden (CORij) y medido a lo largo de la vida de estos nuevos clientes en un periodo T.

Esta expresión aún se puede simplificar considerando las contribuciones hechas por los clientes recomendados durante solo el primer año de estos últimos, y no a lo largo de su vida activa en la empresa. Nos encontraríamos con la cuenta de resultados recogida en la Figura 6.9.2.

No obstante, en una cartera de clientes industriales, donde la diferencia entre ellos puede ser considerable, dentro de un marketing "one to one" y apoyándonos en las nuevas tecnologías, no debe resultar difícil, dentro del modelo anterior, calcular el valor de cada cliente de una manera personalizada a través de la información, y no solo datos, que de cada cliente se adquiera, conociendo el mercado donde operan y las expectativas de crecimiento y nuevas necesidades de éstos, así como las "relaciones" con otros clientes. Esto nos llevaría a la estrategia que toda empresa se debe marcar en un contexto de clientes industriales, *crecer con el crecimiento de sus clientes*.

Siguiendo este modelo nos permitirá obtener los siguientes beneficios para la empresa:

- Conocer aquellos clientes que son "estratégicos" para el negocio de la empresa, "blindarlos" de la competencia y fidelizarlos.

Capítulo 9 Modelo de Valor del cliente

- Conocer qué valor aporta cada cliente y en función de ello adecuarlos al canal de servicio y marcar las estrategias adecuadas (optimización de recursos).
- Detectar los clientes que destruyen valor para "ofrecerlos" a la competencia o "controlarlos".
- Saber cómo pasar de clientes retenidos a clientes fidelizados.
- Aumentar la fidelización de los clientes de manera rentable.
- Conocer mejor lo que valen los clientes, y detectar nuevas oportunidades.
- Incrementar las ventas cruzadas y la "cuota del cliente".
- Evitar la pérdida de clientes claves.
- Reducir costes de adquisición y de mantenimiento de los clientes.
- Aumentar la rentabilidad directa adecuando canales y costes de servir.
- Optimización de los canales y los recursos, tanto humanos como de productos.
- Rentabilizar las campañas de marketing dirigiéndolas al "target" o clientes objetivos adecuados.
- Definir los precios y servicios adecuados a cada cliente.
- Permitir estudios de "benchmarking" con otros clientes/servicios.
- Permitir elegir y contrastar estrategias.
- Implantar estrategias a través de "benchmarking" entre diferentes carteras de clientes.
- Definir qué clientes son estratégicos.

Capítulo 9 Modelo de Valor del cliente

- Poder desarrollar una estrategia CRM de alta rentabilidad.
- Desarrollo de herramienta y cultura CRM que permita a la empresa la mayor rentabilidad de cada cliente.
- Crecer con el crecimiento de los clientes claves.

También nos permitiría medir el verdadero valor de una empresa ("Customer Equity"), que a nuestro entender saldría de la suma de los valores de todos los clientes N en un momento t (Figura 9.1.3) como:

$$VCT(t) = \sum_{i=1}^{i=N} VCT_i(t)$$, donde N es el número de clientes en el instante t

Figura 9.1.3 Cálculo del Valor de una empresa desde la perspectiva Marketin (Elaboración propia)

Según el modelo desarrollado y recogido en la Figura 9.1.1, podemos decir que:

"**La *fidelización del cliente* contribuye positivamente a crear valor en la empresa**". También podríamos recoger que "***La prescripción negativa de un cliente influye negativamente en la rentabilidad de la empresa***", y en algunos casos muy negativamente.

Según esta definición:

- Clasificar a los clientes según su valor, y no en función de la rentabilidad directa, aporta una información de mayor valor para la empresa, un posicionamiento estratégico y un mejor conocimiento de los clientes.

- No necesariamente los clientes de mayor rentabilidad son los que mayor valor aportan a la empresa.
- Clientes de pequeña rentabilidad directa pueden aportar un gran beneficio a la empresa.
- Clientes no satisfechos pueden causar graves quebrantos en la cuenta de resultados de la empresa.
- Hay una relación directa entre satisfacción del cliente y el valor que el cliente aporta a la empresa.
- La medida más adecuada para conocer el valor/rentabilidad de la empresa es la contabilidad de marketing (en función de la aportación de valor) más que la contabilidad financiera.
- Es necesario definir las variables y palancas que permitan definir las rutas de conversión para aumentar la fidelización de los clientes.

Pero, ¿qué nos lleva a la fidelización del cliente?

Por una parte están las variables que la empresa tiene en su ámbito controlar, y que son evaluadas por los clientes valorándolas según sus expectativas y necesidades. Recogemos, entre otras, la "calidad que el cliente percibe", la "satisfacción percibida por el cliente", el nivel de "confianza e imagen que el cliente ve en la empresa", el "valor que la empresa aporta" al cliente, y la manera en que las "reclamaciones son atendidas y resueltas" por la empresa.

Estas variables están desarrolladas en capítulos anteriores, donde se ha puesto de manifiesto su influencia en el comportamiento del cliente.

Por otra parte, en el ámbito del cliente, del que queremos conocer su "valor de marketing", recogemos cómo influyen las anteriores variables en su comportamiento o predisposición a recomendar el servicio o producto a otros clientes (Word of Mouth) y en qué sentido, y en aumentar su fidelidad contribuyendo a un aumento de su rentabilidad directa hacia la empresa.

En un tercer ámbito, el del resto de clientes, mediríamos cómo este comportamiento del cliente influye en aumentar la rentabilidad de otros clientes, lo que nos indicará el grado de fidelización de este cliente.

En la Figura 9.1.4 recogemos las variables, entre otras, que influyen en el modelo anterior y que hemos analizado a lo largo de anteriores capítulos.

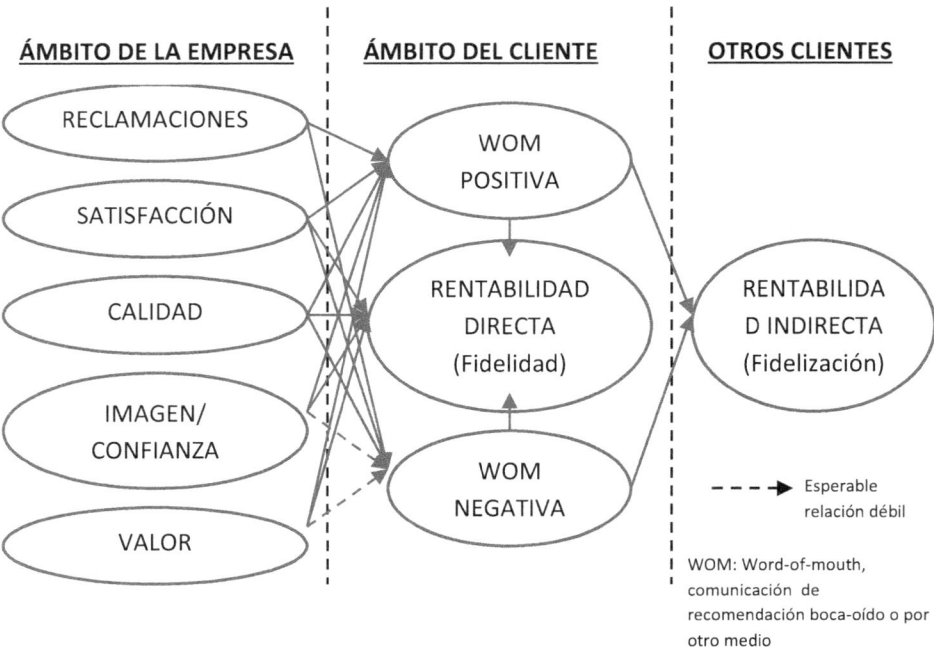

Figura 9.1.4 Mapa Relacional de variables de Valor del Cliente desde la perspectiva Marketing (elaboración propia)

En estudio de investigación realizado en 59 empresas que operan en mercados industriales (Sánchez Arrieta, 2007), a través de entrevistas personales siguiendo un modelo de encuesta (recogido en Anexo D), se estudió la relación de dependencias entre las diferentes variables independientes de entrada al modelo (satisfacción, calidad, confianza, valor y gestión de reclamaciones) y la variable dependiente Recomendación (WOM) teniendo en cuenta la interrelación entre ellas.

En el anterior estudio clasificamos el nivel de recomendación (Ver cuadro 9.1.1) de un cliente en tres grupos según su nivel de

WOM siguiendo la clasificación de Net Promoter Store ("valor neto de promoción de una empresa") de Reichheld (2006) siguiendo la escala de Likert entre 1 y 7.

Grupo	Nivel WOM	Tipo de recomendador
3	7 y 6	Promotor
2	5	Pasivo
1	4,3,2 y 1	Detractor

Cuadro 9.1.1 Clasificación de categorías de WOM

Según dicho estudio de mercado, en la Figura 9.1.5 podemos recoger la proporción entre clientes "Promotores", "Pasivos" y "Detractores" de los clientes analizados.

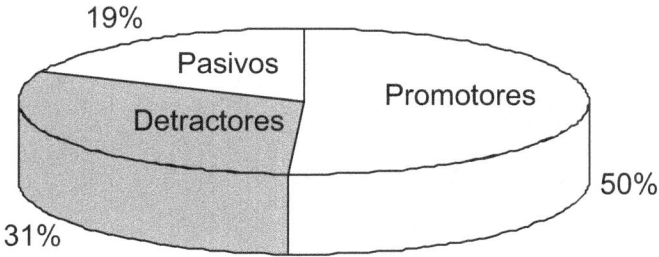

Figura 9.1.5 Proporción de clientes promotores

En las Figuras 9.1.6 a 9.1.10 se recogen los gráficos que relacionan de manera aislada cada una de las variables independientes con el nivel de Recomendación (WOM) en la anterior investigación de mercado de los 59 clientes.

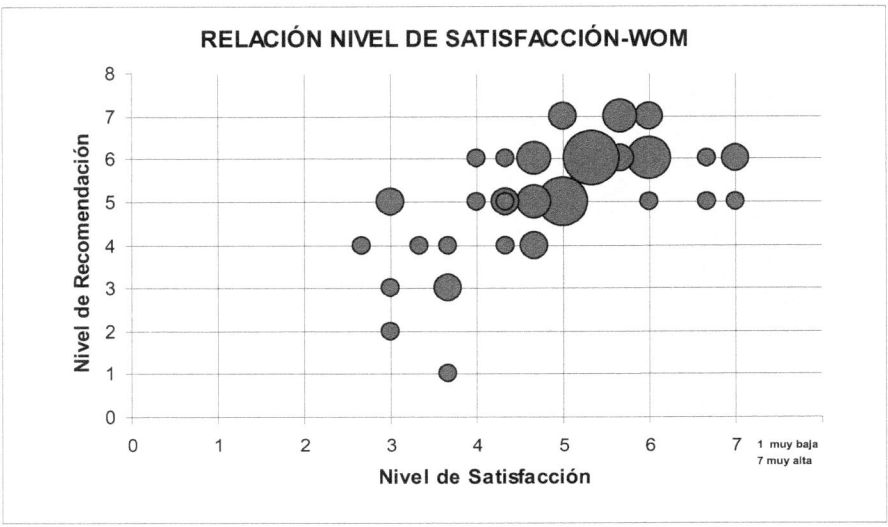

Figura 9.1.6 Relación entre el nivel de Satisfacción y el nivel de Recomendación (Sánchez Arrieta, 2007).

Capítulo 9 Modelo de Valor del cliente

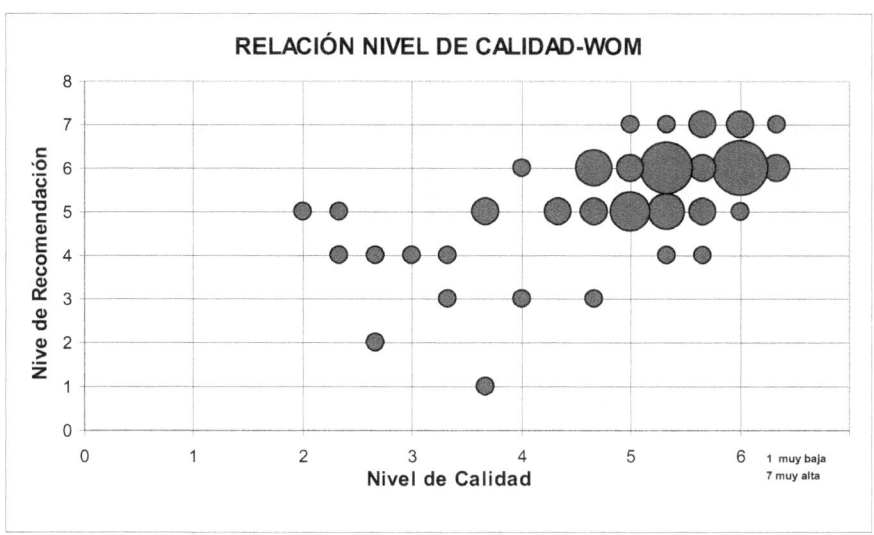

Figura 9.1.7 Relación entre el nivel de Calidad y el nivel de Recomendación (Sánchez Arrieta, 2007).

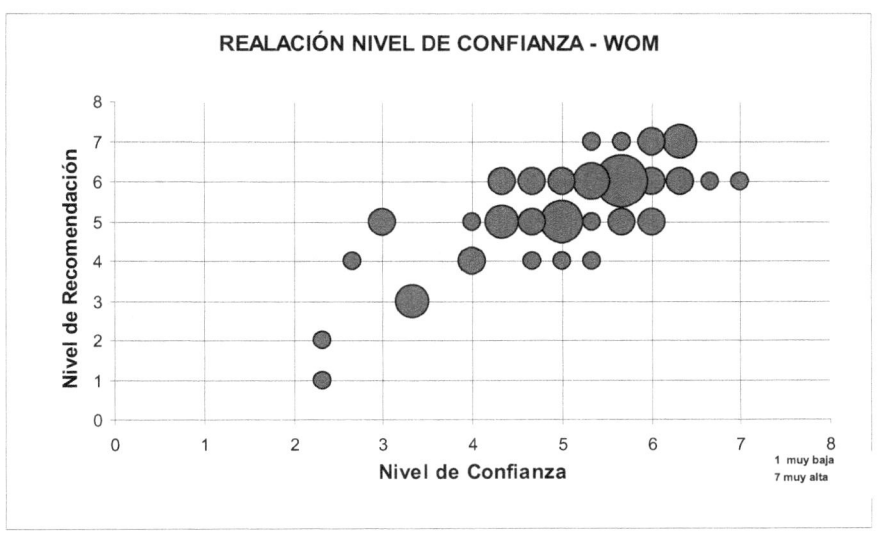

Figura 9.1.8 Relación entre el nivel de Confianza y el nivel de Recomendación (Sánchez Arrieta, 2007).

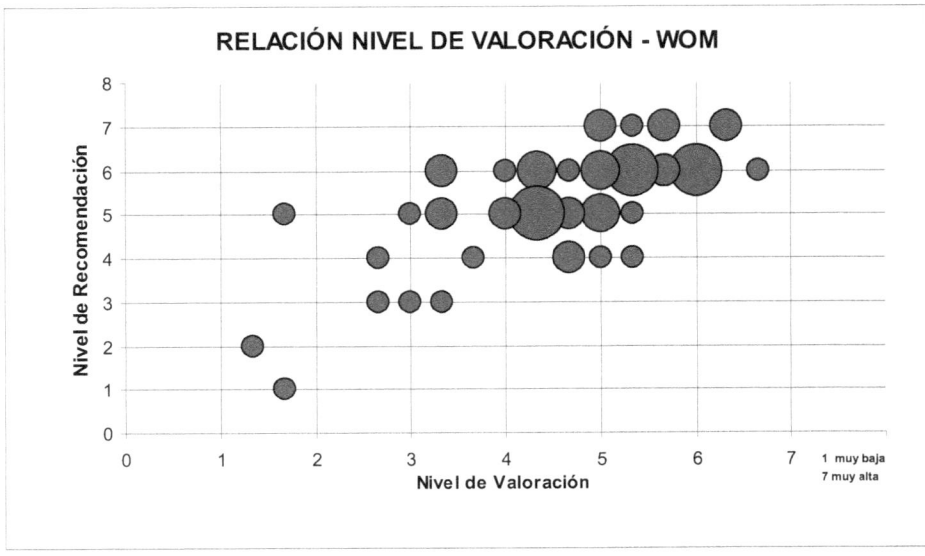

Figura 9.1.9 Relación entre el nivel de Valoración y el nivel de Recomendación (Sánchez Arrieta, 2007).

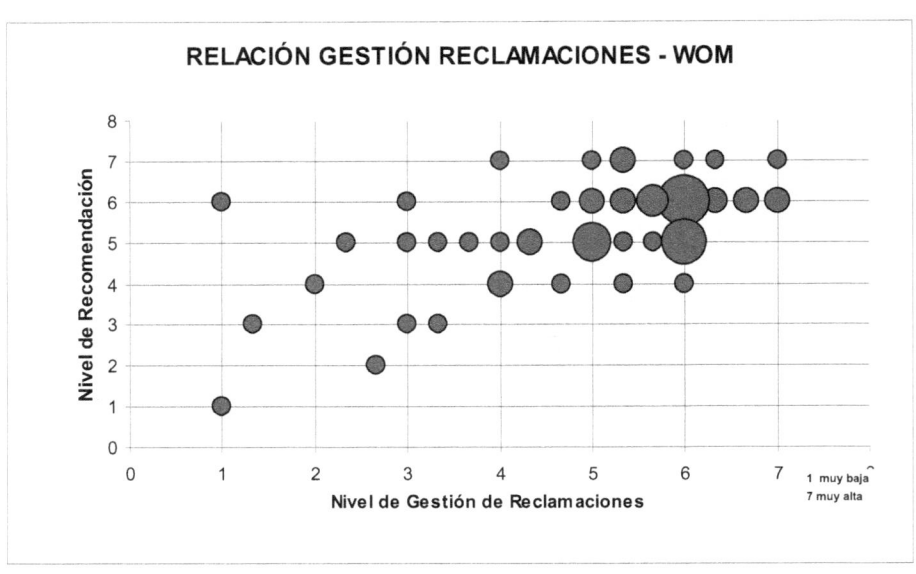

Figura 9.1.10 Relación entre el nivel de Gestión y el nivel de Recomendación (Sánchez Arrieta, 2007).

Los coeficientes de correlación entre las diferentes variables anteriormente representadas y el nivel de Recomendación se recogen en el Cuadro 9.1.2.

Relación	Coeficiente Correlación
Satisfacción y Recomendación (WOM)	0,638
Calidad y Recomendación (WOM)	0,610
Confianza y Recomendación (WOM)	0,759
Valoración y Recomendación (WOM)	0,701
Gest. Reclamac. y Recomendación (WOM)	0,599

Cuadro 9.1.2 Coeficientes de correlación de las variables independientes con la recomendación (WOM) (Sánchez Arrieta, 2007).

En todas las gráficas podemos apreciar que al aumentar el nivel de la variable "independiente", el nivel de recomendación "WOM" aumenta.

Observamos que con la variable más correlacionada, analizada de manera independiente, con la recomendación (WOM) es la "Confianza"; seguida de la "Valoración" y la "Satisfacción".

Si comparamos el nivel de "satisfacción" con el nivel de "rentabilidad directa" en dicho estudio de mercado, nos da un coeficiente de correlación de 0,464. En la Figura 9.1.11 podemos apreciar esta relación.

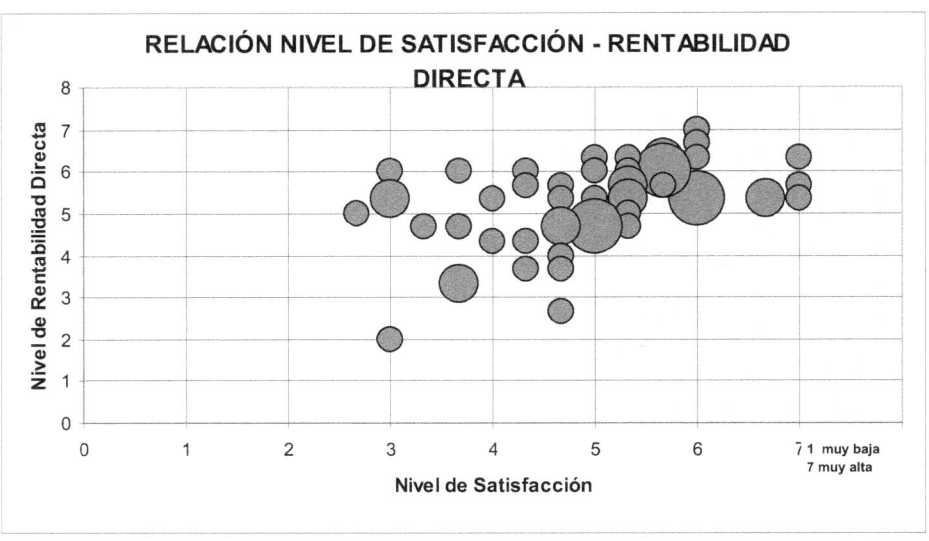

Figura 9.1.11 Relación entre el nivel de Satisfacción y el nivel de Rentabilidad Directa (Sánchez Arrieta, 2007).

A mayores índices de satisfacción por parte de los clientes es esperable una mayor repetición de compras de éstos, aceptar precios más altos, etc.

Si analizamos la variable "Calidad" y la contrastamos con el "nivel de rentabilidad directa" nos da un coeficiente de correlación de 0,422. En la Figura 9.1.12 podemos apreciar esta relación.

Capítulo 9 Modelo de Valor del cliente

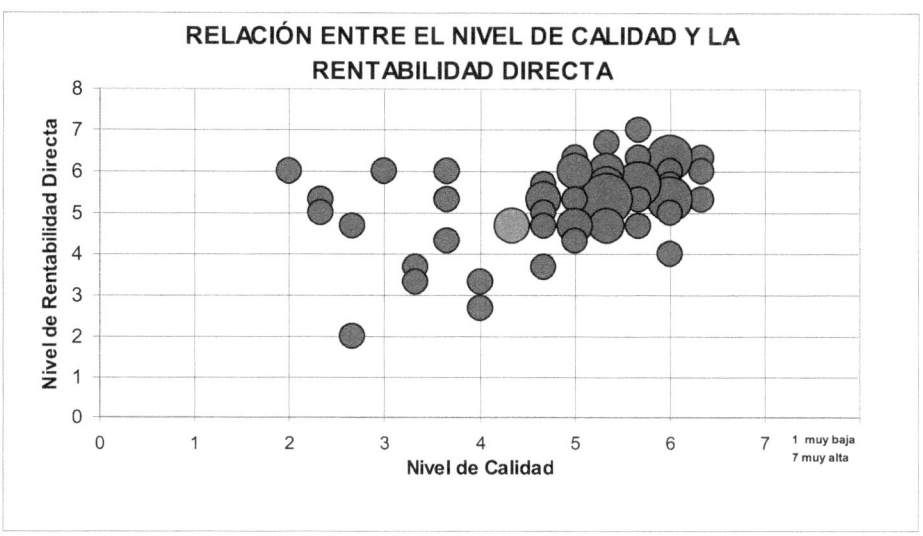

Figura 9.1.12 Relación entre el nivel de Calidad y el nivel de Rentabilidad Directa (Sánchez Arrieta, 2007).

Siguiendo los mismos pasos, si analizamos la variable "Confianza" y la contrastamos con el "nivel de rentabilidad directa" nos da un coeficiente de correlación de 0,486. En la Figura 9.1.13 podemos apreciar esta relación.

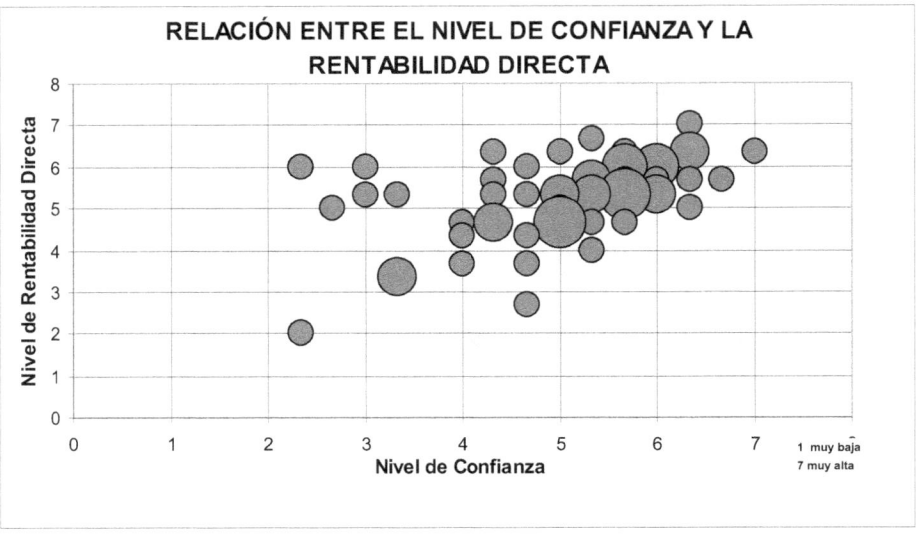

Figura 9.1.13 Relación entre el nivel de Confianza y el nivel de Rentabilidad Directa (Sánchez Arrieta, 2007).

Algo similar ocurre si comparamos la variable "Valor que aprecia el cliente" y la "rentabilidad directa" del mismo. Nos daría un coeficiente de correlación de 0,582. En la Figura 9.1.14 se muestra esta relación.

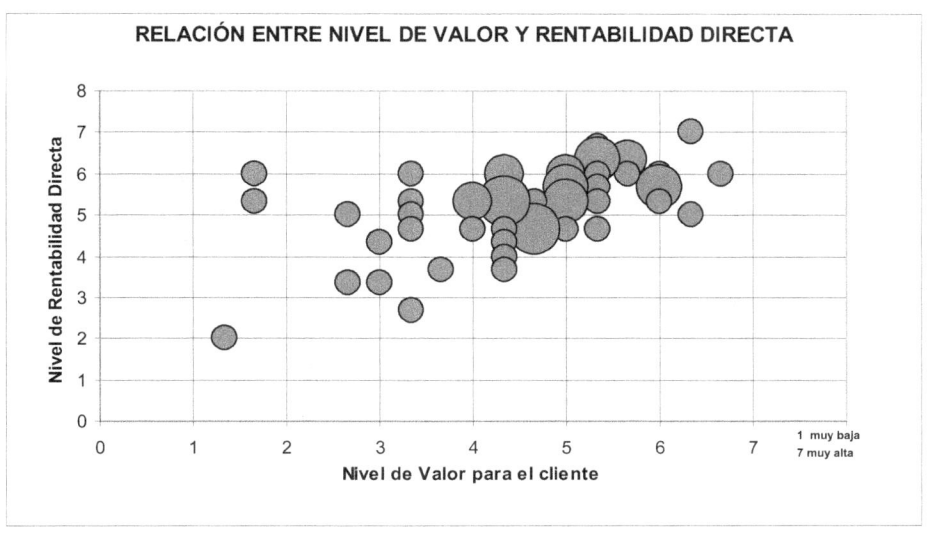

Figura 9.1.14 Relación entre el nivel de Valor y el nivel de Rentabilidad Directa (Sánchez Arrieta, 2007).

Por último, si analizamos la variable "Gestión de las reclamaciones" de los clientes y la contrastamos con el "nivel de rentabilidad directa" nos da un coeficiente de correlación de 0,242, muy bajo.

En el Cuadro 9.1.3 se recogen los coeficientes de correlación entre la Rentabilidad Directa y el resto de las variables, incluida la WOM y recogida en la Figura 6.8.2.

Relación	Coeficiente Correlación
Recomendación (WOM) y Rentabilidad Directa	0,493
Satisfacción y Rentabilidad Directa	0,464
Calidad y Rentabilidad Directa	0,422
Confianza y Rentabilidad Directa	0,486
Valor y Rentabilidad Directa	0,582

Cuadro 9.1.3 Coeficientes de correlación de las variables independientes y dependiente con la Rentabilidad Directa (Sánchez Arrieta, 2007).

En estas correlaciones observamos que el "valor que los clientes aprecian" es la variable, tenida en cuenta de manera independiente, más correlacionada con la "rentabilidad Directa".

Asimismo se aprecia una buena correlación entre el "nivel de recomendación" que dan los clientes y la rentabilidad directa de éstos (véase Figura 6.8.2) recogida en el Capítulo 6.

Es conveniente analizar las dos vías (ver Figura 9.1.1) por las que el cliente aporta valor a la empresa, la "Rentabilidad Directa", y la "Rentabilidad Inducida" en otros clientes a través de la Recomendación (WOM).

Al contrastar el modelo anteriormente presentado en una cartera de Grandes Clientes Industriales (Sánchez Arrieta, 2007), se apreció en algunos clientes, a través de las encuestas y entrevistas, que al contestar al respecto de cómo percibía la calidad que la Comercializadora le ofrecía y el grado de satisfacción que tenía, lo hacía en un valor muy bajo. En cambio, a la hora de evaluar el grado de recomendación y prescripción, éste no solo era muy positivo en cuanto al nivel en que recomendaría a la empresa, sino que lo hacía con cierta frecuencia. Preguntado al respecto de esta situación, cómo apreciando una baja calidad y estando insatisfecho, no recomendaba negativamente, sino que además lo hacía positivamente y en gran medida, indicó el cliente que no recomendaba a la Comercializadora, sino a las personas con las que se relacionaba de ésta y que se preocupaban, con inquietud, de resolverles los problemas cuando los tenía. De hecho se da el caso de clientes, sobre todo en la banca, que cambian de firma cuando su interlocutor cambia de empresa (entidad bancaria).

Con este nuevo conocimiento, la importancia de las personas en contribuir a crear valor para la empresa y el cliente, se deberá incorporar a éstas en el modelo; pero entendemos que no es suficiente, ya que para garantizar la fidelización de los clientes claves para la empresa, no es suficiente contar con estas personas, sino que éstas, a su vez, deben estar respaldadas y apoyadas por toda la empresa en una estrategia de orientación al cliente.

Una vez se constata la importancia que la atención personalizada tiene en una empresa orientada al cliente, según se ha recogido, se propone el modelo mejorado recogido en la figura 9.1.15.

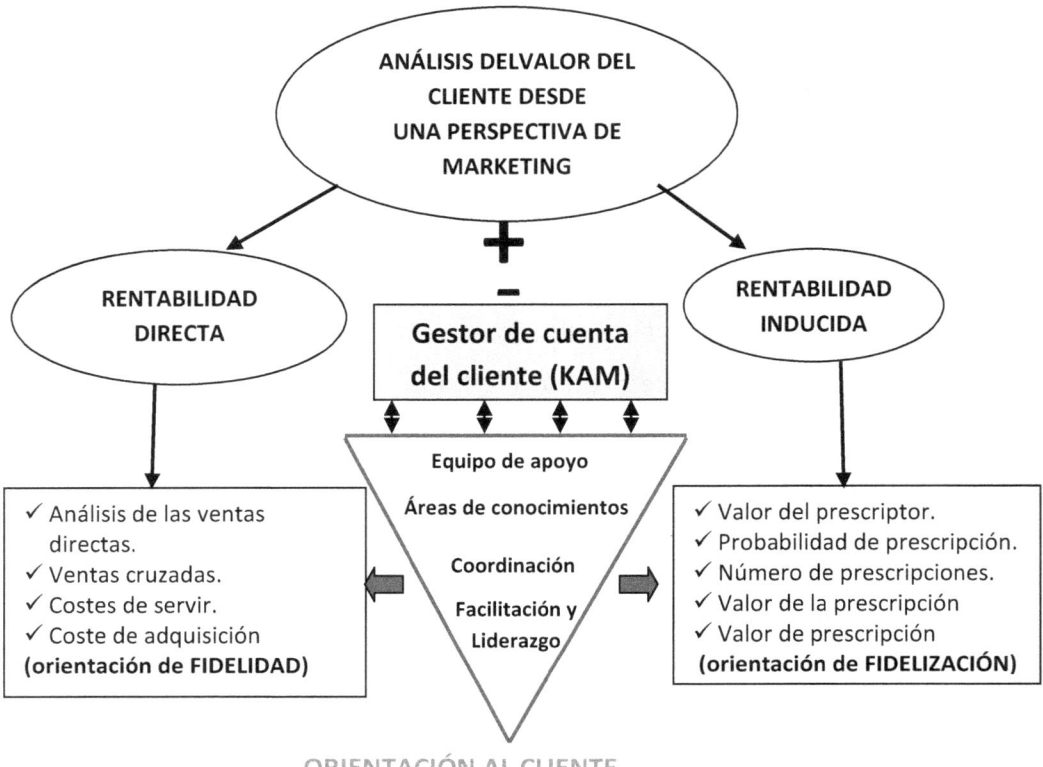

Figura 9.1.15 Modelo mejorado de Análisis de Valor del Cliente desde la perspectiva Marketing (Elaboración propia)

Entendemos que este modelo mejorado es garante de una calidad del servicio ofrecido y una alta satisfacción del cliente, y sobre todo, como se ha puesto de manifiesto en estudio (Sánchez Arrieta, 2007), de la confianza del cliente. Para garantizar el éxito de la gestión personalizad del "gestor de cuenta del cliente", éste debe estar apoyado de una estructura organizacional de su empresa orientada al cliente según el modelo "Client First" (Cuesta, 2004). Esta estructura permite, además de una disminución de costes por simplicidad en la misma con la eliminación de niveles jerárquicos, que por otra parte solo hacen entorpecer la atención rápida, flexible y adecuada a los clientes, una orientación a la satisfacción de los clientes a través de la atención personalizada, apoyada en un equipo de personas dentro de unos procesos flexibles. Procesos que en cada momento, no solo den al cliente lo que necesita, sino que sepa adelantarse a las necesidades del mismo pudiéndoles ofrecer un servicio o producto que mejore su "cadena de valor" haciéndoles más competitivos.

La forma de poder dar este servicio personalizado, a través de la figura del "gestor de la cuenta del cliente", de manera exitosa, debe ser con el apoyo y la estructuración de un trabajo en equipo dentro de unos procesos flexibles (organización piramidal invertida), permitiendo incluso abrir a terceros la "estructura" de la empresa que da servicios al cliente, tal como recogíamos en el Capítulo 1 a través de la empresa virtual organizada en red (Cuesta, 2004), lo que optimizaría costes además de enriquecer el servicio que se ofreciera a los clientes y así no solo cumplir con las expectativas de éstos, sino poderles hacer más competitivos frente a su propia competencia.

9.2 La estrategia empresarial en función del Valor del Cliente

La mayoría de las empresas, para aventajar a sus competidores, diseñan estrategias orientadas a diferenciarse de éstos en costes ofreciendo precios menores a sus clientes. Actualmente venimos a llamar a estas empresas "empresas low cost". Reduciendo costes pretenden trasladar a sus clientes un mayor "valor" mediante precios más bajos, haciendo que aquellos se decidan por las empresas que les permitan un ahorro al pagar un precio menor. Esta estrategia no significa necesariamente que el producto o servicio sea peor que el que ofrezcan sus competidores, sino que se realizan estrategias adecuadas para ser más competitivas en costes o eliminando aquellos costes que no den un valor añadido al cliente.

Otras empresas, más orientada a las necesidades de sus clientes, buscando una diferenciación de su competencia sin renunciar a la anterior estrategia de ser competitivas en costes, intentan dar a éste un mayor valor, incluso incurriendo en costes que no hace la competencia, bien a través de un servicio personalizado o de producto a su medida, dando al cliente un valor añadido que éste reconocerá y apreciará.

Kenichi Ohmae (1990), en su modelo estratégico de las tres "C" (Corporation, Competitors, Customers) (ver Figura 9.2.1), recoge la manera en que las empresas deben diseñar sus estrategias en orden a captar y mantener a los clientes. Ohmae considera que en toda estrategia empresarial se debe tener en cuenta a estos tres participantes, de manera que las empresas (Corporación) se esfuercen en distinguirse de sus Competidores mejorando la satisfacción de los Clientes, dando el valor que éstos esperan.

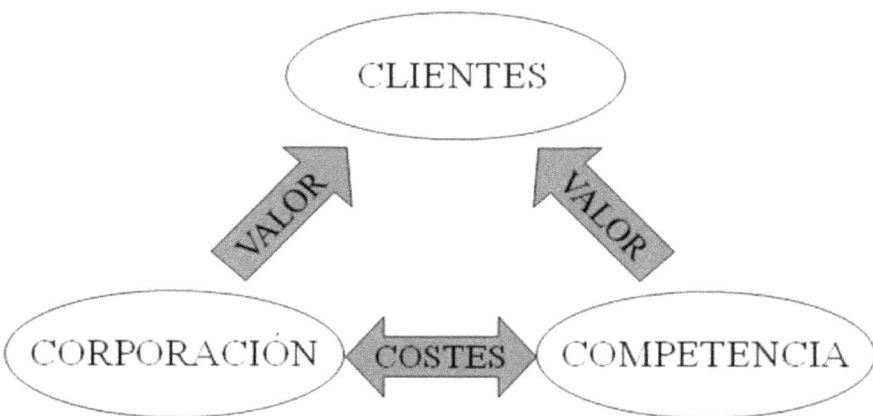

Figura 9.2.1 Orientación al cliente creándole valor. Las tres "C" estratégicas (Ohmae, Kenichi 1990)

Por ello, como he planteado, las empresas buscarán la forma de diferenciarse de sus competidores dando un mayor valor a sus clientes. Para dar este mayor valor, obteniendo a su vez beneficios, aparte de esforzarse la empresa en desarrollar sus puntos fuertes que la diferencien de la competencia y que permitan dar ese mayor valor al cliente, buscarán la forma de ser más eficientes en costes que su competencia.

La empresa deberá hacer un esfuerzo para diferenciarse dando al cliente un mayor valor que el que en cada momento den sus competidores. En el Capítulo 3 se recoge la importancia de la satisfacción, la calidad y el valor percibido por los clientes como variables encaminadas a la fidelización de éstos.

Una vez hemos llegado a esta parte del libro, donde ha debido quedar clara la importancia que tiene el valor que aporta cada cliente a la empresa a la hora de marcar las estrategias de ésta, desearía hacer alguna aportación al modelo que define Ohmae y que hoy sigue siendo adecuado.

Hemos visto que es muy importante el valor que los clientes dan. De hecho siempre se da por supuesto esto, pues si una empresa no obtiene beneficios, no sólo no podría invertir en mejoras y desarrollo, sino que no podría subsistir. No obstante, nunca se suele medir de manera "contable", aunque muchas empresas intuyen con qué clientes ganan más o menos (pocas veces con cuales pierden), lo que cada cliente aporta al negocio, no solo económicamente, sino estratégicamente.

Sin quitar la importancia que tiene dar valor al cliente, como se define en el modelo estratégico triangular de las 3 "C" de Ohmae, ya que si el cliente no recibe valor se perderá y por tanto la empresa dejará de tener sentido, es igual de importante que la empresa reciba valor del cliente. Este valor, como hemos visto, no tiene necesariamente que ser económico de manera directa, sino que de una forma u otra, a través del mercado, el cliente aporta valor a la empresa.

Por ello, recogería una ampliación del modelo de Ohmae (véase Figura 9.2.2). Si la empresa quiere ser "sostenible" y a su vez crecer en el tiempo, ésta también debe preocuparse de recibir valor del cliente. Podríamos llegar al caso de clientes que no aportando valor, sí están recibiendo valor de la empresa, que en algunos casos se les está privando a otros clientes. A veces el cliente no sólo acepta que la empresa reciba valor, sino que incluso llega a "exigírselo", ya que para el cliente, sobre todo en un mercado B2B, es muy importante la continuidad y mejora continua de sus proveedores.

Capítulo 9 Modelo de Valor del cliente

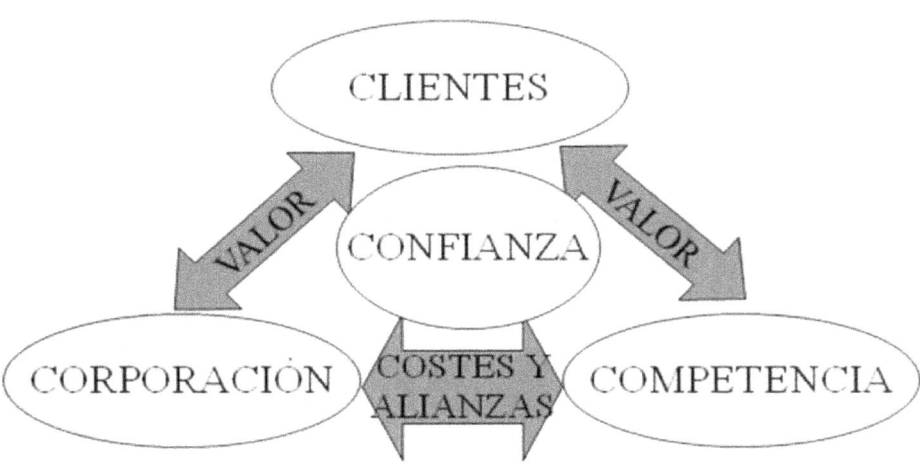

Figura 9.2.2 Orientación al cliente creando valor al cliente y a la empresa de manera sostenible. (ampliada de Ohmae, Kenichi 1990)

De no tenerse en cuenta el valor que los clientes aportan (y no solo el que de manera directa dan), como se ha recogido en diferentes ejemplos en este libro, la empresa se puede encontrar con un mayor número de clientes detractores que promotores (NPS negativo según se recoge en el Capítulo 6.8) que la lleven a la ruina. Como muestra véase el ejemplo recogido en el Capítulo 8 (Figura 8.7) que ocurriría si el número de clientes "Rehenes" fuera muy elevado.

Asimismo, si bien en el siglo XX las empresas buscaban la diferenciación con la competencia basada en la "optimización" de costes, en este nuevo siglo XXI, con las nuevas herramientas de comunicación, que permiten una operación globalizada en el mundo, no sólo existe la posibilidad de trasladar mayor valor al cliente mediante la "agregación de servicios" (véase Figura 1.4.2) con otras empresas a través de alianzas, sino que ésta será una necesidad diferenciadora.

Hoy en día, donde el cliente quiere soluciones personalizadas a nivel local y a una velocidad mayor, la manera de ser más competitivos irá en función de las alianzas que se desarrollen. Por ello entiendo que si antes la diferenciación con los competidores iba en costes, hoy la colaboración entre corporaciones, además, puede llegar a hacer a éstas más competitivas y dar mayor valor a sus clientes. Por tanto ampliaría la diferenciación en costes con la competencia, con la importancia de las alianzas entre empresas encaminadas siempre a dar un mayor valor al cliente.

Los organismos públicos encaminados a la creación de empresas, sobre todo las incipientes y pequeñas propician entre éstas el "coworking". De esta manera, pequeñas empresa, locales en muchos casos, mediante alianzas, pueden llegar a ser más competitivas que otras de mayor tamaño, que suelen ser menos ágiles e incurren en mayores costes, además de no dar el valor preciso que el cliente necesita en cada momento por no conocerlo igual de bien.

Para terminar, desearía aportar un cuarto pilar a las tres "C" estratégicas, y sería una cuarta "C", la Confianza.

Como ha quedado demostrado en la investigación que ha llevado a este libro, de las diferentes variables que conducen a la fidelización de los clientes, y por ello a obtener valor de éstos y que no solo se mantengan fieles a la empresa, sino que la recomienden, la Calidad es la más importante (véase Cuadro 9.1.2).

Estoy convencido, y así lo he visto en las relaciones mantenidas en un mercado B2B, que la Confianza es la clave para mantener las relaciones (aquellas de interés tanto para la empresa como para el cliente) de manera sostenible y rentable en el tiempo.

Hay muchas dimensiones de confianza: No es la misma la que tengo en mi médico al consultar un tema de salud, que la que pueda tener con mi pareja o un amigo.

La Confianza se sustenta en cuatro pilares que llevan a ésta de manera progresiva, pero afianzándose entre ellas.

Vengo a recogerlo en el siguiente modelo que llamo de las 4 "C" (Figura 9.2.3):

Las 4 "C" de la Confianza

Figura 9.2.3 Modelo de Las 4 C de la Confianza

Valga como explicación del modelo la siguiente aplicación:

Pongámonos en el caso de una pareja de novios. Una vez que los novios, tras años, o simplemente, tras días, deciden dar el paso de formalizar la relación mediante un enlace civil o matrimonio donde se recoge una serie de COMPROMISOS a tener en cuenta entre las partes (imaginémonos el contrato que hemos firmado con uno de nuestros mejores clientes) crean un compromiso que les "ata", en el más deseado de los casos, hasta la muerte.

¿Hay ya una confianza plena en la pareja? ¿Es suficiente este Compromiso? El tiempo demuestra que tras pasado un tiempo, en algunos casos tras el viaje de novios, lo que se "firmó", no se cumple, pues no es CREÍBLE; el día a día "muestra" que se decía una cosa, pero se hace otra. En el mercado intentamos que nuestros clientes nos sean Fieles, que no se vayan con otro.

Supongamos que nuestra pareja ha superado este segundo paso, y ambos creen y han demostrado que son fieles. ¿Son realmente felices?; quizá sí, pero ¿tienen plena confianza el uno en el otro, que les asegure que pase lo que pase no se van a romper los lazos que les unen? Cuando la relación llega a ser más que un mero compromiso y hay una fidelidad demostrada en el tiempo, la permanencia no está garantizada, falta ese CONOCIMIENTO que hace que ante cualquier imprevisto ambas parte saben qué desea o qué necesita la otra parte para querer seguir juntos. Necesitan entenderse perfectamente ante cualquier imprevisto. Con nuestros clientes fieles, no basta el comprometernos y demostrarles que cumplimos lo que decimos, sino que debemos conocerlos muy bien para poder solucionar sus necesidades cuando se les presentan, e incluso detectarlas antes.

Llegado a este punto podríamos decir que tenemos a la pareja perfecta (al cliente perfecto), se han comprometido el uno con el otro, se respetan y creen en ellos y además saben perfectamente como siente el otro y cómo actuar en cada momento sin dudarlo.

Pero, ¿puede alguien interponerse entre ellos? Debe haber algo más, y este algo más en la pareja quizá no sería suficiente, pero con el cliente sí. En la pareja sería el AMOR; con el cliente sí podemos crearlo y desarrollar, el CARIÑO.

Por ello propongo, que si realmente queremos, y cuando me refiero a querer, es que deseamos, tener una relación duradera en el tiempo con nuestros clientes, apliquemos el Modelo de la Confianza en 4C.

Capítulo 9 Modelo de Valor del cliente

CAPÍTULO 10 CLASIFICACIÓN DEL CLIENTE POR SU VALOR

Las empresas que miden el valor de sus clientes para en función de ello clasificarlos, lo hacen normalmente con una visión unidireccional, donde suelen tener en cuenta la facturación anual que con el cliente tienen; facturación que viene de las ventas directas y otras ventas cruzadas. En algunos casos a dichos ingresos les restan los costes de servir, en el mejor de los casos siguiendo una metodología ABC de costes por actividades y teniendo en cuenta los costes de adquisición del cliente y considerando otros "valores" del cliente como su forma de pago y riesgo del sector donde opera.

Las empresas más adelantadas no se conforman con el escenario a corto plazo de un año, y llegan a evaluar los ingresos futuros esperados del cliente actualizándolos con una tasa de descuento al instante del análisis, calculando el Valor del Cliente en el Tiempo que en el Capítulo 5 de este libro hemos expuesto.

Esta clasificación en una dirección, solo contempla los ingresos que el cliente de manera directa aporta, bien en un ejercicio o a lo largo de su vida, y los riesgos que el cliente pudiera suponer ante una suspensión de pagos.

En este libro, a raíz de investigaciones llevadas a cabo y el modelo desarrollado en el anterior capítulo, se propone hacer una medición del valor del cliente teniendo en cuenta tres ejes, donde se tenga en cuenta la contribución de otros clientes inducida por el cliente por su recomendación o prescripción, y la proyección a futuro del propio cliente (ver Figura 10.1).

Si bien en el modelo de Valor del Cliente recogemos la rentabilidad directa e inducida del cliente, entendemos que la forma más correcta de medir la importancia del cliente es por su contribución, ya que pudiera ser que dos clientes con diferentes rentabilidades, el de menor rentabilidad por su alto volumen de compras y menores costes de servir aporte más valor con una rentabilidad menor. Además, en el caso de un "portfolio" de productos vendidos a un cliente, donde cada uno pueda tener una diferente rentabilidad y diferentes márgenes, es más fácil medir la contribución bruta o neta.

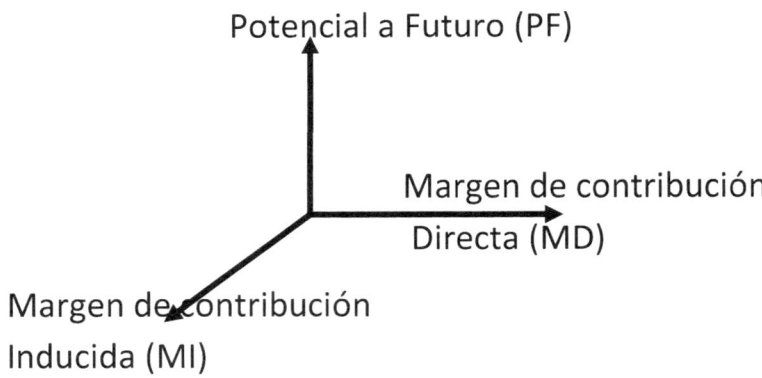

Figura 10.1 Medición del valor del cliente en tres ejes (Elaboración propia)

En este modelo de clasificación del cliente por su valor, por una parte se mediría en el plano "Margen de contribución Directo" y "Margen de contribución Inducido", el valor que el cliente aportaría en el corto plazo, el ejercicio en el que se mide. Entendemos que no es suficiente, y que es necesario analizar a futuro el valor del propio cliente ("Potencial a Futuro del Cliente") para una correcta clasificación partiendo de este escenario y considerando otros parámetros que midan la proyección en valor a futuro del cliente clasificado.

El Margen de contribución Directa del Cliente (MD), expresado en euros, recogería la contribución real a partir del momento que se determina hasta vencimiento de contrato (si se trata de un servicio de duración en el tiempo) o un año (si son ventas repetidas). Es la contribución real a corto plazo que el cliente aporta en euros a la empresa. Deberemos tener en cuenta para su medición, entre otros, la intención de compra en el ejercicio del cliente, el potencial de compra en ese periodo del cliente, el margen de beneficios ventas directas y cruzadas, los costes financieros por retrasos en el pago, etc.

El Margen de contribución Inducida (MI), expresado en euros, recogería las contribuciones esperadas a aportar por otros clientes y convertidos por el cliente cuyo valor se determina (originados por recomendación en el ejercicio actual) en su primer año de vida en la empresa como nuevo cliente. Otra manera más sencilla de medir este alcance, y que propongo, sería tener en cuenta para su medición el grado de recomendación (fidelización); definiendo las variables y "palancas" que conducen a la recomendación y su contribución (Satisfacción, Calidad, Confianza, Valor, Gestión personalizada, etc.), el grado de recomendación (magnitud y valencia) preguntando a los clientes y así encuadrarlos como: promotor, pasivo o detractor; y con ambas medidas poder definir un modelo de tipología predictiva del cliente conociendo la contribución de las palancas o variables que influyen en la recomendación.

El Potencial a Futuro (PF), recogería la proyección en el tiempo según el futuro de crecimiento del cliente. Vendría a recoger el potencial de contribución en valor del cliente en los próximos años de vida en la empresa. Estará determinado por el potencial de crecimiento del cliente y su sector, el riesgo del mismo a futuro, su fidelidad contrastada histórica (que determinará tasa de retención a futuro), su situación estratégica y liderazgo e imbricación en su mercado, etc. Se utilizará para valorar al cliente en el tiempo (VCT).

Esto nos llevaría a poder clasificar a los clientes según estos tres ejes como se recoge en la Figura 10.2.

Esta clasificación nos mostraría en el plano "Margen de Contribución Directa", "Margen de Contribución Inducida", a los clientes según su contribución directa e inducida, pudiendo ser esta segunda negativa en el caso de ser un cliente clasificado como "Detractor". Se deberá contrastar ambos valores y marcar estrategias adecuadas para pasar los clientes F a clientes C con mayores ventas cruzadas y otros servicios analizando clientes C similares a F. Pasar de clientes E a clientes B con mayores ventas cruzadas y a través de éstas fidelizarlos para llevarlos a C. Con los clientes D, analizar qué les lleva a esa recomendación negativa e intentar anularlos dejándolos a la competencia. Los clientes A, de alta contribución directa, intentar ver los motivos que les lleva a recomendar negativamente para corregir, y si la contribución inducida negativa es mayor que la directa, dejarlos a la competencia.

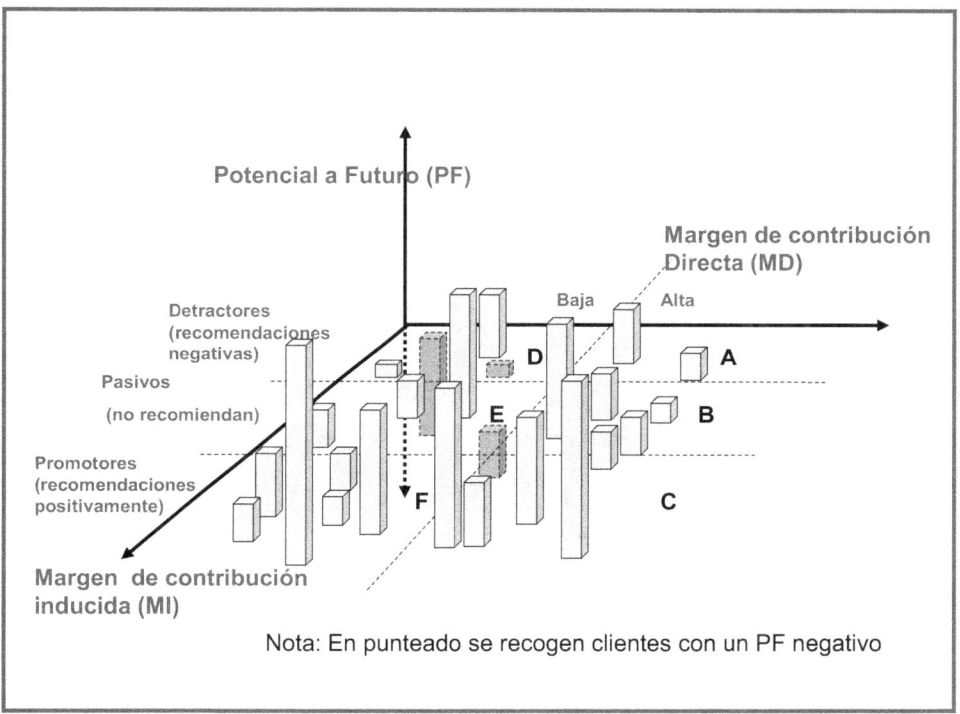

Figura 10.2 Clasificación de los clientes por su contribución en tres ejes. (Elaboración propia)

Como indicábamos anteriormente, también se debe tener en cuenta en la anterior estrategia de migración de clientes la "Proyección a Futuro" del cliente; teniendo en cuenta el crecimiento a futuro de éste, su imbricación en su mercado y cómo de líder en el mismo es. Según esta consideración, nos podríamos encontrar clientes con poco margen de contribución directo pero alto inducido (clasificado en el plano temporal presente como tipo F) que presentan un gran crecimiento a futuro, por lo que pudieran ser más "claves" que un cliente tipo C con poco crecimiento o menor liderazgo en su mercado.

Una correcta clasificación de los clientes teniendo permanentemente identificados a los clientes "claves", aquellos que permiten el crecimiento de la empresa aumentando la rentabilidad, es básico, y en algunos casos, sobre todo en tiempos de crisis e incertidumbres, crucial para el mantenimiento y crecimiento en valor de la empresa.

En tiempos actuales, donde cada vez es mayor el coste de captación de un cliente y mayor la competencia, a la vez de experimentarse un cambio continuo de los escenarios y la forma de desarrollar los negocios, y donde cada vez los recursos son más limitados y menos disponibles, es básico poder atender de manera competitiva, frente a la competencia, a aquellos clientes que aportan valor a la empresa y le permite crecer rentablemente.

Para esto es necesario conocer cuales son los clientes de una empresa en su mercado, para así, no solo tenerlos identificados y blindados frente a la competencia, sino poder crecer a través de éstos en sus mercados. En el Anexo B se recoge un ejemplo de clasificación de clientes según el anterior modelo.

CAPÍTULO 11 GESTIÓN DEL RIESGO COMERCIAL CON LOS CLIENTES

Por la importancia que últimamente ha adquirido la gestión de cobro, más aún en los últimos años con la crisis económica, considero que tan importante es a la hora de conocer el potencial de crecimiento del cliente, como anteriormente se ha expuesto, como conocer los riesgos, en lo referente al cobro, que con cada cliente tenemos en todo momento al hacer con él negocios.

En la venta de productos y/o servicios, donde el margen comercial sea muy pequeño (como veo constantemente en la comercialización de energía eléctrica), el impago del cliente puede dejarnos una deuda que no solo no nos permite un beneficio esperado con la venta, sino que nos deja a su vez una deuda con nuestros proveedores que deberemos pagar. En el sector energético, donde los márgenes de beneficios son pequeños, el impago de una factura, puede suponer una pérdida de beneficios con un cliente (si se han tenido) de un año o incluso mucho más. De ahí, que en cada sector, en función de sus costes de servir, ésta gestión pueda ser muy importante.

Todas las empresas buscan una rentabilidad en los servicio o productos que vende, por una parte aumentando las ventas, y por otra parte fidelizando a los clientes, pero de poco vale todo esto si el cliente o no puede o no desea pagarnos. Por esto es muy importante conocer en todo momento el "Riesgo de Crédito" de cada uno de nuestros clientes, tanto actuales como de aquellos que quisiéramos captar.

Podemos definir el "Riesgo de Crédito" (RC), como la posible pérdida que se asumiría como consecuencia del incumplimiento de las obligaciones contractuales por una de las partes (el cliente y la empresa), dentro del ámbito de una relación comercial.

Para minimizar este riesgo de créditos que con los clientes podamos tener, debemos hacer una Gestión del Riesgo Comercial (GRC) eficiente con los clientes que tengamos en nuestra "cartera" y aquellos que quisiéramos captar.

Entendemos por GRC la identificación, evaluación y análisis de los riesgos de pago a los que se está expuesto por la actividad de venta con los clientes.

El objetivo que nos marcamos conseguir con esta herramienta es minimizar la pérdida económica que pudiera haber como consecuencia del riesgo que se asume en las operaciones comerciales con la cartera de clientes. Con la consecución de este objetivo reduciríamos el riesgo de no cobrar y con ello la deuda a tener con los clientes.

Una de las formas de llevar a cabo la Gestión del Riesgo Comercial (GRC) es midiendo o valorando el riesgo que cada cliente tiene para pagar. Para esto podemos definir y valorar en cada cliente la Valoración del Riesgo de Pago del Cliente (VRPC), que definiríamos como *"el valor numérico que ordena a los clientes en función de su calidad crediticia en una escala de 0 a 100, siendo 0 la menor calidad crediticia, asociada a una mayor probabilidad de incumplimiento de pago y 100 la mayor calidad crediticia asociada a una menor probabilidad de incumplimiento"*.

Según esta valoración de cada cliente, podríamos clasificar a cada uno según su riesgo en la siguiente tabla (ver Figura 11.1), y en función de ello podríamos definir qué estrategia o recomendación seguir con cada uno a la hora de tomar decisiones estratégicas.

SIGLAS	VRPC	RECOMENDACIÓN
MyC	Mayor o igual que 70	**Mantener y Crecer**: Incrementar el nivel de negocio con el cliente tratando de incrementar negocios.
M	Menor que 70 y Mayor o igual que 60	**Mantener**: Seguir operando con el cliente como hasta ahora.
MoG	Menor que 60 y Mayor o igual que 50	**Mantener Opcionalmente con Garantías**: Es conveniente la obtención de garantías, no siendo condición estrictamente necesaria para seguir operando con el cliente.
MG	Menor que 50 y Mayor que 30	**Mantener con Garantías**: Es estrictamente necesaria la obtención de garantías para seguir operando con el cliente.
SNC	Menor o igual que 30	**Salir o No Contratar**: Se debería dejar de operar con el cliente salvo que las garantías obtenidas sean muy superiores al Riesgo Máximo Estimado.

Figura 11.1 Clasificación de los Clientes según su Riesgo de Pago (VRPC)

Para poder "valorar" el VRPC de cada cliente, debemos, aparte de contar con la experiencia personal que con cada uno tengamos (quizá el conocimiento más importante), apoyarnos en diferentes estudios externos que a día de hoy se pueden conseguir, entre otros:

I. Datos identificativos del cliente: negocio presente y futuro como cliente.
II. Actividad del cliente, grupo al que pertenece.
III. Análisis financiero y ratios.
IV. Consulta BBDD Morosidad (ASNEF, RAI, etc.)
V. Análisis de su Matriz, análisis entidades calificadoras, noticias de prensa.
VI. Comportamiento histórico del cliente.

Con la mayor información conseguida de cada cliente podríamos calcular su VRPC estimado y así poderlo clasificar por sector de actividad al que pertenezca (ya que cada sector puede tener sus diferentes peculiaridades) en diferentes grupos según su nivel de riesgo.

En la Figura 11.2 podemos apreciar un ejemplo de clasificación de los clientes de una empresa según su VRPC (recordemos que a mayor valor del VRPC, menor riesgo de impago) y la actividad a la que pertenecen, recogiendo a su vez el volumen de negocios que con cada tipo de cliente tenemos expuesto en el cobro. De esta manera podríamos hacer un seguimiento de riesgo por el sector al que el cliente pertenezca.

Capítulo 11 Gestión del riesgo comercial con los clientes

Según esta figura, esta empresa que vende en tres sectores diferentes (A, B y C), identifica que está expuesta a más riesgo en el cobro en el Sector B, donde además presenta un volumen en ventas estimable. No obstante, en el Sector C, donde tiene el mayor volumen de venta, la mayor parte de ésta, según identifica, no está sujeta a un alto riesgo de cobro (80 MM€). Deberemos seguir con atención a los clientes que pertenezcan al Sector A y B ya que suelen ser los expuestos a un mayor nivel de riesgo de impago por el sector económico en que operan.

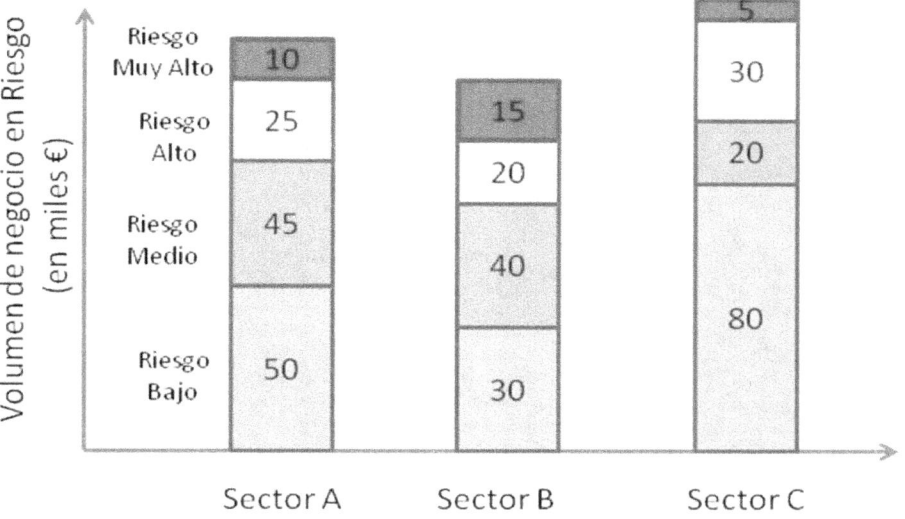

Figura 11.2 Clasificación de los clientes según su VRC y Sector de actividad

Debemos intentar que en cada sector, analizando sus peculiaridades, el mayor porcentaje de volumen de negocios esté con "Riesgo Bajo". Para ello deberemos marcar las políticas a seguir con cada cliente, o segmento de clientes, aprendiendo de las mejores prácticas llevadas a cabo con los clientes y sobre todo, de los llamados "best mistakes" o errores cometidos con los clientes para aprender de estos, no repetirlos y encontrar mejoras que los eviten.

Si en la anterior clasificación podemos ver por sectores de actividades de los clientes de mi "cartera" el nivel de riesgo que tengo en mis ventas, debo ir más allá y medir o hacer un seguimiento personalizado del riesgo de cada cliente según el sector al que pertenezca (ver Figura 11.3).

Figura 11.3. Seguimiento del Riesgo por Cliente y Sector

Con esta clasificación podré conocer en cada momento, por una parte el "Riesgo del Cliente" según su RC (sea Alto, Medio o Bajo), y por otra el "Riesgo del Sector al que pertenezca". De esta manera podríamos contrastar por una parte el Riesgo del Cliente con el sector económico en que opere. Por ejemplo, un cliente con una Alto Riesgo (Clientes con bajo VRPC, menor o igual a 30 en la anterior escala, ver Figura 11.1) y clasificado en un sector de actividad con problemas económicos, como hace unos años la construcción o las empresas relacionadas con la misma, como las ladrilleras, estaría clasificado a efectos de atención y seguimiento del cobro y estrategias a seguir con él, en la Zona E.

De esta manera, según en la zona en que clasifique a cada cliente, podré determinar estrategias, como garantías a exigir o extremar la vigilacia en el cobro, a seguir con él.

También debemos, ya indiqué lo importante que es el comportamiento que el cliente tenga a la hora de pagar, clasificar a los clientes según el retraso que normalmente suele tener en el pago y el propio riesgo del cliente. Me he encontrado con clientes, en un mercado B2B, que aún pertenecientes a un sector con Alto Riesgo en cuanto a la actividad a la que se dedica, y presentando un VRPC bajo (Alto riesgo de impago), ha cumplido fielmente con sus obligaciones de pago. Y también lo contrario. Al final no olvidemos que en todas las gestiones, no intervienen empresas, sino personas.

En la Figura 11.4 podríamos apreciar cómo clasificaríamos a estos clientes según estos dos parámetros.

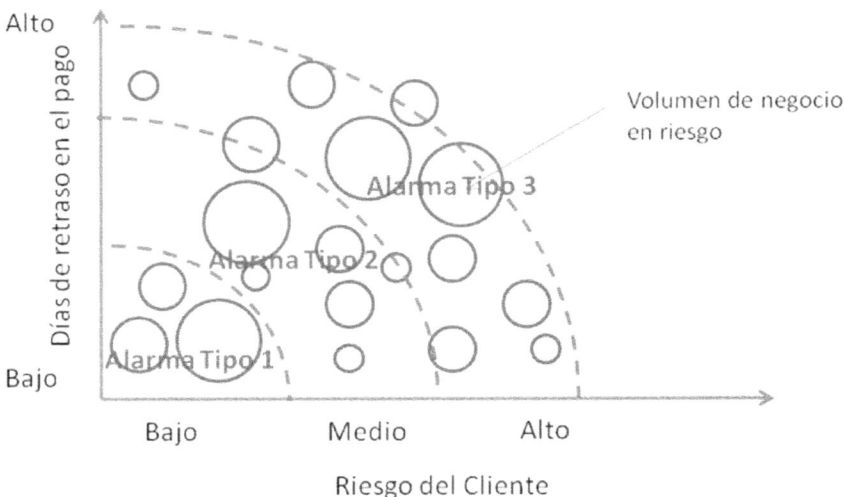

Figura 11.4. Seguimiento del Riesgo por Cliente y su forma de pago

En función del Riesgo de Pago del Cliente (definido por VRPC), sea Alto o Bajo, y el importe de la operación que con el mismo se debe autorizar, podríamos definir los diferentes niveles de autorización en la empresa a la hora de tomar decisiones de ventas con los clientes.

En la Figura 11.5 podemos apreciar cómo marcar los diferentes niveles de autorización para hacer operaciones con los clientes en función del VRPC y el volumen de la operación.

Capítulo 11 Gestión del riesgo comercial con los clientes

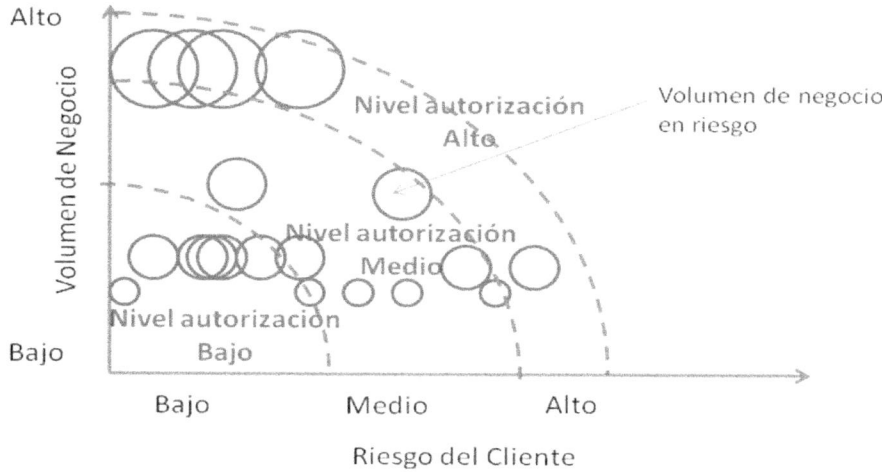

Figura 11.5. Nivel de autorización de operar con el cliente según su VRC y el volumen de negocios.

Para clientes con un bajo valor del VRPC (alto riesgo de pago) y con el que tengamos que cerrar una negociación importante en cuanto a su volumen, pediríamos un "Nivel de autorización Alto", que podría ser el dado por un alto cargo de la empresa, o por la autorización mancomunada de dos.

Si bien todas las anteriores herramientas de seguimiento del riesgo de pago de cada cliente nos deben servir para tomar decisiones estratégicas con los clientes, los mismos los podríamos clasificar según la siguiente la siguiente matriz (ver Figura 11.6)

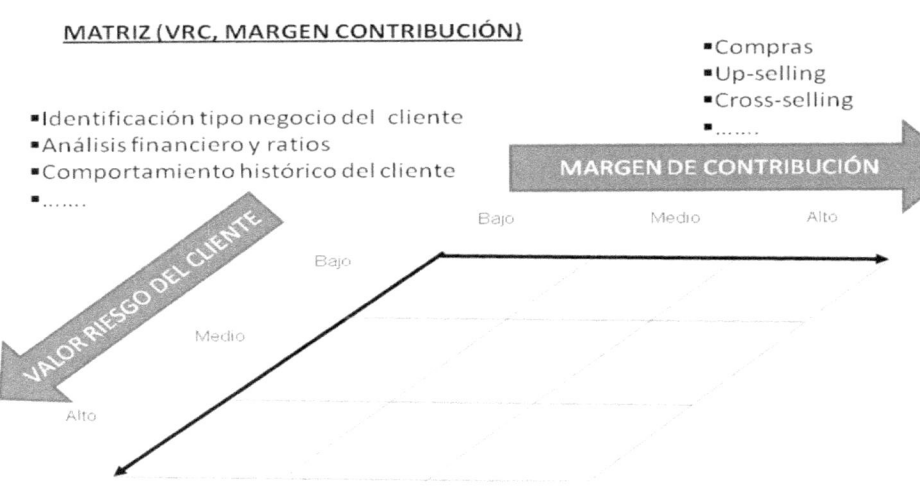

Figura 11.6. Clasificación de los clientes por su VRPC y el Margen de Contribución

Clientes con un Alto VRPC (mayor o igual que 70, según la Fig.11.1) y que nos da un alto MC (margen de contribución en el negocio), serán más estratégicos y de mayor valor que otros. Quizá sería mejor medir el "Volumen de Ventas" con el cliente en vez del margen, pues puede haber bajos márgenes con volúmenes muy altos. Un cliente con un alto volumen de ventas y bajo VRPC, sería un cliente crítico en mi gestión de cobros.

En el Anexo C se recoge un ejercicio que muestra la importancia de clasificar a los clientes según su grado de riesgo en el pago (VRPC)

CAPÍTULO 12 CONCLUSIONES

No quisiera terminar este libro sin recoger algunas inquietudes que a lo largo de las investigaciones realizadas y de lo observado en un mercado entre empresas, particularmente en la comercialización de energía a grandes cuentas, me he planteado.

12.1 ¿Cuándo empieza la fidelización?

Como definimos en el Capítulo 9, la fidelización es un paso más allá de la fidelidad, y aparece cuando el cliente nos recomienda. No obstante podemos encontrarnos con clientes que no habiendo hecho ninguna compra nos han recomendado. No me refiero a los prescriptores, sino a clientes que por la atención y asesoramiento que con ellos hemos tenido, antes de cualquier transacción, ya hemos conseguido fidelizarlos. Esto puede ocurrir en clientes industriales, donde el tiempo que transcurre desde que se mantiene el primer contacto, hasta que se formaliza un contrato de servicio, pueden transcurrir meses (desde que el cliente decide un lugar donde establecerse hasta que empieza a concretar y necesitar los servicios que les podemos ofrecer). Estos clientes en dicho periodo de establecimiento es cuando más necesidades tienen de asesoramiento, precisamente cuando están más atareados y no deben desviar su atención de su negocio principal, I+D y sus clientes, y lo que en ese momento les ocupa, empezar lo antes posible y sin ningún tipo de problema o trabas en su negocio, bien por primera vez o en un nuevo emplazamiento o lugar geográfico.

Todo servicio que en estos momentos cruciales supongan no una ayuda, sino un valor añadido para el futuro cliente, repercutirá en un aseguramiento del futuro contrato de servicio y lo que es más importante, que nacerá como un cliente fidelizado.

En este periodo de tiempo, en algunos casos de varios meses, es importante iniciar la relación "one to one" y el proceso de fidelización desde el mismo momento en que el cliente industrial se establece o busca un establecimiento, pues es justo en estos momentos cuando más necesidad tiene de un socio estratégico que le ayude en esta labor. Este contacto inicial con el cliente, donde se pone de manifiesto el "valor" que se le puede dar, es primordial en el inicio de la relación con clientes que están empezando, creándose fuertes lazos de confianza.

No olvidemos que los clientes industriales son expertos en su negocio, pero no pueden serlo en todo lo que les rodea, por lo que como proveedores de un cliente industrial, tenemos la oportunidad de darles un valor añadido a su negocio si nos preocupamos por sus problemas potenciales (pues a veces el cliente todavía los desconoce) adelantándonos a ellos. Pero para esto hay que descubrirlos interesándonos por las necesidades de nuestros clientes y por los problemas, que por nuestra experiencia en la parte que conocemos como experto, prevemos que pueden surgirles. Toda resolución de una adversidad a nuestros clientes es un paso más en la fidelización de estos, no olvidando que la fidelización no es que un cliente se mantenga con nosotros (cliente fiel), sino que nos recomiende, y que lo haga positivamente.

Por tanto, las estrategias de fidelización deben empezar a desarrollarse desde el primer contacto que se tenga con el cliente, pues de actuarse correctamente en ese momento, las probabilidades de éxito de que el cliente llegue a ser un cliente fidelizado son mayores.

Asimismo nos podríamos preguntar si un cliente que deja de ser cliente ya no está fidelizado. Un cliente nunca debe dejar de ser considerado cliente, a no ser que éste no quiera mantener nunca más una relación, o que deje de existir.

En el caso de que el cliente no deje de existir, pero que por diferentes motivos dejamos de tener una relación contractual con él, y éste no desea que la relación desaparezca de por vida, el cliente podrá seguir recomendándonos, convirtiéndose en un prescriptor. En cierta ocasión, un cliente, de infraestructuras viarias estatales, que necesitaba asesoramiento en cuanto a las necesidades energéticas de una máquina tuneladora para hacer los túneles necesarios par un tren de cercanías, me llamó por recomendación de otra empresa a la que se le había prestado en el pasado similares servicios y que recomendaba a su gestor indicándole que le resolvería las dudas y problemas que pudiera surgirle. Un buen servicio a un gran cliente, lleva a que éste recomiende a clientes de negocios similares (en muchas ocasiones no entran en competencia, y vuelvo a recordar que quienes recomiendan son las personas en gran medida). El nuevo proyecto llevaría asociado importantes proyectos de ingeniería.

Si el cliente desaparece, no olvidemos que al final quienes nos recomiendan son las personas, y éstas pueden terminar en otras empresas, con la posibilidad de convertirse en un nuevo cliente o en un prescriptor.

Asimismo, la fidelización de un cliente puede desaparecer con mucha más facilidad con la que se creó. Basta una desafortunada actuación con el cliente, no correctamente atendida, para que el cliente pase de recomendar positivamente a hacerlo negativamente. Nunca se puede bajar la guardia ante el cliente, debiendo estar haciéndose permanentemente un seguimiento del servicio que se le da y el nivel de satisfacción y de otras variables o palancas de fidelización que el mismo manifieste.

12.2 Pasar de hablar de una empresa a recomendarla

Algunas empresas hablan de su proveedor en la mayoría de los casos bien, pero no llegan a recomendarlo. Es importante tomar la iniciativa, para una vez detectados estos clientes que solo hablan, o que pertenecen a un sector o agrupación en el que se propicia a hablar de los "proveedores" (nivel de "extensión de WOM" alto), animarlos a recomendar.

En muchas ocasiones los clientes no recomiendan por que no se les ocurre que puedan hacerlo, bien por que entienden que el producto o servicio que reciben no es un producto referenciable (en el mercado de la electricidad se sigue considerando el suministro eléctrico como un "commodity"). En este caso hay que "educar" a los clientes, lo que por otra parte hará que sean más fieles, en diferenciar el producto y las ventajas que éste presenta. Pero para esto hay que dárselas al producto, no basta con decir que es el mejor y el cliente sigua sin ver las diferencias frente a la de otros proveedores.

En otras ocasiones son los mismos clientes los que indican que hablan en diferentes foros o a nivel particular (tal sentido no existe, pues si las recomendaciones las hacen las personas, en muchos caso son estas mismas las que deciden las compras) de sus empresas proveedoras, pero no pasan de ahí, pudiéndose interpretar por el interlocutor estos comentarios como buenos o malos, pero no terminan en recomendaciones. En el caso de que hablen bien, hay que fomentar que los clientes recomienden nuestros servicios y productos.

Pero, ¿Cómo dirigir la recomendación o WOM de los clientes?,

- Proponiéndoselo directamente al cliente,
- Provocando reuniones sectoriales,
- Preguntando al cliente a quienes podemos ofrecerle lo que se le ofrece a él,
- Pidiéndole permiso de usarlo como referencia ante otros clientes, aunque esto haría que se perdiera parte de la independencia de la WOM respecto al emisor.
- Preguntando y premiando a los clientes.

Igualmente hay clientes que aunque están catalogados como buenos compradores, se quejan de la empresa y hablan mal ésta. Hay que evitar que estas quejas se conviertan en recomendaciones negativas, y si es posible analizarlas y reconducirlas.

Pero siempre solicitar al cliente que recomiende cuando sepamos que es adecuado hacerlo; cuando esté satisfecho y valore positivamente nuestro servicio.

12.3 La importancia de la gestión de las incidencias y las reclamaciones

Al igual que se ha detectado que la atención personalizada, sobre todo cuando surgen problemas con el proveedor, ha llevado a que el cliente haga recomendaciones positivas, aún apreciando una calidad no adecuada y no estando satisfecho con el servicio, se ha visto que esta atención es limitada en cuanto a su disponibilidad. Es básica la atención fiel y oportuna por otros medios, como es la atención a través de los Centro de Atención Telefónica (CAT), en los que en muchos casos se hace una alta inversión, en tecnologías y en personal (a veces en esto algo menos, sobre todo en formación), pero no está adecuada la información personalizada para atender al cliente en el momento que lo necesita. En algunas ocasiones momentos muy importantes o críticos para él.

Valores bajos en cuanto a la atención recibida por parte del cliente ante las reclamaciones lleva a unos valores bajo en la satisfacción de éste y de su nivel de recomendación (WOM).

Cuando un cliente reclama por un servicio que a su atender no ha sido satisfactorio o le ha causado problemas, independientemente de que no tuviéramos la culpa y debamos defendernos, sí debemos averiguar cómo dicho incidente le ha afectado. En el suministro eléctrico el mayor número de reclamaciones vienen por un problema de calidad en el mismo, bien por un corte de suministro, o una deficiencia en el mismo. No a todos los clientes estos posibles fallos les causa problemas y en la misma medida. Normalmente el perjuicio que se les provoca en su cadena de producción, bien como productos defectuosos o lo que a veces puede ser mas importante, dejar de poder atender a sus clientes antes remesas ya comprometidas a entregar de manera inmediata puede ser muy importante.

En este último sentido, recientemente, un cliente industrial que proveía de material electrónico a una importante empresa automovilística japonesa a nivel europeo, en un momento determinado no pudo cumplir plazos de entrega por una falta de suministro eléctrico. Esto conllevaba una penalización como proveedor de dicho material, y que le dejaba en posición menos competitiva a nivel europeo con el resto de proveedores para futuros pedidos. En este caso, un reconocimiento de responsabilidad (que por otra parte se podría haber justificado) por parte de la compañía suministradora de electricidad, acompañado de medias que mejoraron dicho suministro ante contingencias, no solo sirvió para que no hubiera denuncia por parte del cliente, sino que el cliente quedara más satisfecho y corrigiera ante su propio cliente la situación. ¿Ha sido un paso más para la fidelización?, el tiempo lo dirá.

12.4 Clasificar a los clientes por el alto nivel de recomendación y valor

A lo largo de todo este libro he insistido en la importancia, crítica en estos tiempos tan cambiantes y con una gran competencia en mercados globalizados, de tener correctamente clasificados a los clientes. Como se recoge en la Figura 10.2, no solo se debe clasificar a los clientes por su nivel de WOM, sino por su alta relación con otros clientes en el mercado y su proyección de crecimiento a futuro.

Por otra parte no debemos olvidar que tanto los recursos de productos a servir como los humanos, son limitados, y no debemos dejar a clientes claves (clientes estratégicos para nuestro negocio) sin dicho servicio o producto por estar dedicándolos a otros clientes que incluso nos están provocando pérdidas.

Cuando una empresa "vende" sus productos de manera indiferenciada, y llega al caso de tener todo vendido, puede tener un verdadero problema, puede morir de éxito. Pues en ese momento si un cliente importante, cliente clave que le permitirá crecer, necesita de sus servicios, y estos no pueden ser prestados o dados con la calidad no adecuada, podemos perder un cliente, cliente fidelizado, que nos puede hacer que nuestras previsiones de futuro sean peores. Por ellos debemos tener muy bien clasificados a nuestros cliente, para conocer cuales son los "claves" y tenerlos siempre atendidos. Cuidado, los claves no son necesariamente aquellos que mayores volúmenes nos compran.

Cuando hablamos de la recomendación que nuestros clientes hacen, se debe confrontar la capacidad de extensión o relación con los mercados de estos clientes, qué influencia tienen en el mercado y hasta donde llegan con su nivel de WOM, distinguiendo que ésta sea positiva o negativa.

En cada empresa se debe medir el valor que en cada segmento se aporta por los clientes en él clasificados, para así al comparar unos con otros, según el segmento donde se ubiquen, ver el impacto en incremento de valor que supone la migración de un segmento a otro (ver figura 8.1) y comparar éste incremento de valor con el coste de las estrategias encaminadas a realizarlo.

12.5 Importancia de la confianza

La Confianza del cliente industrial en su proveedor es muy significativa para conseguir mayores niveles de WOM. La confianza permite que el cliente se sincere y se comunique con su comercializador (recordemos que la información es la verdadera ventaja competitiva en el tiempo), lo que permite un mejor conocimiento de las necesidades del cliente y darle justo lo que necesita (mayor calidad al menor coste), lo que marcará unos índices altos de calidad y una mayor satisfacción del cliente (véase Figura 4.10 "circulo de calidad de Cuesta, 2003).

Llegando a un grado de confianza se permite alcanzar:

- Mayor claridad en los objetivos del vendedor y del cliente.
- Una mayor implicación del vendedor en intentar satisfacer al cliente.
- Un intercambio mayor de comunicación entre ambos.

Según Peppers y Rogers (ver Schneider, 1995), "La información del cliente es la verdadera ventaja competitiva sostenible, Es la mejor manera de poder ofrecer al cliente algo que nadie, ningún competidor que no posea dicha información, podrá copiar". Y esa información se consigue con la confianza.

En estudios realizados (véase Sánchez Arrieta, 2007) en población de grandes clientes industriales, la confianza mostró una mayor correlación e influencia en la recomendación que hacían los clientes, por encima de la calidad y la satisfacción, tanto a nivel individual (cuadro 9.2), como interactuando con las otras dos variables.

12.6 Benchmarking entre carteras de clientes de una empresa

A través del cálculo NPS (Net-Promoter-Store) según la expresión de Reichheld (2006) recogida en el Capítulo 6.8 se nos permitiría conocer el grado de "fidelización" de una cartera de clientes o de los clientes de una empresa. En el caso de estudio de investigación (Sánchez Arrieta, 2007) anteriormente mencionado llevado a cabo entre 59 empresas industriales y recogido en la Figura 9.1.5, consideradas como un cartera de clientes, nos llevaría al Cuadro 12.6.1.

Tipo de cliente	Nivel WOM	N° clientes	%
Cliente Promotor	6 ó 7	30	50,8%
Cliente Pasivo	5	18	30,5%
Cliente Detractor	1 a 4	11	18,6%
	Total	59	100 %
NPS (net promoter score) = %clientes promotores - %clientes detractores………………………………=			20,3%

Cuadro 12.6.1 NPS de los clientes de una cartera industrial (elaboración propia).

Este índice por una parte nos indica en una cartera o en una empresa si hay más clientes promotores que detractores y es útil para hacer "benchmarking" entre carteras de clientes de una misma empresa, o entre empresas en un mismo sector o mercado.

Las empresas se obsesionan por la "satisfacción" y sobre todo la satisfacción media, que poco dice de los clientes "claves", cuando puede haber otros parámetros más importantes, o tan importantes, al menos a nivel personalizado de cada cliente. La determinación de las variables más significativas (satisfacción, calidad, confianza, valor, gestión de reclamaciones, atención personalizada del gestor, gestión del CAT y staff, etc.) de cada cliente y el grado de recomendación (WOM) y cómo éste se ve afectado es conveniente conocerlo para definir estrategias adecuadas.

Asimismo, como se recogía en la Figura 10.2, pasar de clientes de bajo margen de contribución directo y medio o alto de contribución directa a clientes de un mayor margen de contribución directa, se consigue a través de otras ventas cruzadas. Para ello debemos buscar las mejores prácticas y oportunidades en clientes a los que les hemos ofrecidos y han aceptado o han necesitado estos otros servicios, clientes similares al que queremos migrar de segmento.

12.7 Mapa de recomendación

Si bien en un mercado de masas (B2C), la persona que compra y "usa" el producto o servicio en la gran mayoría de los casos es quién puede y suele recomendar, no ocurre igual dentro de una empresa que compra o se relaciona en el mercado entre empresas.

Dentro de una misma empresa pueden haber diferentes personas que recomiendan con diferentes niveles de alcance. Normalmente la empresa se relaciona con su cliente a través de la venta y por ello contacta con los interlocutores de la "organización" de compra de su cliente. ¿Hasta que punto es ésta la persona que, no sólo toma decisiones en cuanto a la compra, sino la que tiene el poder de recomendar positivamente o negativamente a otros clientes? De hecho puede ser que la persona que toma la decisión de compra, que como hemos visto en el Capítulo 7 (Figuras 7.3.1 y 7.3.2) en empresas grandes y complejas se hace a través de un "modelo de compra organizada", no sea la que por su relación con otros agentes del mercados (organismos, mercados, clientes, etc.) la que tenga el mayor poder de reconocimiento, recomendación, penetración e influencias en otros clientes o mercados.

Es necesario, al igual que se desarrolla el proceso de compra organizada, desarrollar un modelo de proceso que determine las personas dentro de una organización que contribuyen, y el grado en que lo hacen, en la recomendación, o puedan contribuir en ello a otras empresas.

Asimismo, es interesante el discriminar entre "prescriptor" y "recomendador". En el mercado industrial, también en el masivo, hay empresas prescriptoras, por la función de asesoramiento que tienen, cuyas recomendaciones se toman muy en cuenta.

12.8 Crecer con los clientes Claves

Clasificar a los clientes según su potencial de crecimiento y su poder de recomendación y prescripción. Marcar estrategias para crecer con el crecimiento de estos clientes. Ésta debe ser la estrategia de toda empresa que no solo quiera crecer, sino de hacerlo de manera sostenible; sobre todo para estar preparada para cuando vienen tiempos de crisis y la exposición al mercado y a la competencia es mayor.

Hay clientes que por su alta imbricación en el mercado en que operan presentan un alto crecimiento, tanto en ellos mismos como en aquellas otras empresas con las que tiene una estrecha relación. Estos clientes son estratégicos para una firma para crecer con una alta rentabilidad sostenida en el tiempo.

Hay dos formas de crecer, crecer en "cuota de mercado", o crecer en "cuota del cliente". Entendemos que la segunda forma de crecer, "crecer en cuota del cliente", relacionándose estratégicamente con éste dándole valor, es como se puede aumentar los negocios con los clientes claves ofreciéndoles otros servicios de alto valor. Es la forma más rentable de crecimiento a la vez de tener menor riesgo y ser menos detectado por la competencia.

En este sentido es importante focalizarse en los "clientes claves" que a su vez presenten un alto potencial de crecimiento, pues paralelamente al crecimiento de estos clientes, ofreciéndose como socio colaborar en servicios claves que aporten un mayor valor al cliente, las empresas que operan en mercados industriales tienen una oportunidad muy importante de crecimiento sostenido con sus clientes.

No obstante, siempre hay que analizar los mercados donde estos clientes claves estén creciendo, teniendo en cuenta el riesgo asociado que pudieran tener.

Esto en un mercado entre empresas o industrias puede ser muy significativo y de un alto valor, pues hay empresas que por su situación estratégica o por sus oportunidades de crecer o expandirse, en su negocio u otros relacionados, presentan una gran oportunidad para ofrecerse como socio colaborador en su crecimiento (ver ejemplo real recogido en la Figura 8.2).

Las empresas deben medir y clasificar a sus clientes por el crecimiento que le aportan, y no solo por los beneficios que de manera directa le dan. Esto les permitirá crecer con sus clientes "claves", aquellos que mayor beneficio le aportan.

ANEXO A. EL VERDADERO VALOR DE ASMASA COMO CLIENTE DE UNA COMERCIALIZADORA (un caso para analizar)

Compañía Eléctrica del Sur (CES), empresa del sector eléctrico, si bien su negocio principal es la producción, transporte, distribución y comercialización de electricidad, también está presente en otros sectores energéticos (gas, cogeneración y energías renovables), en telecomunicaciones y en otros servicios "que aporten valor a su negocio principal".

A nivel nacional, la LEY 54/1997 del Sector Eléctrico de 27 noviembre, cuyo propósito fue liberalizar a éste, vino a regularizar los tres segmentos en que verticalmente está estructurado el sector: la Generación de energía, la Distribución y Transporte, y la Comercialización.

A raíz de esta futura liberalización del negocio de comercialización (iniciándose desde el principio en la generación e imponiéndose en la comercialización desde el 1 de julio de 2009 al desaparecer paulatinamente el mercado regularizado del suministro eléctrico, empezando por la Alta Tensión y del gas para la mayoría de los clientes), actividad llevada hasta entonces en el canal de distribución, en CES se creó una Dirección General de Comercialización conformada por siete direcciones: Dirección de Grandes Clientes, Dirección de PYMES, Dirección de Nuevos Negocios, Dirección de Mercado Masivo, Dirección Comercial y de Marketing, Dirección de Operaciones y Servicios y Dirección de Productos (Figura A1).

Funcionamiento del sistema eléctrico en españa

Los AGENTES que intervienen en el sistema eléctrico son los siguientes (ver Figura A2):

a) Los productores de energía eléctrica; que son aquellas personas físicas o jurídicas que tienen la función de generar energía eléctrica, así como las de construir, operar y mantener las centrales de producción.

b) Los autoproductores de energía eléctrica; que son aquellas personas físicas o jurídicas que generen electricidad fundamentalmente para su propio uso, exportando el excedente a la red de distribución (actualmente es más rentable y remunerativo vender todo a la red, y consumir desde ésta lo que consumen).

c) El Operador del Mercado, o "Pool de energía", sociedad mercantil que tiene como función, entre otras, el regular el mercado de casación (oferta y demanda) de energía.

d) El Operador del Sistema, sociedad mercantil que tiene como función la operatividad técnica del sistema de distribución.

e) El Transportista, sociedad mercantil que tienen la función de transportar energía eléctrica, así como construir, mantener y maniobrar las instalaciones de transporte. Actualmente REDESA.

f) Los Distribuidores, que son aquellas sociedades mercantiles que tienen la función de distribuir energía eléctrica, así como construir, mantener y operar las instalaciones de distribución destinadas a situar la energía en los puntos de consumo.

g) Los comercializadores, que son aquellas sociedades mercantiles que, accediendo a las redes de transporte o distribución, tienen como función la venta de energía eléctrica a los consumidores del sistema que no están en el mercado regulado (actualmente CUR) o a clientes regulados (CUR, con potencias eléctricas menores de 10kw, y gas a baja presión). Pueden contratar con las distribuidoras el Acceso de Terceros a la Red de sus clientes.

La fijación del precio de la electricidad

Los Comercializadores compran diariamente energía para sus clientes en el mercado libre o en subastas (CESUR) a futuros. Estas "necesidades" o demandas energéticas que diariamente determinarán los Comercializadores para cada una de las 24 horas del próximo día en función de las previsiones de sus clientes, serán casadas a través de un sistema de "subastas" dirigido por el Operador del Mercado, con los oferentes, agentes de Generación, que estén dispuestos a producir la energía que cubra cada una de esas 24 horas al menor precio. Para esto se crea el "mercado diario" de la energía, también conocido como "Pool de energía". Cada día, antes de las 10:00 horas, el Operador del Mercado realizará la casación de las ofertas económicas de compra y venta de energía eléctrica por un método de casación a través de subasta. Las ofertas de compra y venta se hará hora a hora, y podrá realizarse considerando de 1 a 25 tramos cada hora, en cada uno de los cuales se oferta energía y precio de la misma. El precio de cada periodo horario será igual al precio del último tramo de la oferta de la última unidad de producción cuya aceptación haya sido necesaria para atender la demanda (solicitada como previsión para el siguiente día) que haya resultado casada, es decir, que con la última oferta adjudicada del tramo se cubra éste.

Con este método se trata de transmitir la máxima eficiencia a la generación de energía, ya que en cada hora sólo entrarán a producir aquellas que estén dispuestas a hacerlo al menor coste, que de quedarse fuera de la subasta y no generar, no llegarían ni a cubrir los costes fijos (con el tiempo se ha visto que no es suficientemente eficiente ni competitivo). Como resultado de esta casación, al final de la subasta para cada periodo horario, se habrá determinado un precio diferente de la energía. En la Figura A3 se puede apreciar la composición del precio para un día. Es muy importante que los agentes que compran energía y las Comercializadoras y aquellos clientes que por ser cualificados y se den de alta en el sistema puedan hacerlo (circunstancia con grandes riesgos que desaconsejan hacerlo), determinen lo más exactamente posible la energía que sus clientes van a consumir el día siguiente, ya que toda desviación de la previsión (hacia arriba o abajo) supondrá una penalización en el coste. Este precio de casación o de "pool", llamado así por la concentración de diferentes centrales de generación que concurren a la subasta, es sólo el precio al que serán remuneradas las mismas por cubrir la demanda prevista para dicha hora.

No obstante, la realidad final puede variar respecto a lo que se fijó inicialmente el día anterior, bien porque la demanda no coincida con lo que se predijo, porque haya un aumento de la misma por un mayor consumo, lo que haría que más centrales de generación tuvieran que entrar en una nueva subasta (mercado intradiario) de casación de precios para cubrir este excedente, o que por disponibilidades técnicas operativas del sistema eléctrico a nivel peninsular, las centrales que deban generar sean distintas de las que inicialmente salieron adjudicadas en la subasta. Todo esto hace que el precio final de la energía (precio que sólo incluye el coste de la generación) resulte ligeramente superior al marcado en el mercado diario.

El coste de la energía tiene por tanto dos componentes con una gran volatilidad o riesgo, que no se ajuste lo demandado a lo que se consuma (llamado riesgo de volumen) o que el precio al que se adjudique la demanda no sea el esperado (riesgo de precio). Así, al precio final de la energía (el de casación en la subasta más otros costes) se sumarían otros costes regulados, entre los que se encuentran las tarifas de acceso (ATR), que es lo que la Comercializadora remunera a las redes de Transporte y Distribución por la energía que a través de ella se "envía" a los clientes, los derechos de centrales de producción de estar conectadas con una disponibilidad de una cierta potencia a la red, etc. (Ver Figura A4).

En los últimos tiempos se ha forzado a los grandes generadores de energía eléctrica a subastar energía a futuro a comercializadoras con pequeña generación de energía (subastas CESUR, actualmente desaparecida), en aras a hacer más competitivo el mercado de venta de energía eléctrica entre las comercializadoras. Asimismo, el precio que trimestralmente se marcan en estas subastas de energía a futuro, suele usarse como referencia para revisiones de precios en contratos (algo similar a lo que se hace con las revisiones de préstamos económicos con el euribor).

CES Energía, comercializadora de CES

Como consecuencia de esta liberalización del mercado energético, CES Energía se marcó como objetivo seguir vendiendo en el mercado libre, electricidad a sus clientes del mercado regulado (mercado no liberalizado), además de gas. Asimismo se propuso analizar qué otros servicios podría ofrecer a sus clientes para, por una parte darles un mayor valor, y con esta idea retenerlos, y por otra generar otros ingresos, ya que los beneficios en un mercado liberalizado no estarían ya garantizados como lo estaban en el mercado regulado, y además entendían era la estrategia adecuada para poder crecer sin depender del crecimiento de su mercado natural, el eléctrico, donde entrarían nuevos agentes a competir haciendo que decreciera su cuota de mercado. En este sentido se crea la Dirección de Productos, encaminada a dar otros servicios y productos donde CES pudiera dar a sus clientes un servicio competitivo y con valor añadido a la vez de reportarle unos beneficios y permitirle entrar en otros negocios. En este sentido, sabiendo que todo lo relacionado con la ingeniería y la eficiencia energética está en su "know how", decide ofrecer estos conocimientos a través de nuevos servicios a sus clientes aportándoles un mayor valor. Deciden pasar de una política de cuota de mercado, donde es uno de los líderes, a una cuota de cliente sin olvidar el mercado principal.

A la hora de clasificar a los clientes, CES decide agruparlos en tres grupos diferentes, clientes de muy alto consumo eléctrico (Dirección de Grandes Clientes), pequeñas y medianas empresas y negocios (Dirección de Pymes), y pequeños consumidores y doméstico (Mercado Masivo). Además crea la Dirección de Nuevos Negocios, pensando en la oportunidad de la incorporación de electrodomésticos eficientes en la nueva construcción y en la rehabilitación de edificios.

Anexo A El verdadero valor de ASMASA como cliente de una comercializadora

La Dirección de Grandes Clientes es la que atiende a los clientes que tienen un gran consumo eléctrico, y para distinguirlo de PYMES, CES decide clasificarlo por puntos de suministro con un consumo anual de más de 3 GWh/año (3 millones de kwh/año). Es decir, para que CES considere a un cliente como "gran cliente" o que sea atendido por este canal, al menos uno de sus suministros debe tener un consumo superior a los 3 Gwh/año. El resto de las direcciones están orientadas a los clientes con un consumo inferior. En este canal de GGCC, los clientes están asignados a través de carteras de entorno a 40 clientes (en la Figura A5 apreciamos un cartera tipo de 30 clientes) a un gestor de grandes clientes, el cual atiende a todos los clientes de manera personalizada realizando al menos tres visitas al año a cada uno de ellos.

En el canal de PYMES, la atención, aunque sigue siendo personaliza, no conlleva necesariamente visita a los clientes, quedando éstas a discreción del gestor. Estas carteras están asignada a un gestor de Pymes, y alcanza a un número mayor de cliente, entorno a 200 (en la Figura A6 se aprecian 26 clientes, ordenados por consumo, de una cartera tipo con 200 clientes), llegándose incluso a carteras de más de 500 clientes.

A veces aparecen discrepancias entre los responsables de los canales de Grandes Clientes y PYMES a la hora de determinar en que canal se debe ubicar y ser atendido un cliente, sobre todo en clientes nuevos de los que no hay todavía un histórico de consumos, o en clientes con varios puntos de suministro, pero que en ninguno de ellos supera los 3 Gwh/año. No es de extrañar esta discrepancia, pues pocos clientes de elevado consumo en una cartera de Pymes, puede garantizarle a su gestor responsable, al menos en venta de energía, unos ingresos importantes para compensar las pérdidas de otros más pequeños ante la competencia.

Los canales de venta de CES Energía

Durante gran parte de la existencia del Sector Eléctrico no ha habido canales de venta como tales para la comercialización de electricidad, ya que éste estaba monopolizado y era considerado un servicio público. Los escasos puntos de contacto con los entonces denominados abonados eran oficinas propias, en las que aparte de cobrar se realizaban todos los trámites operativos para formalizar el servicio, sin prácticamente ninguna acción de ventas y con pequenos apoyo de Centros de Atención Telefónica.

En los últimos años de monopolio en la comercialización (último decenio del pasado siglo), en los que la calidad del suministro y el valor al accionista dependían en parte de la imagen de las compañías eléctricas, éstas empezaron a cambiar la denominación de abonado por la de cliente (el presidente de CES, Fernando Yáñez, fue el primero en cambiar el nombre de abonados a clientes); definiendo máximas publicitarias como "el cliente es la razón de ser", y se empieza a dar un servicio más próximo a éste potenciando la atención en las oficinas comerciales, desarrollándose los servicios en los Centros de Atención Telefónica, y llegándose a crear la figura del Defensor del Cliente.

Los grandes clientes, aquellos de más de 3 Gwh/año, empiezan desde antes de la liberalización del sector eléctrico a ser atendidos mediante un gestor personalizado, contactando con la compañía a través de un Centro de Atención Telefónica de Grandes Clientes, la página web corporativa o acudiendo a las oficinas comerciales propias y externas, pero normalmente lo hacen de manera personalizada a través del gestor de Grandes Clientes asignado, llegándole a éste siempre la información que por cualquier de los otros canales se origine.

A nivel centralizado, Compañía Eléctrica del Sur creó un Centro de Atención Telefónica específico para Grandes Clientes y para Pymes, en el que existen unos 30 agentes, uno por cada 2.000 clientes aproximadamente, que está dimensionado sobre el mercado. Los clientes del canal Pymes, además de ser atendidos por una fuerza de venta de gestores, aunque personalizada sin presencia física del gestor, también pueden acudir a las oficinas comerciales o realizar sus gestiones por Internet.

Por su parte, el mercado masivo, que incluye principalmente el doméstico y algunos pequeños negocios, son atendidos en las oficinas, mayormente franquiciadas, los CAT e Internet, pero no tiene atención personalizada.

En total, en su negocio eléctrico, en CES se genera más de un cuarto de millón de nuevas altas al año. El Centro de Atención Telefónica del Mercado Masivo recibe 4'5 millones de llamadas al año, las oficinas registran 1,4 millones de contactos al año y los puntos de servicio 0,5 millones de contactos anuales. Por su parte, las operaciones anuales ascienden a 350.000 movimientos de contadores de medida (instalación y retiro), 285.000 cortes y reconexiones, 700.000 de otras órdenes de servicio al año y 40.000 inspecciones.

La cartera de productos de CES Energía

Además del suministro eléctrico tradicional, CES ha consolidado recientemente una cartera de productos y servicios nuevos para el mercado doméstico o masivo, que incluyen seguros, seguridad en la vivienda, calefacción, TV por cable y telecomunicaciones, y climatización entre otros.

Por su parte, en el canal de Empresas (PYMES) CES ha pasado de suministrar únicamente energía a incluir nuevos productos y servicios en su cartera de productos. Los principales son los cambios de tensión de suministro eléctrico, mantenimiento de centros de transformación y de instalaciones, proyectos de ingeniería e instalaciones y legalizaciones, gestión de compra de sistemas de alimentación ininterrumpida, sistemas de televigilancia, venta de componentes eléctricos que van desde transformadores a batería de condensadores, estudios de impacto ambiental, auditorías y asesoramiento energético, y estudios de calidad e inmunización de maquinarias.

En el mercado de Grandes Clientes, CES ha desarrollado una serie de productos y servicios encaminados a dar valor a sus clientes a la vez que le reporte pingues beneficios y le haga un referente en su mercado. Entre sus servicios más significativos y en los que puede llegar a ser un referente en su mercado, aparte de los mismos ofrecidos en el canal de PYMES, están los servicios de ingeniería, sobre todo en lo relacionado con la energía (gas y electricidad), y en servicios de Gestión Energética Integral, como un servicio de "externalización" integrado de provisión de gas, electricidad, y sus productos en forma de frío y calor industrial, al contar CES con personas experimentadas en otras Direcciones y un gran poder de compra y alianzas en el mercado.

En los tiempos actuales, donde las empresas y consumidores finales han tomado conciencia por el ahorro energético (reducción de costes energéticos, aumento de la productividad, mejora del rendimiento y vida útil de equipos eléctricos y seguridad), tanto por "imagen" (cuidado del medioambiente) como por motivos económicos (ahorro de emisiones de CO_2), CES ha visto la oportunidad de ofrecer servicios de Eficiencia Energética, campo en la que es experta y está reconocida en el mercado.

No obstante, el producto principal por el que se reconoce por parte de los clientes a CES y al resto de comercializadoras que operan en el mercado eléctrico es por el producto que siempre han servido a un precio regulado en el mercado, el suministro eléctrico y de gas. A diferencia del mercado regulado, en el mercado liberalizado, el precio es negociado entre el cliente y la comercializadora. Aunque este precio negociado depende del horario y la forma en que el cliente consume, el mismo es negociado entre ambas partes, comparando el cliente en muchos casos el que le ofrecen otras comercializadoras. Al fijarse el precio a un cliente u otro, la comercializadora intenta conseguir una cierta rentabilidad sobre cada kwh vendido a futuro, pues el contrato es un compromiso de venta de energía a futuro al cliente a un precio acordado, independiente del precio diario al que la compañía lo compra día a día en el mercado del pool (aunque normalmente llegan a compras a futuros para garantizarse dicho suministro con algunas productoras), donde las productoras, entre otros las centrales eléctricas de CES, casan su energía a producir para el día siguiente con la demanda prevista del mercado.

Actualmente el coste medio de servir del kwh (incluyendo costes de la energía y el transporte o peajes) para un consumidor medio está entorno a los 8,75cts€/hwh, mayor que el del gas, en torno a 5,85 cts€/kwh. Aunque este último, el de gas, que sufre fuertes variaciones en cuanto al precio, es fácilmente comprometible su abastecimiento a futuro, cada vez más escaso por el fuerte crecimiento de la demanda a nivel internacional (costes imaginados para este caso).

Es por esto que el precio, en contratos con clientes con cierto tiempo transcurrido, pueda diferir bastante del de contratos más recientes por la alta variación del coste energético en el tiempo, siendo engañosa por tanto la rentabilidad que con el cliente en dicho contrato se está obteniendo frente al que en un principio se presuponía tener, mayor o menor. Es decir, lo precios de las ofertas no suelen mantenerse en el tiempo.

La satisfacción y la relación con el cliente, camino hacia la fidelizacion y creación de valor

Juan Urbieta, recientemente nombrado Director General Comercial de CES, se dio cuenta de que el grado de lealtad de los clientes iba a depender en gran medida del nivel de satisfacción que los clientes tuvieran respecto a los productos y servicios. Si la fidelidad de los clientes iba a ser la fuente básica de rentabilidad para la empresa, entonces era importante que los procesos permitiesen tratar a cada cliente de manera diferenciada y que se pudiera actuar en consecuencia; algo que hoy en día no se estaba haciendo de forma generalizada.

Incrementar la tasa de retención de sus clientes, así como la cuota de cliente de los mismos, pretendiendo al tiempo reducir los costes de adquisición, de ventas y de servicio, requería establecer una relación personalizada, duradera y beneficiosa para todos los implicados en un entorno de mercado liberalizado.

Al mismo tiempo, Urbieta tomaba conciencia de que para maximizar la relación con los clientes, CES necesitaba identificar las fases y ciclos de vida de los mismos, así como sus pautas de comportamiento y su posicionamiento en su mercado en el caso de los clientes industriales, y que en este último caso el conocimiento del cliente no se perdiera con los cambios de los gestores; especialmente teniendo en cuenta la elevada rotación de los mismos por motivos de jubilaciones, cambios de puestos o abandonos. La vinculación de la empresa con sus clientes era muy importante.

Para poder personalizar y dirigir sus productos y servicios con mayor efectividad incrementando así el nivel de satisfacción de sus clientes, CES debía determinar aquellos atributos de servicio con mayor impacto en la satisfacción de los mismos y priorizarlos. Aquellos clientes con un bajo nivel de satisfacción y un alto impacto en la cuenta de resultados de CES deberían abordarse en primer término, concluyó Urbieta. Las razones eran de peso. El nivel de satisfacción se encuentra directamente ligado a la probabilidad de cambio de proveedor, así como a la probabilidad de recomendar la empresa a terceros. A la luz de todo esto, consideró que entonces sí podría determinar la vida media esperada de su cartera de clientes a partir de la probabilidad de que éstos cambiaran de proveedor, como consecuencia del nivel de satisfacción.

En cualquier caso, no todos los clientes son igual de rentables. Si la rentabilidad depende de alcanzar un nivel de individualización de las relaciones que sea eficaz y eficiente en términos de coste para la empresa, ¿quiénes serán los rentables? ¿En cuáles debería CES centrar sus recursos?, por otra parte limitados. Entendía que tanto la empresa como el cliente debían obtener una ventaja derivada de su relación para alcanzar una fidelidad mutua, pero ... ¿cómo hacerlo?

Pensando en el cambio estratégico que quería dar a su dirección, convenciendo a la Presidencia de CES que ese cambio debía a su vez estar apoyado por toda la organización de CES, su mirada se quedó clavada en el cuadro que tenía junto a la puerta de su despacho, que recogía la visión, la misión y los valores de CES.... ¿estaban realmente preparados para mantener su liderazgo en un mercado liberalizado?, ¿serían capaces de superar las expectativas de sus clientes?

Volviendo a su mesa se encontró un correo electrónico de uno de sus colaboradores, Arturo Suárez, persona que continuamente se planteaba que era necesario dar un giro en la manera en que se clasificaba a los clientes en las diferentes líneas de negocio y que debía hacerse más en función del valor que aportan los clientes que por el volumen de facturación que con ellos se tuviera, pasando de la manera actual de clasificarlos, Grandes Clientes, a clasificarlos por Clientes Claves.

Arturo Suárez, gestor de grandes cuentas en el canal de GGCC de CES en el sur de España, había pedido a su dirección autorización para que se le pasara a su cartera (ver Figura A5) un cliente, ASMASA, que había detectado y que consideraba muy importante el poder atenderlo en su cartera, ya que en él detectaba un gran potencial, pero que al tener un consumo muy pequeño había sido ubicado en una cartera del canal de PYMES (ver Figura A6).

A su vez quería hacer un estudio de los clientes de su cartera y otras carteras de PYMES, ya que algunos clientes de su cartera le quitaban mucho tiempo para lo que aportaban; y por otra parte pensaba que clientes pequeños como ASMASA, pero con gran potencial, debieran ser tratados en el canal de GGCC, por lo que pedía le permitieran hacer un estudio para una mejor clasificación de los clientes no teniendo solamente en cuanta el consumo eléctrico. Concretamente había pedido la conveniencia de pasar a ASMASA, cliente de muy bajo consumo, menos de 0,5 Gwh/año, que además operaba en un sector, asfaltados y construcciones, que atravesaba ciertos riesgos de futuro en cuanto a pago, clasificado para ser atendido a través del canal de PYMES. Arturo pensaba que clientes como éste, de gran potencial, en dicho canal podían ser más fácilmente expuestos a la competencia y perderse, a la vez de no detectarse oportunidades que de dichos clientes se podían obtener.

ASMASA

Desde que Arturo Suárez conoció a Andrés Iceta, gerente de ASMASA (Asfaltados de Málaga S.A. Figura A7) en una convención de ferias, no dejó de sorprenderse cómo una pequeña empresa, según su consumo eléctrico, y que por tanto estaba siendo atendida por CES a través del canal de PYMES, podía tener tanto poder y estar involucrada en la creación de nuevos negocios de un gran crecimiento.

ASMASA fue creada a inicios de los años setenta del pasado siglo por cinco empresarios de la Costa del Sol, empresarios de reconocido prestigio en el sector de la construcción ante la oportunidad del negocio que presentaba el asfaltado de calles y carreteras en el desarrollo de la infraestructura viaria de la provincia de Málaga. Vieron que podían ser mucho más competitivos que otras empresas, mayores en ese mercado, pero que al estar éstas fuera de la provincia, los costes de producción y transporte eran mucho mayores, pues el conglomerado que se fabrica para el asfaltado debe estar en unas condiciones determinadas de temperatura que haga que sea necesaria su ubicación cercana a la utilización del mismo.

Asimismo, al ser estas empresas que conformaron ASMASA empresas constructoras, tenían un conocimiento tanto del producto como del mercado local, muy definido éste por pequeños pueblos de la provincia de Málaga, lo que le permitía un mejor conocimiento, flexibilidad y menores costes que a sus competidores de otras provincias.

En su primer año de funcionamiento produjo 40.000 tn/año de mezclas asfálticas; llegando a superar actualmente las 500.000 tn/año a través de plantas móviles distribuidas en toda Andalucía y una fija en Málaga, a la que actualmente CES le vendía la energía eléctrica, entorno a 400.000kwh/año (0,4 Gwh/año), siendo atendido en la actualidad por el canal de PYMES de CES.

Anexo A El verdadero valor de ASMASA como cliente de una comercializadora

Actualmente ASMASA no solo sigue produciendo e implantando asfaltado, sino que desde los años 90, veinte años después de su constitución, viene haciendo todo tipo de obra civil, algunas muy significativas y emblemáticas, bien directamente o a través de UTE con otras empresas, algunas incluso participadas por ella misma, además de diversificarse participando en la creación de otras empresas del sector de la construcción. Actualmente ASMASA tiene un capital social de más de 15 millones de euros.

En este sentido, a mediados de los 90, los accionistas de ASMASA, promotores y constructores nacionales ubicados en la provincia de Málaga, ante el crecimiento que presentaba el sector de la construcción y obra civil pública y la gran dependencia que tenían de asegurarse su producto básico, el cemento, deciden emprender la construcción de una fábrica cementera en la provincia con el objeto de proveer de dicho material tanto a sus socios como a otros grandes constructores de la provincia que se unirían al proyecto; llegando a ser más de veinticinco socios. Proyecto liderado por ASMASA, donde ésta quedaría con un porcentaje proporcional del 4%, ya que el resto de los socios, algunos accionistas a su vez de ASMASA, participarían con el mismo porcentaje.

Ya que el objetivo principal de esta fábrica era abastecer a sus veinticinco socios, nació con dicha capacidad. Por ello, al no ser de un gran volumen de producción, no se diseñó integrada verticalmente como así están otras cementeras, por lo que dependería del aprovisionamiento exterior del clinker, componente principal del cemento.

CEMENTOS DE MÁLAGA

CEMASA, Cementos de Málaga S.A. (Figura A8), empresa liderada por ASMASA, en su nacimiento tenía en su Consejo de Administración como consejero delegado a Jacinto Portero, a pesar de tener solo un 4% de ésta, a la vez presidente de ASMASA.

CEMASA, nace como fábrica cementera importando las materias primas necesarias para producir cemento para sus socios y para una pequeña parte del mercado. Desde su inicio, por su alto potencial de consumo eléctrico nace directamente en el canal de Grandes Clientes en la cartera asignada a Arturo Suárez (ver Figura A5).

Normalmente las cementeras disponen de canteras en su exterior de la que disponen de las materias primas necesarias para producir el cemento.

El Clinker es el componente principal del cemento y del hormigón. Su nombre surge por su color gris característico. Se forma tras calcinar caliza y arcilla a una temperatura que oscila entre 1.350 y 1.450 °C. Se compone aproximadamente de:

40-60% Silicato tricálcico

20-30% Silicato bicálcico

7-14% Aluminato tricálcico

5-12% Ferrito aluminato tetracálcico

Al no producir CEMASA este componente, lo que por otra parte hace que la fábrica no necesite hornos de tan alta temperatura para producirlo, lo transporta desde el Puerto de Málaga hasta la propia fábrica, y una vez allí se almacena en un silo de 50.000 Tm de capacidad. De ahí se extrae mediante cintas subterráneas y aéreas que lo introducen en la tolva del molino y de allí, por peso, se va dosificando en el molino en las proporciones deseadas según el tipo de cemento que se quiera producir.

Además del clinker CEMASA importa el yeso, adición que actúa como regulador del fraguado, y la caliza, con gran riqueza en carbonato cálcico (91%) de cantera colindante con la fábrica.

Una vez estas materias primas están preparadas, pasan al molino de cemento, que consta de un conjunto de cuatro tolvas metálicas para depósito de las materias primas a utilizar en los distintos tipos de cemento, bajo las cuales se han dispuesto otras tantas básculas dosificadoras gravimétricas para controlar en todo momento la cantidad y proporciones de los materiales alimentados al molino y garantizar así la perfecta calidad del producto final.

A su salida del molino, el producto es conducido a un separador dinámico de tercera generación y barrido por aire, donde el material es clasificado en función de su finura. El material acorde con la finura establecida, es conducido a los silos de almacenamiento como producto terminado, y el rechazado retorna al molino para cumplir su molido final. Los silos de almacenamiento se han proyectado de modo que permiten la carga de cemento a granel bajo su solera de fondo, y por otra parte un sistema de aerodeslizadores y un elevador de permiten alimentar desde ellos la tolva de la ensacadora para poder atender el mercado de cementos en saco.

A los cuatro años de funcionamiento de la fábrica, los accionistas se dieron cuenta de que había muchos clientes en el mercado deseosos de hacerse con este cemento por su precio competitivo, por lo que vieron una oportunidad, a la vez de una necesidad, de ampliar la fábrica para una mayor producción.

Para ampliar la fábrica, Baldomero Gil, director general de CEMASA, constató que necesitarían una mayor disponibilidad de potencia eléctrica, ya que los 2.500kw de potencia de que disponían no eran suficientes para la ampliación, debiendo triplicar o al menos duplicar dicha potencia. Para esto se puso en contacto con la persona que entendí que mejor le podía asesorar, su gestor de CES, Arturo Suárez.

Analizando las posible alternativas que había para poderles dar la potencia adecuada a través de una nueva línea eléctrica de mayor capacidad, ya que la actual no la tenía desde la subestación eléctrica desde la que se alimentaba, Arturo Suárez le propuso también subir a un nivel más alto de voltaje, pasando de los 20Kv actuales a 66Kv, lo que le supondría un ahorro en los costes de peajes para traer la energía. Además de evitar los problemas que pueden aparecer en las consecuciones de las licencias de medio ambiente, pues al superar la nueva línea eléctrica la distancia de 500 metros debía hacerse un estudio medioambiental, debían ponerse de acuerdo con los propietarios de los terrenos por los que pasaría la nueva línea aérea de 66 Kv. Arturo le indicó que no se preocupase y que CES le podría dar "llave en mano" la nueva alimentación eléctrica con una nueva subestación eléctrica para la ampliación, por solo 1,5 millones de euros, como así se hizo en un año.

Actualmente CEMASA tiene una producción de más de 700.000tn/año de cemento y una facturación de 50 millones de euros, llegando a consumos actuales eléctricos de 40 Gwh. Sigue dependiendo del clinker externo al no producirlo.

Viendo los accionistas de CEMASA el gran negocio que hay en la comercialización del cemento, sobre todo a inicios del siglo XXI, la necesidad de poder disponer de clinker propio (habría que producirlo, para lo que harían falta otras instalaciones) y sobre todo la necesidad de posicionarse estratégicamente en este nuevo sector para ellos, el del cemento, muy cerrado a otros fabricantes que no sean los internacionales ya establecidos, decide, nuevamente liderados por ASMASA y la propia CEMASA, buscar un emplazamiento para la creación de una cementera integral, que además de producir clinker para ella, también lo hiciera para CEMASA.

Encontrar un lugar no era fácil, por el alto impacto que la fábrica podría originar y la cantidad de trámites administrativos a superar. Surge una oportunidad en un lugar cercano de Cádiz a través de un concurso público al que se presenta además de otras cementeras, más interesadas en que no se instale este nuevo fabricante que realmente en expandirse ellas. CEMASA recurre a su gestor de confianza de CES para que le asesore en todo lo relacionado a las necesidades de alimentación eléctrica que tiene el nuevo proyecto al que desean concursar. A pesar de todo su empeño CEMASA no gana el concurso, quedando éste posteriormente desierto.

CEMASA no ceja en su empeño viendo necesario crecer en este nuevo mercado. Posteriormente al fallido intento anterior, encuentra el lugar ideal para su proyecto de expansión, un terreno muy deprimido y desértico que cumple con todas sus expectativas y en el que además podrá contribuir al desarrollo de una región muy deprimida de Granada. Nace CEGRASA (Cementos de Granada S.A.).

CEMENTOS DE GRANADA

CEGRASA solo es un proyecto en un lugar inhóspito, que aún debe pasar muchos trámites, pues aunque está en un lugar que necesita de una fuerte inyección económica que puede venir con el proyecto de CEGRASA, se encuentra con una feroz oposición de grupos medioambientales que no ven en el proyecto más que una contaminación en el lugar. Por otra parte está en un lugar tan apartado no es fácil hacer llegar la alimentación eléctrica y de gas necesaria, con consumos eléctricos previstos entorno a 100Gwh/año, tres veces mayor a los de CEMASA, y de 600Gwh/año de gas, ya que en la misma se producirá clinker para la propia CEGRASA y para CEMASA. Por nuevas exigencias medioambientales no se les permitirá consumir coke, combustible derivado del fuel empleado normalmente por otras cementeras para sus hornos de producción mucho más barato que otros combustibles. Por esto se verá obligado al uso del gas como alternativa energética para los hornos.

CEGRASA nace con una participación en la que el 50% se reparte entre ASMASA y CEMASA, siendo esta última quien lidera el proyecto. El resto, hasta casi 20 accionistas, algunos particulares, son mayormente importantes empresas constructoras, algunas dentro de ASMASA, que están con el proyecto de expansión de CEMASA.

Para esto, CEMASA necesita de todo el apoyo de su gestor de confianza Arturo Suárez, pues confía en que su empresa CES es la mejor posicionada para desarrollar todos los proyectos de alimentación energética, el desarrollo de una línea eléctrica de AT de más de 30 km, con un coste superior a los 15 millones de euros, salvando todos los problemas de concesiones, legalizaciones y proyectos medioambientales, además de un estudio de viabilidad de alimentación con gas natural, bien mediante un proyecto de canalización de gas o mediante una gran estación de GNL (gas natural licuado), proyectos con inversiones superiores a los 10 millones de euros, ya que otras alternativas energéticas más baratas no son viables medioambientalmente.

Arturo ve en este proyecto no solo una oportunidad de desarrollar proyectos de ingeniería para su empresa CES por más de 25 millones de euros (15 millones en lo relacionado con la alimentación eléctrica y la subestación que alimente a CEGRASA más otros 10 millones para la planta de GNL), sino tener un cliente que le garantice en ese nuevo suministro un gran volumen de venta de energía (100 Gwh/año de electricidad y 600 Gwh/año de gas). Arturo Suárez piensa que clientes como ASMASA/CEMASA/CEGRASA son clientes en cuyos proyectos CES puede ser un socio estratégico, permitiendo a CES crecer con estos y posicionarse en el mercado como una empresa de Ingeniería y soluciones energéticas y medioambientales.

Las UTES de ASMASA

Acometer grandes proyectos de obra civil hoy en día es realizado a través de más de una empresa, por lo que se llegan a UTE. Varias de las UTE de ASMASA la hace con una empresa constructora a la que ella contribuyó a crear y en la que participa. En una de las UTE desarrolla un gran complejo de formación. Andrés Iceta pone en aviso a su amigo Arturo Suárez, que el cliente final para el que trabajan, ese gran centro formativo, no está previendo las necesidades futuras de alimentación eléctrica. Arturo Suárez ve en esto una gran oportunidad de negocio para su empresa CES, ya que este proyecto puede reportar unos ingresos superiores a los dos millos y medio de euros, dejando márgenes entorno a un 15%, márgenes utilizados en el sector de la ingeniería y consultoría asumiendo los riesgos de un "llave en mano".

El valor de ASMASA

En el informe que Arturo Suárez remite a su director general, Juan Urbieta, recoge las observaciones que ha hecho en el mercado que atiende en su zona CES, donde apreciaba que grandes clientes, por su elevado consumo, no solo exigían una mayor disposición de los limitados recursos humanos y energéticos de CES, sino que presentaban menos oportunidades de ganar y crecer con ellos.

En cambio otros clientes, como ASMASA, muy pequeño en cuanto a ventas directas de energía, consumo menor de 0,5 Gwh/año, cuando el consumo exigido menor para ser atendido por el canal de GGCC es 6 veces mayor, presentaban, y sobre todo a futuro, unas relaciones muy estrechas con un entramado de sociedades. Si bien cada una negociaba por separado sus compras, ASMASA había demostrado no solo una gran ambición en crecimiento, sino que las personas que la componían estaban en los proyectos más importantes, y otros aún por descubrir.

Anexo A El verdadero valor de ASMASA como cliente de una comercializadora

Juan Urbieta quedó sorprendido al ver cómo pequeños clientes, que a veces pasan desapercibidos al ser medidos por uno solo de los productos o servicios que la empresa ofrece, sin tener en cuenta además qué otros servicios pueden necesitar y que CES puede ofrecerles y no conocer tanto su crecimiento a futuro así como las influencias y recomendaciones que como líder puede tomar en su mercado, no sólo a través de otras empresas participadas, sino por el liderazgo que en su mercado ejerce, podrían suponer una pérdida considerable del negocio de no ser adecuadamente atendidos.

Juan Urbieta se hacía las siguientes preguntas:

- ¿Cuál era el verdadero valor de ASMASA?.
- Según esto, ¿en que canal debía estar recogido y atendida ASMASA?
- ¿Cómo es que no estaba recogida en ninguna cartera CEGRASA? ¿Se podían asignar clientes que todavía no existen a una cartera?, o sí existen. ¿Cuántos como estos podrían haber potencialmente?
- Atendiendo a estas inquietudes, ¿debería cambiarse el criterio de clasificación por canal de los clientes (considerar un cliente para ser atendió por GGCC como aquél que al menos en un suministro consume más de 3 Gwh/año)?
- Y dentro de ese canal de GGCC, era correcta la clasificación que hacían de importancia de los clientes según su consumo o facturación, o ¿debían tenerse en cuenta otros parámetros para así poder clasificar a los clientes e ir a una clasificación de clientes claves más que a una de Grandes Clientes?. ¿Habría que distinguir entre Large Account (gestor de grandes cuentas como actualmente se hacía) y Key Account (gestor de cuentas claves)? Pero, ¿cómo hacerlo?

Tras recapacitar sobre el tema, encargó a Arturo Suárez que diseñara un modelo que permitiera a CES clasificar a los clientes por su verdadero valor con que contribuyen al negocio de CES, permitiendo que CES creciera con el crecimiento de estos clientes claves que salieran de la clasificación, a la vez de poder detectar qué otros clientes, que en apariencia son mayores, pudieran estar haciendo daño por sus recomendaciones o influencias en el mercado de CES.

Anexo A El verdadero valor de ASMASA como cliente de una comercializadora

RECOPILACIÓN FIGURAS PRESENTACIÓN CASO ASMASA

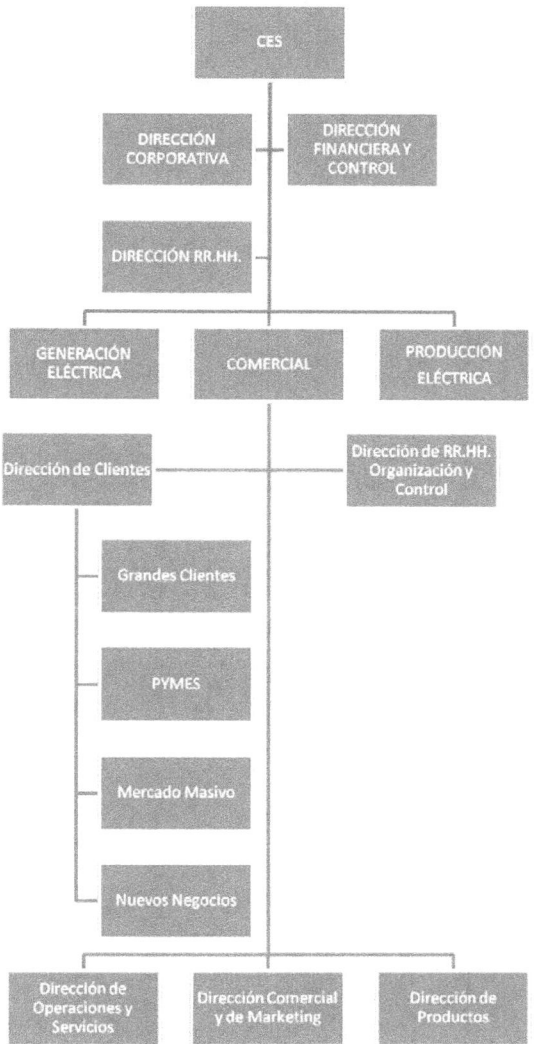

Figura A1 ORGANIGRAMA DE CES

Anexo A El verdadero valor de ASMASA como cliente de una comercializadora

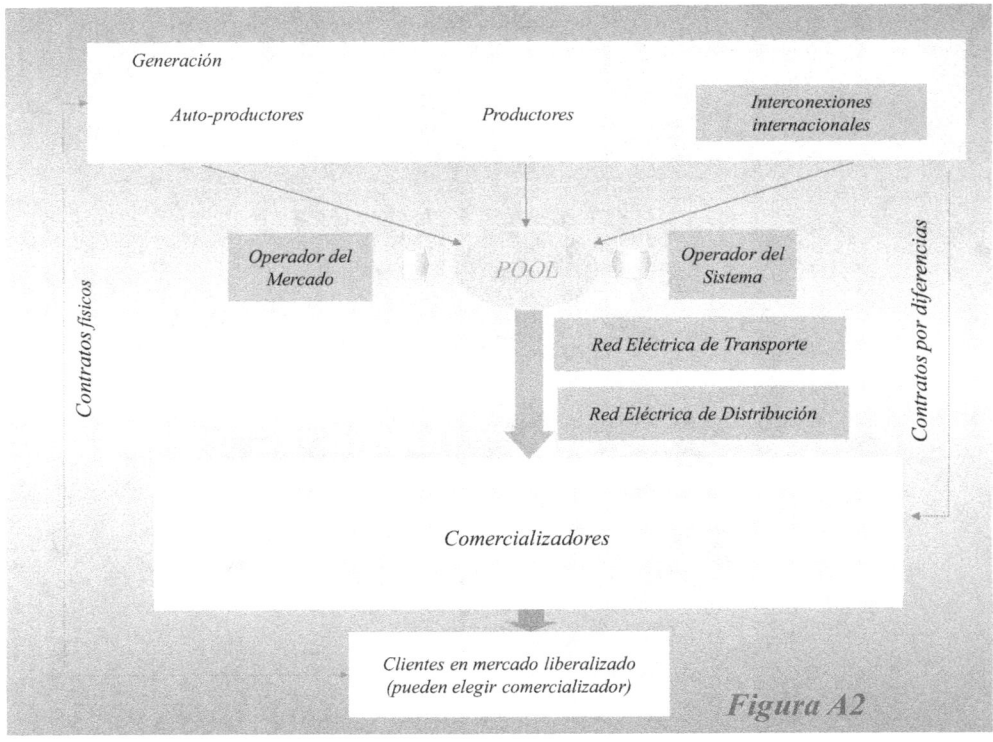

Figura A2

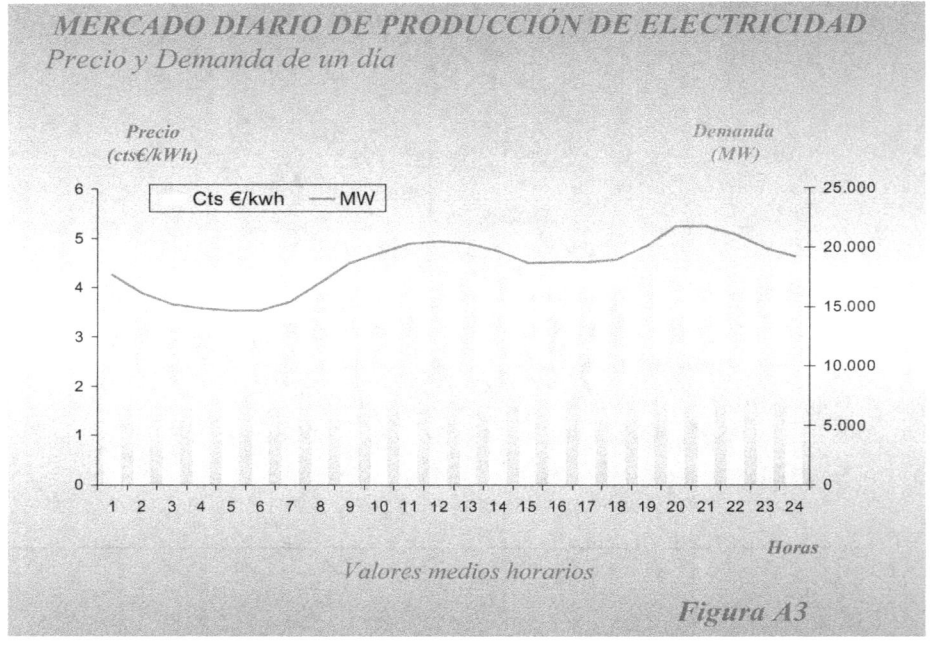

Figura A3

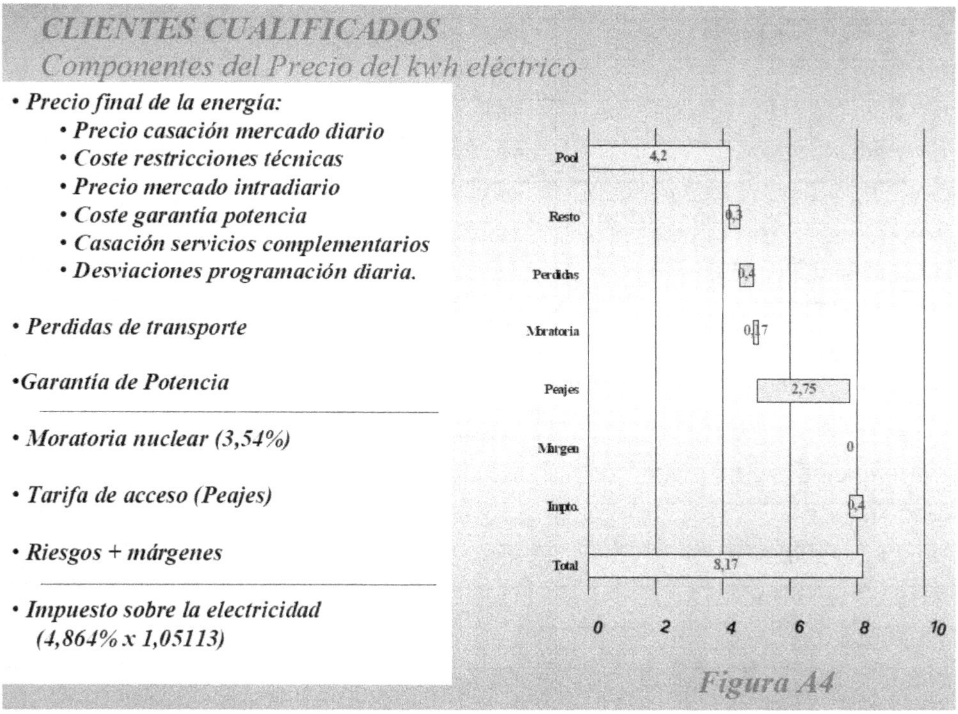

Anexo A El verdadero valor de ASMASA como cliente de una comercializadora

CLIENTES CUALIFICADOS
Componentes del Precio del kwh eléctrico

- **Precio final de la energía:**
    - *Precio casación mercado diario*
    - *Coste restricciones técnicas*
    - *Precio mercado intradiario*
    - *Coste garantía potencia*
    - *Casación servicios complementarios*
    - *Desviaciones programación diaria.*

- *Perdidas de transporte*

- *Garantía de Potencia*

- *Moratoria nuclear (3,54%)*

- *Tarifa de acceso (Peajes)*

- *Riesgos + márgenes*

- *Impuesto sobre la electricidad (4,864% x 1,05113)*

Concepto	Valor
Pool	4,2
Resto	0,3
Perdidas	0,4
Moratoria	0,07
Peajes	2,75
Margen	0
Impto.	0,4
Total	8,17

Figura A4

Anexo A El verdadero valor de ASMASA como cliente de una comercializadora

EMPRESA (suministro de mayor consumo)	CONSUMO ELÉCTRICO (kwh/año)	Precio kwh en cts €	FACTURACION (Cts euros)	ORDEN CONSUMO
AGUAS DEL SUR	45.000.000	9,10	409.500.000	1
CEMASA	40.000.000	9,10	363.800.000	2
CONSTRUCTORA VIARIA S.A.	24.000.000	8,95	214.800.000	3
AGRUPACIÓN DE REGANTES	15.000.000	9,30	139.500.000	4
HORMIGONES Y SUMINISTROS DEL SUR	15.000.000	9,05	135.750.000	5
PROYECTOS INMOBILIARIOS, SA	12.500.000	9,04	113.000.000	6
UTE ÁLORA	10.500.000	9,05	95.025.000	7
COMPONENTES ELECTRÓNICOS S.A	9.500.000	8,95	85.025.000	8
FERIAS Y CONGRESOS	9.000.000	9,15	82.350.000	9
MICROELECTRONICA DE ESPAÑA S.A.	8.500.000	9,32	79.220.000	10
COMPONENTES FOTOVOLTAICOS S.A	7.550.000	9,15	69.082.500	11
MATADEROS DE MÁLAGA	7.500.000	9,25	69.375.000	12
PUJITSU S.A.	7.500.000	9,23	69.225.000	13
GRUPO JANDO	7.500.000	9,25	69.375.000	14
PDS	6.500.000	9,24	60.060.000	15
DOLOMASA	6.000.000	8,90	53.400.000	16
HOTEL PRÍNCIPE DE ASTURIAS	6.000.000	9,57	57.420.000	17
GRUPO ANJOGO	5.500.000	9,70	53.350.000	18
FUNDACION PICASSIANA	4.500.000	10,20	45.900.000	19
PLASTICOS DE MÁLAGA S.L..	4.500.000	9,05	40.725.000	20
UNIVERSIDAD DEL SUR	4.500.000	9,35	42.075.000	21
RAMASA	4.000.000	9,45	37.800.000	22
COOPERATIVA DE FARMACIAS	3.500.000	9,20	32.200.000	23
COMUNIDAD DE PROPIETARIOS DEL SOL	3.100.000	9,15	28.365.000	24
CONSERVAS AHUMADAS DEL MEDITERRÁNEO	3.000.000	11,15	33.450.000	25
MOLINA HERMANOS	2.600.000	9,76	25.376.000	26
ACEITES MÁLAGA	2.550.000	9,54	24.327.000	27
NERUS FINANCIAL	2.500.000	9,87	24.675.000	28
HOSPITAL COMARCAL DEL SUR	2.300.000	9,54	21.942.000	29
FÁBRICA DE CONSERVAS	2.000.000	9,25	18.500.000	30
TOTAL CARTERA (incluyendo otros suministros)	324.415.000	9,06	2.938.624.325	

Figura A5   (cartera Grandes Clientes)

Anexo A El verdadero valor de ASMASA como cliente de una comercializadora

EMPRESA (suministro de mayor consumo)	CONSUMO ELÉCTRICO (kwh/año)	Precio kwh en cts €	FACTURACION (Cts euros)	ORDEN CONSUMO
ELABORADOS LÁCTEOS	4200000	9,35	39.270.000	1
CONSTRUCCIONES LAPIOS	3.600.000	9,45	34.020.000	2
ASCENSORES DEL SUR	3.500.000	9,43	33.005.000	3
FRICONSA	2.700.000	9,45	25.515.000	4
MATADEROS DEL SUR	2.650.000	9,75	25.837.500	5
HOTEL ELVIS	2.500.000	9,45	23.625.000	6
GRUPO PASTER	2.350.000	9,50	22.325.000	9
PARQUE DEL SUR	2.300.000	9,05	20.815.000	10
J. LUIS CABRERA S.L.	1.750.000	10,04	17.570.000	14
REFORZADOS DEL SUR	1.700.000	9,45	16.065.000	15
A COVO ELECTRONIC S.L.	1.550.000	9,65	14.957.500	16
HOTEL TELBA SL	1.500.000	9,76	14.640.000	17
INVERSIONES GILGUERO S.L.	1.200.000	9,96	11.952.000	23
ROCASA	960.000	9,78	9.388.800	39
BARDI ESPAÑA, S. A.	950.000	11,80	11.210.000	40
JUNTASA	940.000	9,59	9.014.600	41
MALACITA ESPIRITUOSA	920.000	12,10	11.132.000	42
INGEMA S.A.	900.000	10,05	9.045.000	43
INCUBADORA DE EMPRESAS S.A.	840.000	9,35	7.854.000	49
TRAKING EXPRESS SL	750.000	9,78	7.335.000	65
PENSY DE MÁLAGA S.A.	740.000	9,59	7.096.600	66
ARIBESA	460.000	12,20	5.612.000	75
VITESA MOBILE TECHNOLOGY SA	450.000	10,15	4.567.500	90
ASMASA	400.000	10,10	4.040.000	100
CONGELADOS DEL SUR SA	350.000	9,34	3.269.000	130
CERRAJERÍA LA GUERRA	90.000	13,05	1.174.500	200
TOTAL CARTERA (incluyendo resto clientes)	100.625.000	10	1.010.778.125	

Figura A6 (Cartera de PYMES)

Anexo A El verdadero valor de ASMASA como cliente de una comercializadora

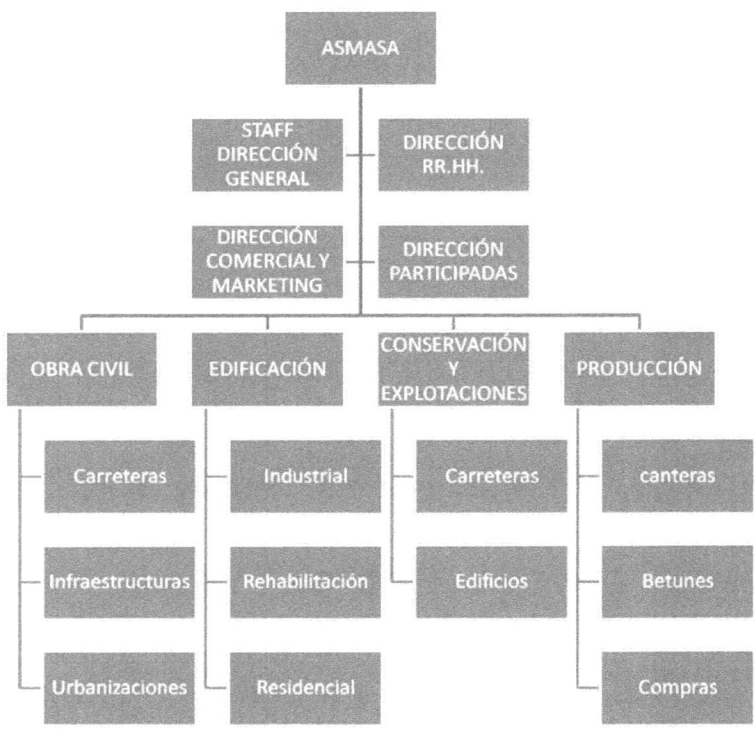

Figura A7 ORGANIGRAMA DE ASMASA

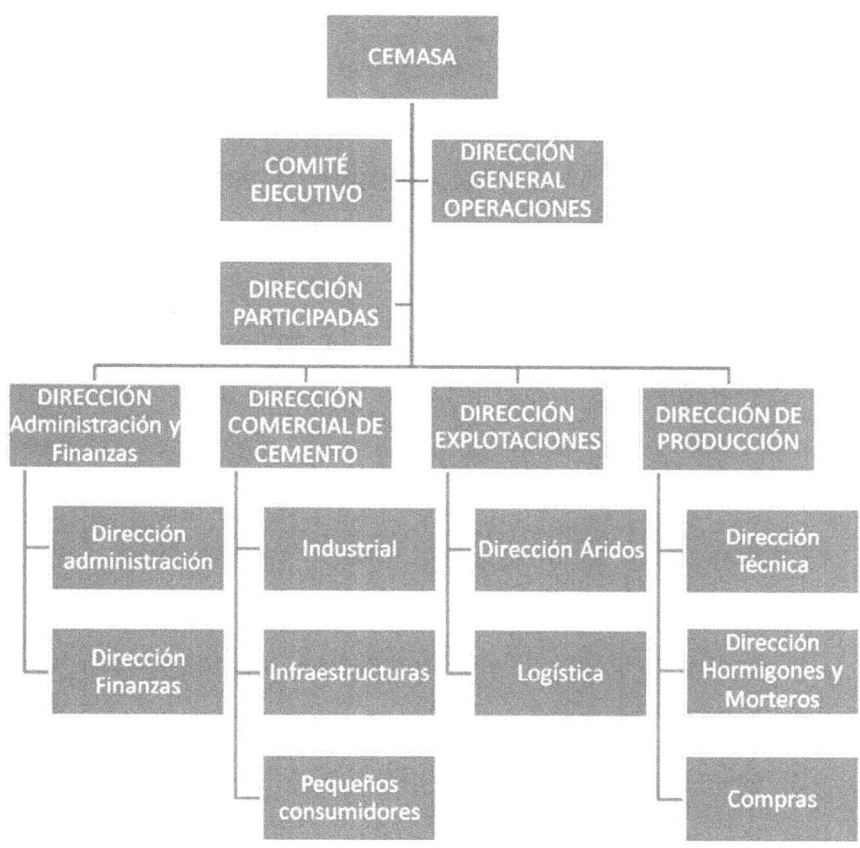

Figura A8 ORGANIGRAMA DE CEMASA

ANÁLISIS DEL CASO ASMASA

El verdadero valor de ASMASA

Para conocer el verdadero valor que Asmasa tiene para CES, deberemos analizar qué beneficios le puede aportar. Según la Figura 9.1.1 "Modelo de Análisis de Valor del Cliente desde la perspectiva Marketing", modelo que inició la investigación que llevó a este libro, CES debe analizar el valor que le aporta Asmasa desde una doble perspectiva, analizando por una parte la "rentabilidad directa" a través de la ventas directas que con ella tiene, y por otra parte, como veremos en este caso, mucho más importante, analizando la "rentabilidad inducida" que Asmasa puede crear en otros clientes de su mercado, que en el caso de este ejemplo son mayoritariamente empresas participadas, pero que si hiciéramos un análisis en mayor profundidad del mercado donde opera Asmasa, podrían ser muchas otras empresas no recogidas en este caso.

Anexo A El verdadero valor de ASMASA como cliente de una comercializadora

EMPRESA	CONCEPTO	VOLUMEN (Kwh)	PRECIO VENTA (cts/kwh)	FACTURACIÓN (€)	MARGEN ESPERADO (€)
ASMASA	energía eléctrica	400.000	10,10	40.400	5.400
CEMASA	energía eléctrica	40.000.000	9,10	3.640.000	140.000
CEGRASA	energía eléctrica a futuro	100.000.000	9,10	9.100.000	350.000
CEGRASA	energía gas a futuro	600.000.000	6,00	36.000.000	900.000
	TOTAL ventas directas anuales			48.780.400	1.395.400
Coste servir kwh eléctrico			8,75 cts€/kwh		
Coste servir kwh gas			5,85 cts€/kwh		

Figura A9 Análisis de las ventas directas por cada una de las empresas

En la Figura A9 se recoge el valor que Asmasa, así como las otras empresas del caso, tiene para CES si solo midiéramos las ventas directas en un año. En el caso que nos lleva, Asmasa tiene un valor, en cuanto a su aportación directa en ventas anuales, de 40.400€/año, con un margen esperado de beneficios de 5.400€/año, según los datos recogidos en el caso.

En cambio si analizamos lo que las empresas del sector, u otros sectores, pueden aportar, a corto y largo plazo a CES por la relación de CES con Asmasa y la influencia de ésta última en el mercado, vemos en la Figura A10 que solo en proyectos de ingeniería hay un valor de facturación de 29.000.000€, con un margen esperado de beneficios de 4.350.000€. Pero en ventas directas que puede "traer" de otros clientes hay un valor anual en facturación de 48.740.000€, con un margen esperado de 1.390.000€/año.

EMPRESA	CONCEPTO	VOLUMEN (€)	MARGEN ESPERADO (€)
ASMASA	indirecta por UTE	2.500.000	375.000
CEMASA	Ingeniería (histórica)	1.500.000	225.000
CEGRASA	Ingeniería Acometida eléctrica	15.000.000	2.250.000
CEGRASA	Ingeniería acometida gas	10.000.000	1.500.000
	TOTAL ventas inducidas por ingenierías	29.000.000	4.350.000
	TOTAL ventas inducidas de energías en otras empresas anualmente	48.740.000	1.390.000
	TOTAL VALOR INDUCIDO		5.740.000
Margen Ingenierías		15%	
Figura A10 Análisis de las ventas inducidas por ASMASA			

Vemos que si solo medimos el valor que aporta en beneficio Asmasa por las ventas anuales de energía que con ella tiene CES, éste valor es de 5.400€/año, mientras que si medimos el beneficio que puede aportar a través de otras sociedades con las que tiene una "estrecha" relación e influencia, éste valor se incrementaría en 140.000€/año actualmente, con una posibilidad a medio plazo de 1.390.000€/año en ventas, más valores en proyectos de ingeniería en 4.350.000€.

¡Pasamos de estar valorando Asmasa en aportación al negocio de CES, de 5.400€ a casi 6.000.000€!

Cabría preguntarse si hemos tenido en cuenta todos aquellos otros negocios que a través de Asmasa, o de las otras sociedades analizadas, pudiera acceder CES, como podrían ser otros proyectos como Eficiencia Energética, etc.

Asimismo, ese puede ser el valor a futuro de Asmasa, pero que en cualquier momento puede desaparecer, e incluso provocarse pérdidas de otros clientes de CES, bien relacionados con Asmasa, si la relación con Asmasa no se mantiene y mejora continuamente.

Pero antes de pasar a ver como gestionar esta oportunidad/peligro para CES, hagamos un análisis DAFO de CES que nos dará algunas respuestas a los planteamientos de su director general.

Debilidades

- ✓ Vemos que de no detectarse clientes de "alto valor" para CES, como es Asmasa, no se detectan nuevas oportunidades y pueden éstas perderse ante la competencia.

- ✓ El no tener criterios claros de clasificación de los clientes en las diferentes líneas de negocio, como ocurre entre el canal de Grandes Clientes y PYMES, puede no solo provocar roces entre los gestores, sino el no tener detectados aquellos clientes claves para el negocio de CES y que queden expuestos a la competencia. Además clientes de gran tamaño, clasificados en el canal de Grandes Clientes, que aporten poco valor, e incluso pueden estar destruyendo valor, absorben recursos que estarían mejor destinados a otros clientes de mayor valor.

- ✓ CES es una empresa orientada al negocio principal, la venta de energía eléctrica, pues así clasifica a los clientes. Esto la lleva a estar poco orientada al cliente y al mercado.

Amenazas

- ✓ Clientes de muy alto potencial como Asmasa, que pueden aportar de manera indirecta a CES mucho más valor que lo que por sus compras directas hace, están expuestos al ataque de la competencia por no ser "atendidos" de manera personalizada al estar mal clasificados.

- ✓ CES necesita, y además tiene la oportunidad, de crecer con otros servicios, que de no ofrecérselos a sus clientes, quedarán expuestos a la competencia si ésta lo hiciera.

- ✓ La liberalización total del mercado es una amenaza en sí, pero que puede convertirse en nuevas oportunidades.

Fortalezas

- ✓ CES como empresa eléctrica integrada, dispone de capacidades de "Know-How" que puede ofrecer a clientes de sus carteras dando un alto valor añadido y generando nuevos negocios, aparte de crear valor en sus clientes.

- ✓ La propia marca de CES tiene unas garantías de servicio y calidad. Los nuevos servicios nacen con una alta credibilidad.

- ✓ La gestión personaliza del "gestor de Grandes Clientes" es la "palanca" para descubrir y crear valor y confianza en los clientes (véase Figura 9.1.15 "Modelo mejorado de Análisis de Valor del Cliente desde la perspectiva Marketing"), como queda manifestado en el caso de Arturo Suárez, el gestor de Cemasa y en un futuro de Asmasa y Cegrasa.

Oportunidades

- ✓ CES tiene la oportunidad de crecer con el potencial de crecimiento de los "clientes claves".
- ✓ Detectando nuevos clientes de alto potencial, CES tiene la oportunidad de crecer con ellos y blindarlos frente a la competencia. Sus clientes le pueden ayudar, como ocurre con Asmasa.
- ✓ Desarrollar ventas inducidas en otros clientes a través del Word of Mouth (boca oído) de sus clientes.

✓ Detectar nuevas oportunidades de negocios con los "clientes claves" aprendiendo con éstos.

Clasificación de los clientes

Nos encontramos que no es suficiente con clasificar a los clientes según el valor directo que nos aportan, como hace CES con sus clientes en el canal de Grandes Clientes (consumos de más de 3Gwh/año) y Pymes (consumos menores), sino que hay medir el verdadero valor que cada cliente tiene.

Tradicionalmente las empresas miden o valoran a sus clientes por su "tamaño", lo que vendríamos a definir como una "visión unidireccional" donde principalmente tiene en cuenta el volumen de facturación:

- ✓ Ventas directas realizadas.
- ✓ Ventas cruzadas realizadas.
- ✓ Histórico de fidelidad (retención).
- ✓ Valoración cualitativa.
- ✓ Forma de pago y garantías de pago

En la Figura 10.1 "Medición del valor del cliente en tres ejes", se propone una clasificación de los clientes por su valor estratégico, lo que vendríamos a definir como una "visión tridimensional" donde principalmente se tiene en cuenta:

- ✓ Potencial a Futuro (PF) del cliente, entendiéndose por éste la proyección del valor del cliente en el tiempo (tasa de retención o fidelidad, riesgo al que esté expuesto el cliente, crecimiento propio del cliente, crecimiento sector, tasa de repetición de ventas cruzadas, etc.).

- ✓ Margen de Contribución Directa del cliente (MCD).

- ✓ Margen de Contribución Inducida (MCI) por el cliente en otros clientes.

Los dos últimos mostradas anteriormente a nivel cuantitativo en el caso de Asmasa de manera significativa.

Veamos algunos parámetros a tener en cuenta, a manera de ejemplo, para medir estos tres vectores que medirían el valor que aporta un cliente.

El Potencial a Futuro del Cliente (PF) podríamos medirlo teniendo en cuenta:

- ✓ Ventas directas realizadas por el cliente.
- ✓ Ventas cruzadas realizadas.
- ✓ Histórico de fidelidad (retención) del cliente.
- ✓ Valoración cualitativa y subjetiva del gestor.
- ✓ Nivel de extensión (imbricación y alcance) con otros clientes.
- ✓ Potencial de desarrollo del negocio del cliente.
- ✓ Nivel de riesgo del negocio del cliente.
- ✓ Nivel de riesgo del sector del cliente.
- ✓ Etc.

El Margen de contribución Directa del Cliente (MCD) se podría medir en función de:

- ✓ La intención de compra en el ejercicio presente del cliente.
- ✓ Potencial de compra del cliente.
- ✓ Margen de beneficios ventas directas y cruzadas.
- ✓ Costes financieros de pagos del cliente.
- ✓ Etc.

El Margen de contribución Inducida (MCI) podría medirse por:

- ✓ El nivel de recomendación (fidelización) del cliente.
  - o Definiendo variables y "palancas" que conducen a la recomendación y su contribución.
    - Satisfacción, Calidad, Confianza, Valor, Gestión personalizada, etc, definidas en el libro.
- ✓ Midiendo el grado de recomendación (magnitud y valencia) del cliente.
  - o Preguntando a los clientes y clasificándolos como promotores, pasivos o detractores (ver capítulo 6.8).
- ✓ Contrastar ambas medidas para definir un modelo de tipología predictiva del cliente y definir la contribución de las palancas o variables que influyen en la recomendación.

De esta manera podremos terminar por clasificar a los clientes de CES según se recoge en la Figura 10.2 "Clasificación de los clientes por su contribución en tres ejes".

También podríamos definir una cuenta de resultados del cliente según metodología ABC de costes; incluyendo ventas inducidas y pérdidas inducidas (recomendaciones positivas y negativas) a lo largo de su vida como cliente de CES. Estaría en función del Valor Actual (Margen Directo más Margen Inducido) proyectado en el tiempo según el Potencial a Futuro del cliente y su actuación en el mercado.

Conclusiones

En el libro se recogen muchas observaciones a tener en cuenta en un mercado B2B. En este caso podríamos recoger las siguientes:

- ✓ Si bien en un mercado de masas (B2C), la persona que compra y "usa" el producto o servicio en la gran mayoría de los casos es quién puede y suele recomendar, no ocurre igual dentro de una empresa que compra o se relaciona en el mercado entre empresas (B2B). Es importante determinar quienes son los interlocutores válidos en cada una de las empresas y las relaciones entre empresas.

- ✓ Dentro de una misma empresa pueden haber diferentes personas que recomiendan con diferentes niveles y alcance.

- ✓ Normalmente, la empresa se relaciona con su cliente a través de la venta y a través de ella contacta con los interlocutores de la "organización" de compra de su cliente.

- ✓ ¿Hasta qué punto es ésta la persona que, no sólo toma decisiones en cuanto a la compra, sino la que tiene el poder de recomendar positivamente o negativamente a otros clientes?

- ✓ De hecho puede ser que la persona que toma la decisión de compra, que en empresas grandes y complejas se hace a través de un "modelo de compra organizada" (véase capítulo 7.3), no sea la que por su relación con otros agentes del mercados (organismos, mercados, clientes, etc.) la que tenga el mayor poder de reconocimiento, recomendación, penetración e influencias en otros clientes o mercados.

- ✓ Es necesario, al igual que se desarrolla el proceso de compra organizada, desarrollar un modelo de proceso que determine las personas dentro de una organización que contribuyen, y el grado en que lo hacen, en la recomendación, o puedan contribuir en ello a otras empresas.

- ✓ Para que esta relación entre empresas (B2B) sea fructífera, es importante que el gestor, en el caso analizado, Arturo Suárez, sea un Vendedor Consultor Competitivo (véase capítulo 7.4), que busque ser socio a largo plazo con sus clientes.

- ✓ Asimismo, CSE debe clasificar a sus clientes no por el tamaño únicamente, sino por el valor que puedan aportar a su negocio, tanto de manera directa como inducida. Debe pasar de "Grandes Cuentas" o "Grandes Clientes" a "Cuentas claves" o "Clientes Claves", gestionadas por Vendedores Consultores Competitivos de Cuentas Claves.

ANEXO B. CLASIFICACIÓN Y VALORACIÓN DE CLIENTES DE UNA COMERCIALIZADORA
(Un caso para debatir)

Como continuación a la experiencia de haber puesto en "valor" al cliente de Asmasa en el caso anterior, Arturo Suárez se marca valorar y clasificar a los clientes de su "cartera" industrial.

El valor de la cartera de clientes

En el informe que Arturo Suárez remite a su director general Juan Urbieta, recoge las observaciones que ha hecho en el mercado que atiende en su zona CES, donde apreciaba que grandes clientes, por su elevado consumo, no solo exigían una mayor disposición de los limitados recursos humanos y energéticos de CES, sino que presentaban menos oportunidades de ganar y crecer con ellos.

Clientes con un gran nivel de fidelización y/o gran potencial de crecimiento a futuro, pueden aportar un mayor valor, a medio plazo, a CES; valor directo por su crecimiento y valor inducido en otros clientes por las recomendaciones (Word of Mouth) y prescripciones que de CES hagan en el mercado con otros clientes con los que puede mantener una estrecha relación.

De manera simplificada podemos suponer que el valor añadido en € por un cliente en T años (VACT) por las recomendaciones y prescripciones que éste hace en un año puede ser:

$$VACT = VM \times WOM \times ALC \times COR \times T$$

Donde, VM sería el valor medio de un cliente de la cartera; WOM la probabilidad de que el cliente recomiende (valor positivo si lo hace de manera positiva y negativo si lo hiciera negativamente); ALC recogería el alcance o número de clientes a los que llega la recomendación; COR la probabilidad de que éste siga la recomendación y T el tiempo que se quiera analizar el efecto de la misma en los clientes, tiempo de permanencia de nuevos clientes recomendados, o tiempo que el cliente se pierde por recomendaciones negativas.

Para ello, la Dirección le pide, a Arturo Suárez, que haga una clasificación de una muestra de su cartera (ver clasificación ABC de partida en Cuadro B1), cogiendo 10 clientes representativos (dos de ellos de los que se haya perdido una parte del negocio o haya disminuido la "cuota de cliente"), dos clientes totalmente perdidos y otros dos clientes potenciales cualificados, y mida el nivel de Confianza (cómo grado de fidelización) y potencial esperado a futuro de cada uno de esos 14 clientes (ver resultado de estudio, tras análisis del mercado y entrevistas con los clientes, en Cuadro B2).

Propone que clasifique a los 10 clientes actuales en función del "margen neto de contribución", el "Grado de fidelización (confianza)" y del "Potencial a futuro" mostrado por cada cliente (véanse Figuras B1 y B2), y así poder determinar qué clientes son los Clientes Claves, y qué estrategias seguir con cada uno de ellos para que sean de mayor valor para CES.

Anexo B Clasificación y valoración de clientes de una comercializadora

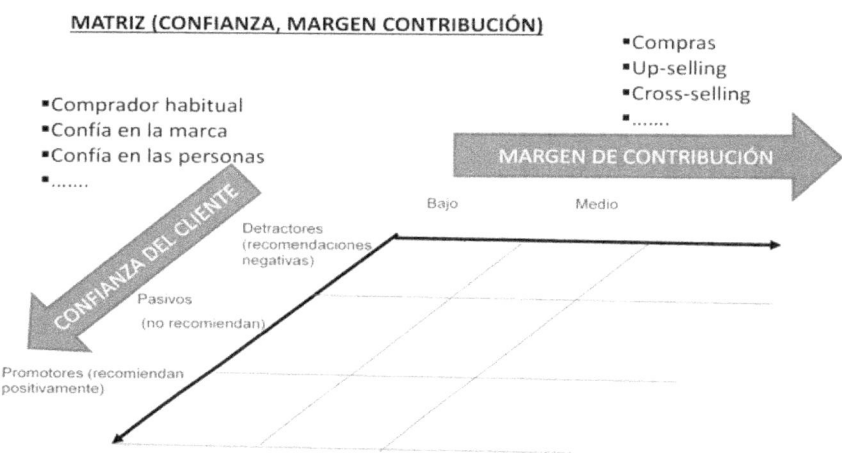

Figura B.1 clasificación del cliente por su confianza y margen bruto

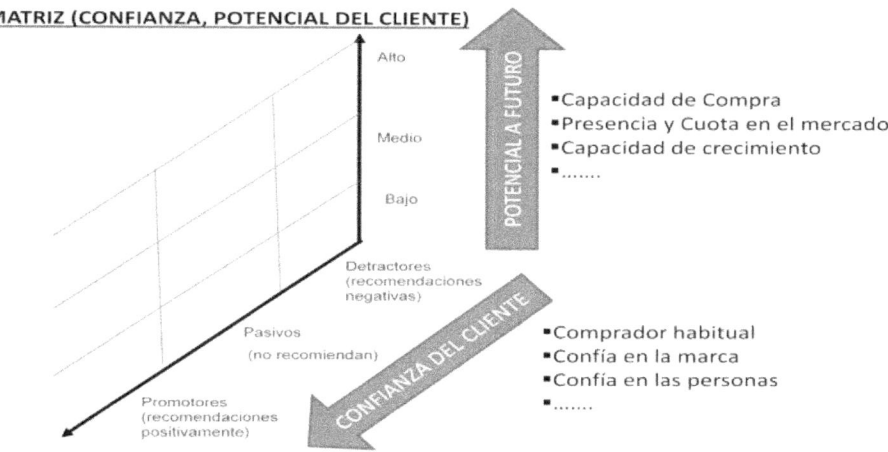

Figura B.2 clasificación del cliente por su confianza y potencial a futuro

Anexo B Clasificación y valoración de clientes de una comercializadora

Asimismo, se plantea poder conocer qué valor añadido o inducido puede aportar cada cliente en función del potencial que tenga a recomendar (WOM), suponiendo un alcance y tiempo de impacto recogidos en la Figura B3.

	nivel de confianza		
	3	2	1
Probabilidad recomendar a un cliente (WOM)	40	0	60
Alcance (número clientes recomendados) (ALC)	2	0	4
% de clientes que siguen la recomendación (COR)	40	20	40
Tiempo de cálculo (T)	5 años		

Figura B3. Potencial de recomendación, alcance y tiempo de cálculo

Para esto se dispone de la previsión de ventas en electricidad y gas de estos 14 clientes (Ver Cuadros B3 y B4) así como el "Margen Neto" esperado por cada uno de estos clientes en función de los costes de servicios (costes asociados a servicios de atención personalizada y otros de mayor valor añadidos por el hecho de estar carterizados como GGCC), véase Cuadro B5.

A la vista de todo esto y con la información económica de que dispone y de la valoración de aptitud del cliente, obtenida a través de encuesta presencial uno a uno y la evaluación de potencial a futuro según investigaciones de mercado, Arturo Suárez debe hacer una valoración de importancia de cada uno de los 14 clientes seleccionados. Así como definir qué estrategias de precios y actuaciones hacer con ellos. Por otra parte desearía poner de

Anexo B Clasificación y valoración de clientes de una comercializadora

manifiesto que la clasificación de cada uno en función de su facturación y por ello clasificándolos como Tipos A (margen bruto>45.000€/año), B (margen bruto entre 45.000€ y 10.000€/año) y C (resto) (véase Cuadro B1) no es, no solo insuficiente, sino contraproducente.

MARGEN BRUTO POR CLIENTE (€) Y CLASIFICACIÓN A, B, C		
	Margen bruto	Clasificación ABC
CLIENTES	€	A>B>C
<u>Clientes actuales</u>		
Cliente 5	59.500	A
Cliente 7	56.400	A
Cliente 10	49.450	A
Cliente 4	30.400	B
Cliente 1	25.750	B
Cliente 8	20.700	B
Cliente 6	18.600	B
Cliente 9	8.700	C
Cliente 3	7.700	C
Cliente 2	7.360	C
TOTAL=	284.560€	
Cuadro B1		

Anexo B Clasificación y valoración de clientes de una comercializadora

RELACIÓN DE CLIENTES (% CUOTA, NIVEL CONFIANZA Y NIVEL DE POTENCIAL A FUTURO)			
CLIENTES	% CUOTA € CLIENTE	NIVEL CONFIANZA	NIVEL POTENCIAL A FUTURO
Clientes actuales		1=Bajo ; 2=Medio ; 3=Alto	
Cliente 1	100%	3	2
Cliente 2	100%	1	2
Cliente 3	100%	2	2
Cliente 4	100%	3	2
Cliente 5	100%	2	2
Cliente 6	41%	2	3
Cliente 7	100%	3	3
Cliente 8	53%	1	2
Cliente 9	100%	1	1
Cliente 10	100%	3	3
Clientes perdidos			
Cliente 6	41%	2	3
Cliente 8	53%	1	2
Cliente 11	0%	1	3
Cliente 12	0%	1	2
Clientes potenciales			
Cliente 13	0%	2	3
Cliente 14	0%	2	2

Cuadro B2

Página 378 El Cliente en un mercado B2B

Anexo B Clasificación y valoración de clientes de una comercializadora

PREVISIÓN VENTAS PRODUCTO Eléctrico (en unidades y €)					
1 Mwh=1.000Kwh	1Gwh=1.000Mwh		1€/Mwh=0,1cts€/kwh		
CLIENTES	Unidades vendidas (Kwh)	Precio venta €/Mwh	Coste compra €/Mwh	Margen €/Mwh	Margen Bruto €
Clientes actuales					
Cliente 1	3.500.000	83,20	79,50	3,70	12.950
Cliente 2	4.600.000	81,10	79,50	1,60	7.360
Cliente 3	3.500.000	81,70	79,50	2,20	7.700
Cliente 4	9.500.000	82,70	79,50	3,20	30.400
Cliente 5	10.000.000	81,40	79,50	1,90	19.000
Cliente 6	0	83,10	79,50	3,60	0
Cliente 7	20.000.000	67,90	65,50	2,40	48.000
Cliente 8	9.000.000	81,80	79,50	2,30	20.700
Cliente 9	3.000.000	82,40	79,50	2,90	8.700
Cliente 10	23.000.000	67,65	65,50	2,15	49.450
Total	86 Gwh				204.260€
Clientes perdidos					
Cliente 6	7.500.000	83,10	79,50	3,60	27.000
Cliente 8	0	81,80	79,50	2,30	0
Cliente 11	12.000.000	83,00	79,50	3,50	42.000
Cliente 12	2.500.000	81,90	79,50	2,40	6.000
Clientes potenciales					
Cliente 13	21.500.000	69,00	65,50	3,50	75.250
Cliente 14	5.500.000	83,05	79,50	3,55	19.525

CUADRO B3

Anexo B Clasificación y valoración de clientes de una comercializadora

PREVISIÓN VENTAS PRODUCTO Gas (en unidades y €)					
CLIENTES	Unicades vendidas (Kwh)	Precio venta €/kwh	Coste compra €/kwh	Margen €	Margen Bruto €
Clientes actuales					
Cliente 1	2.000.000	51,40	45,00	6,40	12.800
Cliente 2	0	****	****	****	0
Cliente 3	0	****	****	****	0
Cliente 4	0	****	****	****	0
Cliente 5	9.000.000	49,50	45,00	4,50	40.500
Cliente 6	3.000.000	51,20	45,00	6,20	18.600
Cliente 7	2.000.000	44,20	40,00	4,20	8.400
Cliente 8	0	52,20	45,00	7,20	0
Cliente 9	0	****	****	****	0
Cliente 10	0	****	****	****	0
Total	16 Gwh				80.300€
Clientes perdidos					
Cliente 6	0	****	****	****	0
Cliente 8	2.500.000	52,20	45,00	7,20	18.000
Cliente 11	20.000.000	44,50	40,00	4,50	90.000
Cliente 12	0	****	****	****	0
Clientes potenciales					
Cliente 13	15.000.000	43,20	40,00	3,20	48.000
Cliente 14	0	****	****	****	0

CUADRO B4

Anexo B Clasificación y valoración de clientes de una comercializadora

MARGEN NETO POR CLIENTE (€)				
	Margen bruto	Costes servicios	Margen Neto	% sobre total
CLIENTES	€	€	€	
Clientes actuales				
Cliente 1	25.750	10.000	15.750	9,0%
Cliente 2	7.360	10.000	-2.640	-1,5%
Cliente 3	7.700	10.000	-2.300	-1,3%
Cliente 4	30.400	10.000	20.400	11,7%
Cliente 5	59.500	10.000	49.500	28,4%
Cliente 6	18.600	10.000	8.600	4,9%
Cliente 7	56.400	15.000	41.400	23,7%
Cliente 8	20.700	10.000	10.700	6,1%
Cliente 9	8.700	10.000	-1.300	-0,7%
Cliente 10	49.450	15.000	34.450	19,7%
TOTAL=	284.560€	110.000	174.560	100,0%
Clientes perdidos	(margen potencial)			
Cliente 6	27.000	0	27.000	
Cliente 8	18.000	0	18.000	
Cliente 11	132.000	10.000	122.000	
Cliente 12	6.000	10.000	-4.000	
Clientes potenciales				
Cliente 13	123.250	15.000	108.250	
Cliente 14	19.525	15.000	4.525	

CUADRO B5

Anexo B Clasificación y valoración de clientes de una comercializadora

ANÁLISIS DEL CASO CLASIFICACIÓN Y VALORACIÓN DE CLIENTES DE UNA COMERCIALIZADORA

Resumiendo la situación del caso:

- CES, comercializadora de energía, tiene clasificado a sus Grandes Clientes según una tipología ABC en función de la facturación (ver Cuadro B1).
- Se plantea clasificar a sus clientes uno a uno, teniendo además en cuenta su potencial a futuro y el grado de fidelización que demuestran a CES (ver Cuadro B2).
- De esta forma espera determinar cuáles son sus clientes claves, para "blindarlos" y cuáles les está haciendo perder dinero o no son estratégicos.

Nos marcaríamos los siguientes objetivos a resolver en este caso:

- ✓ Determinar los clientes Claves (los de mayor valor), para retenerlos y asegurar la relación con ellos.
- ✓ Definir a los clientes que producen pérdidas, para crear valor en ellos o dejarlos a la competencia.
- ✓ Definir a los clientes de medio y bajo valor, para definir estrategias adecuadas para aumentar valor en ellos.
- ✓ Tener una clasificación actualizada que permita definir estrategias para migrar clientes a segmentos de mayor valor.
- ✓ Determinar qué clientes potenciales cualificados son de gran valor a futuro para conquistarlos.

Anexo B Clasificación y valoración de clientes de una comercializadora

Empecemos por analizar el Cuadro B5 (Margen neto por cliente).

En este cuadro, dos clientes de la clasificación (20%) (clientes 5 y 7), suponen más del 50% de la facturación. Clientes críticos, de los que es imprescindible conocer su grado de fidelización.

El 40% de la cartera (clientes 5, 7, 10 y 4) supone más del 90% del margen.

Hay tres clientes (2, 3 y 9) cuyo margen de contribución es menor que el coste que supone atenderlos. Clientes que suponen pérdidas directas.

¿Es suficiente esta información para marcar estrategias con cada uno de los clientes? Esta información tendrá mayor relevancia en función del nivel de fidelización y el potencial a futuro que estos clientes supongan según hemos visto a lo largo del libro.

Analicemos la "Fidelización" que estos clientes tienen (en función de la variable que la define principalmente, la Confianza) y el potencial de crecimiento a futuro.

Como se recoge en el texto del caso, a través de Investigaciones de Mercados y entrevistas personalizadas con los clientes, CES determina la información recogida en el Cuadro B2 para cada cliente.

Con toda esta información, el responsable de Cuentas Claves de CES (KAM), Arturo Sanz, se plantean si se puede mejorar la clasificación ABC por ventas (margen bruto) y qué estrategias se puede seguir con cada cliente:

- ¿Qué clientes blindar (clientes claves)?.
- ¿Con cuáles marcar estrategias para fidelizar?.

- ¿Qué clientes nos hacen perder mucho dinero y es mejor trasladar a la competencia?
- ¿Es correcta la clasificación ABC de clientes?

Para esto se plantea, con la "información" aportada por el mercado y los clientes (Cuadros B2 y B5), construir las matrices "Confianza del cliente" x "Potencial cliente" y otra "Confianza del cliente" x "Margen contribución", para con ello:

- Empezar por valorar cliente a cliente.
- Clasificar a los clientes de la cartera elegidos para el estudio según las dos matrices anteriores.
- Definir estrategias para pasar a clientes de segmentos menos estratégicos a otros de mayor valor.
- Conocer qué clientes debe blindar ante la competencia.
- Saber en qué clientes debe dejar de invertir.
- Conocer el valor que pueden tener las recomendaciones que hacen los clientes en otros.
- Etc.

Tras el análisis del nivel de confianza y potencial a futuro de cada uno de los 14 clientes a analizar (Cuadro B2), podríamos sacar las siguientes recomendaciones para un análisis más personalizado de cada uno y marcas estrategias adecuadas:

Respecto a los clientes no perdidos (100% cuota):

Anexo B Clasificación y valoración de clientes de una comercializadora

- ✓ Mantener los clientes 1, 4, 7 y 10 por su alto nivel de fidelización, en especial el 7 y 10 por tener además un alto potencial a futuro
- ✓ En los clientes 2 y 9, se detecta una muy baja fidelización, que se debe averiguar el motivo para aumentar la misma (¿baja satisfacción?). En el cliente 9, por su bajo potencial si no fuera posible "recuperar", pasar a la competencia.

<u>Respecto a los clientes perdidos con una cuota del cliente menor del 100%</u>:

- ✓ El cliente 8, que además presenta una baja fidelización, no presenta potencial a futuro interesante, por lo que se debe analizar causas de baja fidelización o planearse en el mismo aumentar rentabilidad o pasar a la competencia.
- ✓ El cliente 6, de alto potencial a futuro, no presenta baja fidelización, habiendo por tanto margen para mejorar la misma. Interesante recuperar el 100% de cuota.

<u>Respecto a los clientes perdidos con 0% cuota:</u>

- ✓ Es muy interesante recuperar al cliente 11, por su alto potencial a futuro, que debió de irse por precio o muy baja confianza.
- ✓ El cliente 12, aparte de no ser excesivamente interesante, no muestra confianza. Vigilar.

Respecto a los clientes potenciales cualificados con 0% cuota:

- ✓ Es muy interesante captar al cliente 13, por su alto nivel de margen y potencial a futuro.
- ✓ El cliente 14 parece menos interesante.

Con todo esto deberemos marcar estrategias "uno a uno" para conseguir de cada cliente la mayor fidelización, y por tanto el mayor valor.

Para esto, clasifiquemos a los mismos según su grado de margen contribución, fidelización y potencial (a partir de los Cuadros B2 y B5), para marcar las estrategias de "migración" a segmentos de mayor valor.

Con la información obtenida en estos dos cuadros, y a efectos de clasificarlos visualmente, podríamos construir las matrices Confianza x Margen y Confianza X Potencial a futuro del cliente recogidas en las Figuras B1 y B2, donde ubicaremos a los clientes según su nivel de confianza, margen de contribución a beneficios y su nivel a futuro en cuanto a crecimiento.

Según la información recogida, la ubicación de cada cliente según las dos matrices anteriores quedaría de la siguiente forma:

Anexo B Clasificación y valoración de clientes de una comercializadora

NIVEL DE CONFIANZA

POTENCIAL A FUTURO	BAJA	MEDIA	ALTA
ALTA		Cliente 6	Cliente 7 Cliente 10
MEDIA	Cliente 8 Cliente 2	Cliente 5 Cliente 3	Cliente 4 Cliente 1
BAJA	Cliente 9		

Según el nivel de confianza del cliente y su potencial a futuro, y

NIVEL DE CONFIANZA

MARGEN DE CONTRIBUCIÓN	BAJA	MEDIA	ALTA
ALTA		Cliente 5	Cliente 7 Cliente 10
MEDIA	Cliente 8	Cliente 6	Cliente 4 Cliente 1
BAJA	Cliente 9 Cliente 2	Cliente 3	

Según el nivel de confianza del cliente y su margen de contribución.

Analicemos esta segunda matriz representada. Sobre ella podríamos marcar las estrategias a seguir con cada cliente a corto plazo:

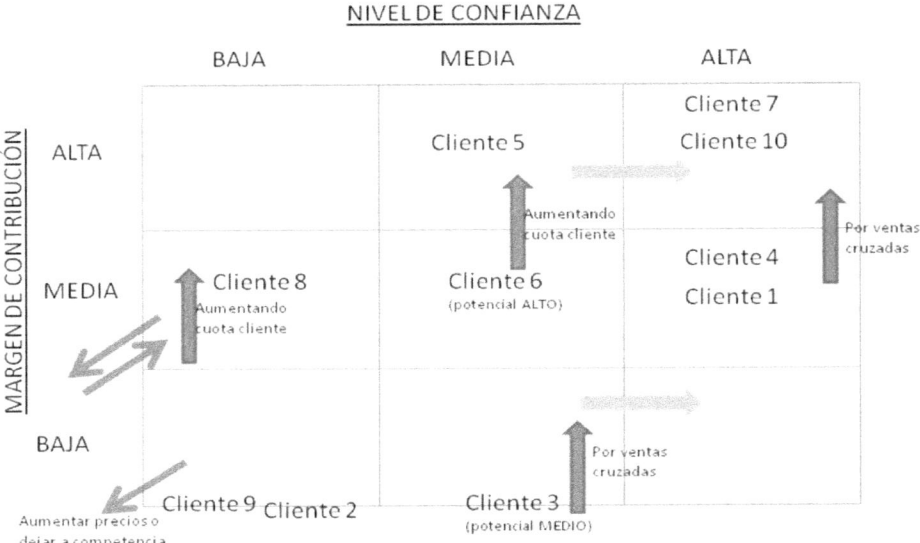

Los clientes más "estratégicos" para la empresa serían los encuadrados con "Alto nivel de Confianza" y "Medio nivel de Confianza", pero no "Bajo nivel de Contribución", sin olvidar los de "Bajo nivel de Confianza" por el daño que pueden causar.

Según estas matrices, los clientes estarían clasificados en nueve grupos, A, B, C, D, E, F, G, H e I

Anexo B Clasificación y valoración de clientes de una comercializadora

	NIVEL DE CONFIANZA		
MARGEN DE CONTRIBUCIÓN	BAJA	MEDIA	ALTA
ALTA	G	C	A
MEDIA	H	D	B
BAJA	I	F	E

Veamos que estrategias seguir con cada grupo, y por tanto con los clientes que en el mismo clasifiquemos.

Grupo A: Son los clientes claves de la empresa (clientes 7 y 10). Es muy importante mantenerlos fidelizados y blindarlos de la competencia, aprendiendo de ellos las mejores prácticas. Averiguar si se puede seguir creciendo con ellos.

Grupo B: Son clientes (cliente 4 y cliente 1) con alta fidelización a la empresa, proactivos a recomendarla, y con los que puede haber crecimiento ofreciendo otros productos /servicios (cross y up-selling). Cuidar frente a la competencia y vigilar no se deteriore confianza.

Grupo C: Clientes (cliente 5) con una alta rentabilidad, pero que pueden estar expuestos a perderse con la competencia por no estar muy fidelizados. Mejorar la atención a los mismos para fidelizarlos y permanezcan, pues no es extraño se fueran por un mejor precio de la competencia.

Grupo D: Clientes (cliente 6) con no alta rentabilidad y no fidelizados. Lo mejor con estos clientes puede ser intentar mejorar "cuota de cliente" viendo las mejoras prácticas (ventas cruzadas y up-selling) llevadas con clientes que hayan pasado del Grupo B al A, y de esta manera mejorar a su vez la fidelización.

Grupo E: Clientes fidelizados, pero que no aportan gran margen de negocios. Es importante mantenerlos mientras no nos hagan perder dinero, pues por su alto poder de recomendar pueden "traer" clientes. Incitar a que recomienden y ver posibilidades de crecer en margen, viendo prácticas que hayan llevado clientes del Grupo B al A.

Grupo F: Clientes (cliente 3) poco fidelizados y que no aportan margen suficiente. Ver de fidelizarlos, no invirtiendo demasiado, e intentar crecer en margen.

Grupo G: Clientes con alto margen de contribución, pero que no confían en la empresa. Mantener mientras no recomienden negativamente. Analizar motivos por los que no confían para intentar fidelizarlos por ser de valor.

Grupo H: Clientes (cliente 8) que desconfían y no dan alto valor. Vigilar y no invertir en ellos, pues estarán continuamente cambiando de empresa.

Grupo I: Clientes (clientes 2 Y 9) que desconfían y no solo no aportan valor en margen de beneficios, sino que pueden incluso costar dinero, "clientes troyanos". Estarían mejor en la competencia. Invitar a que se vayan subiéndole precios de manera "educada".

Si comparamos la clasificación inicial por facturación (por margen bruto, Cuadro B1), frente a la que nos saldría por "valor" (Cuadro B7), encontraríamos algunas variaciones en la clasificación, además de permitirnos diferenciar estrategias.

MARGEN BRUTO POR CLIENTE (€) Y CLASIFICACIÓN A, B, C

CLIENTES	Margen bruto €	Clasificación ABC A>B>C
Clientes actuales		
Cliente 5	59.500	A
Cliente 7	56.400	A
Cliente 10	49.450	A
Cliente 4	30.400	B
Cliente 1	25.750	B
Cliente 8	20.700	B
Cliente 6	18.600	B
Cliente 9	8.700	C
Cliente 3	7.700	C
Cliente 2	7.360	C
TOTAL=	284.560	

CLASIFICACIÓN ACTUAL

Cuadro B1

MARGEN BRUTO POR CLIENTE (€) Y CLASIFICACIÓN por Valor

CLIENTES	Margen bruto €	Clasificación Valor
Clientes actuales		
Cliente 7	56.400	A
Cliente 10	49.450	A
Cliente 4	30.400	B
Cliente 1	25.750	B
Cliente 5	59.500	C
Cliente 6	18.600	D
Cliente 3	7.700	F
Cliente 8	20.700	H
Cliente 9	8.700	I
Cliente 2	7.360	I
TOTAL=	284.560	

CLASIFICACIÓN PROPUESTA

Cuadro B7

Anexo B Clasificación y valoración de clientes de una comercializadora

Pero si además tuviéramos en cuenta el valor que cada cliente puede aportar (en función de su fidelización, + ó -) no solo por su retención, sino por lo que puede agregar (+) o quitar (-) de los clientes actuales y potenciales, el valor final de cada cliente puede variar bastante de lo estimado inicialmente teniendo en cuenta solo lo que con ellos se factura directamente. Veámoslo:

VACT(€)=Valor añadido por el cliente en € en T años por las recomendaciones y prescripciones

VACT= VM x WOM x ALC x COR x T

Valor, en margen bruto, medio cliente (VM)= 28.456 €/año

		nivel de confianza		
		3	2	1
Probabilidad recomendar a un cliente (WOM)		40	0	60
Alcance (número clientes recomendados) (ALC)		2	0	4
% de clientes que siguen la recomendación (COR)		40	20	40
Tiempo de cálculo (T)	5 años			
(estimaciones ficticias para ejemplo)				
VACT (€)=		45.530	0	-136.589

Si aplicamos a cada uno de los clientes actuales en cartera esta fórmula de aproximación del valor de cada cliente, donde no solo tengamos en cuenta la contribución directa que nos da cada cliente, sino el valor inducido que en otros puede causar en función de las recomendaciones que de nosotros haga (mayores en cuanto mayor sea el nivel de confianza), nos quedaría el siguiente Cuadro B8:

Anexo B Clasificación y valoración de clientes de una comercializadora

MARGEN BRUTO POR CLIENTE (€) más recomendaciones en 5 años					
	Margen bruto	Clasificación	nivel	valor añadido	
CLIENTES	€	Valor	Confianza	WOM	€
Clientes actuales					
Cliente 7	282.000	A	3	45.530	**327.530**
Cliente 10	247.250	A	3	45.530	**292.780**
Cliente 4	152.000	B	3	45.530	**197.530**
Cliente 1	128.750	B	3	45.530	**174.280**
Cliente 5	297.500	C	2	0	**297.500**
Cliente 6	93.000	D	2	0	**93.000**
Cliente 3	38.500	F	2	0	**38.500**
Cliente 8	103.500	H	1	-136.589	-33.089
Cliente 9	43.500	I	1	-136.589	-93.089
Cliente 2	36.800	I	1	-136.589	-99.789
TOTAL=	1.422.800				1.195.152

Cuadro B8

Por ejemplo, el VAC del Cliente 7 en 5 años (Contribución WOM positivas) = WOM x ALC x COR x VM x T = 0,4 x 2 x 0,4 x 28.456€/año x 5 años = **45.530€**, según los datos recogidos en el cuadro anterior.

Vemos por tanto, como hay clientes, como el Cliente 2, que aunque apreciemos que nos aporta un margen bruto anual de 36.800€, en realidad, nos está "quitando" valor en otros clientes por su bajo nivel de confianza, lo que se traduce en daños económicos de casi 100.000€.

Asimismo, el Cliente 5, que aunque con nivel de confianza 2, deberíamos clasificarlo como A por su alto margen. Aunque no trae nuevos clientes, tampoco los quita.

Considero que si es importante mantener a los clientes de alto valor de contribución al negocio, a los que consideraremos estratégicos, también es muy importante conocer a aquellos otros que solo hacen quitarnos valor, para bien reconducirlos, y si no, dejar que se vayan con al competencia (clientes "troyanos").

Podríamos concluir preguntándonos:

¿Valoramos adecuadamente a nuestros clientes?

¿Tenemos identificados a nuestros clientes claves?

ANEXO C. CLASIFICACIÓN Y GESTIÓN DEL RIESGO COMERCIAL DE CLIENTES DE UNA COMERCIALIZADORA (Un caso para trabajar)

Arturo Suárez, gestor de grandes cuentas (KAM) en el canal de Grandes Clientes (GGCC) de CES (Compañía Eléctrica del Sur), empresa del sector eléctrico, tiene en su cartera comercial treinta clientes de alto valor para la empresa.

En el último trimestre del año le corresponde la revisión de los contratos eléctricos de diez clientes de su cartera al finalizar el contrato actual con estos.

En los últimos años el riesgo de pago de los clientes se ha considerado un tema preocupante, pues aunque la crisis está desapareciendo, aún hay clientes que presentan suspensión de pagos, y esto puede provocar un gran daño en la cuenta de resultados de la cartera de clientes. Esto es así porque el margen comercial que deja cada cliente es muy pequeño frente a la facturación de la energía, ya que el coste principal es la compra de la misma. Si un cliente no paga la facturación de un mes (se factura a mes finalizado), no solo está dejando de deuda dicho mes, sino como mínimo un segundo mes que es el tiempo que se tardaría en pedir el corte del suministro eléctrico para que el cliente dejara de consumir una energía que siempre correspondería pagar a CES.

Por esto, CES hace un seguimiento mensual del riesgo de no pago de cada uno de sus clientes utilizando una valoración que le permita conocer el riesgo que ese cliente tiene de no pagar. Define el

VRPC (Valor de Riesgo de Pago del Cliente) como un "score" entre 0 y 100, donde 100 se daría a aquél cliente totalmente solvente.

Score	Clasificación del cliente (VRPC)	Política a seguir de CES
Entre 100 y 55	3	Mantener y desarrollar nuevos negocios con el cliente.
Entre 55 y 30	2	Pedir (a juicio del KAM) garantías suficientes al cliente para renovación de contrato y acometer nuevos negocios.
Menor de 30	1	No renovar con el cliente a no ser que hubiera motivos para ello (a juicio del KAM y la Dirección justificados). Exigir garantías suficientes.

Si bien se venía clasificando a los clientes en A,B y C según la facturación anual que con cada uno se tuviera, siendo los clientes tipo A los que tienen una facturación mayor de 400.000€/año, B entre 400.000€/año y 200.000€/año y C los de facturación menor de 200.000€/año, se ha decidido clasificar a los mismos teniendo también en cuenta el nivel de fidelización que estos tengan con CES, asignándose el nivel 3 para aquellos clientes fidelizados (que por el orgullo de pertinencia recomiendan a CES), nivel 2 (clientes satisfechos, pero que no llegan a recomendar a CES) y nivel 1 (clientes, que por los motivos que fueran, que serían interesante conocer, CES entiende que no solo no están fidelizados, sino que aún manteniendo una relación con CES hablan mal de ésta a otros clientes).

En el cuadro siguiente se tiene actualizado, según el nivel de facturación, riesgo de pago (VRPC) y fidelización, cada uno de los diez clientes en los que Arturo Suárez debe decidir si renueva, con o sin garantías, y de ser así por qué importe, cada uno de los contratos que vencen en el próximo trimestre.

CLASIFICACIÓN CLIENTES A RENOVAR (NIVEL FACTURACIÓN, VRPC Y FIDELIZACIÓN)				
CLIENTES	Facturación anual (en miles de €)	Clasificación Facturación	score VRPC	nivel de Fidelización
Cliente 1	600	A	3	2
Cliente 2	450	A	1	3
Cliente 3	425	A	2	2
Cliente 4	400	B	3	2
Cliente 5	350	B	2	3
Cliente 6	250	B	2	3
Cliente 7	200	B	3	3
Cliente 8	190	C	1	1
Cliente 9	175	C	1	1
Cliente 10	150	C	3	2
	3.190.000€			

Según esta clasificación, Arturo Suárez también debe marcar qué estrategia seguir con cada cliente. Para ello le sería útil clasificar a cada cliente según el nivel de facturación, el VRPC y el nivel de fidelización según las siguientes dos matrices:

Anexo C Clasificación y gestión del riesgo comercial de clientes de una comercializadora

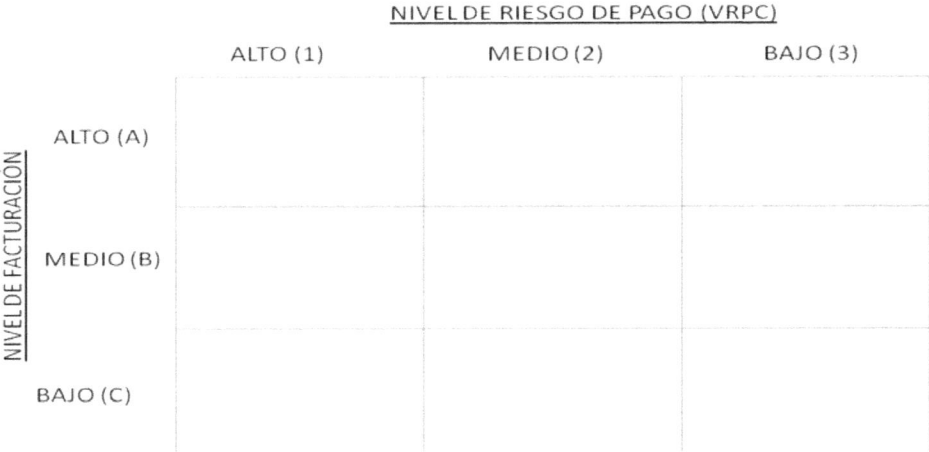

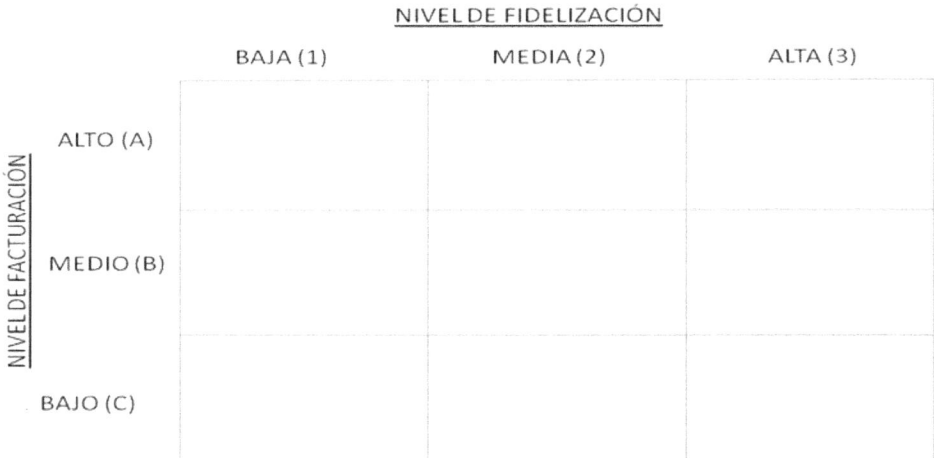

A REALIZAR

Clasificar a los clientes identificando con cuáles se debe renovar el contrato, y si es necesario, según la política del VRPC de CES, exigir alguna garantía al cliente. En el caso de renovar con garantías, qué cantidad sería la adecuada si el cliente desea seguir con CES en las condiciones económicas que se le ofrezca, que siempre serían competitivas en el mercado.

Asimismo, ¿qué estrategias se debe seguir con cada cliente una vez se renueve el contrato, para conseguir de éste el máximo valor (dando a su vez valor al cliente) y fidelizarlo para que sea prescriptor de CES? ¿A cuáles clientes podemos definir como CLIENTES CLAVES?

Anexo C Clasificación y gestión del riesgo comercial de clientes de una comercializadora

ANEXO D. MODELO DE ENCUESTA DE FIDELIZACIÓN

ANÁLISIS DEL MODELO DE FIDELIZACIÓN DEL CLIENTE INDUSTRIAL DE UNA COMERCIALIZADORA DE ENERGÍA Y SU RECOMENDACIÓN

Empresa entrevistada:

Entrevistador:

Fecha entrevista:

El objeto de esta encuesta es apreciar el grado en que está de acuerdo el cliente con las preguntas, analizando a su Comercializadora en su conjunto como un servicio integrado

1= muy en desacuerdo; 7=totalmente de acuerdo (escala de Likert)

SATISFACCIÓN del cliente con los servicios prestados por la Comercializadora: 1 2 3 4 5 6 7

		1	2	3	4	5	6	7
1	El servicio (en general) ofrecido por mi Comercializadora cumple con unos niveles aceptables.							
2	Comparado con mi experiencia con servicios de otras empresas (de cualquier sector), estoy satisfecho con el servicio prestado por mi Comercializadora.							
3	Mi Comercializadora me ofrece lo que quiero y en el grado que espero.							

CALIDAD percibida por el cliente: 1 2 3 4 5 6 7

		1	2	3	4	5	6	7
4	Lo ofrecido por mi Comercializadora es de una alta calidad.							
5	Lo ofrecido por mi Comercializadora me da garantías.							
6	Mi Comercializadora entiende y conoce los estándares de calidad de mi empresa.							

CONFIANZA del cliente en la Comercializadora: 1 2 3 4 5 6 7

		1	2	3	4	5	6	7
7	El servicio ofrecido por mi Comercializadora me da confianza.							
8	Mi Comercializadora se preocupa por la calidad que me da en todos los servicios que me presta.							
9	No me he planteado cambiar de comercializadora desde que estoy con mi Comercializadora (algo muy importante tiene que ocurrir).							

VALOR DE la Comercializadora (valor que aprecia el cliente qué le aporta como proveedor): 1 2 3 4 5 6 7

		1	2	3	4	5	6	7
10	Mi Comercializadora se interesa por darme un servicio que aporte valor a mi negocio.							
11	El servicio ofrecido por mi Comercializadora contribuye a mejorar mi negocio.							
12	Veo en mi Comercializadora una empresa que puede aportarme más valor que otras empresas del mismo sector.							

GESTIÓN DE LAS RECLAMACIONES: 1 2 3 4 5 6 7

		1	2	3	4	5	6	7
13	Mi Comercializadora se preocupa por atender y resolver mis reclamaciones.							
14	Mi Comercializadora atiende mis reclamaciones de manera objetiva.							
15	Mi Comercializadora suele dar una respuesta adecuada y aclaratoria a mis reclamaciones.							

Anexo B1 Encuesta "Análisis del modelo de Fidelización del Cliente Industrial" (Elaboración propia)

Anexo D Modelo de encuesta de fidelización

	Word-of-Mouth: (determinar signo WOM o recomendación a otros clientes))	1	2	3	4	5	6	7
16	Recomiendo (probablemente recomendaría) a mi Comercializadora a otros clientes (1=muy negativamente; 7=muy positivamente)							
17	Según la pregunta anterior, desde que soy cliente de mi Comercializadora la he recomendado a (recoger número y en la tabla indicar ese número restándole la unidad. Máximo valor a anotar,7, mínimo 1). Nº de recomendaciones=							
18	Aunque uso los servicios de mi Comercializadora, recomiendo a otros que no lo hagan.							

	EXTENSIÓN/INTENSIDAD WOM:	1	2	3	4	5	6	7
19	Suelo interesarme, e intercambio opinión, por el servicio recibido de mi Comercializadora con otros clientes.							
20	Cuando hablo de mi Comercializadora lo hago con gran detalle (detalle sobre el tema que me lleva a hablar de ella).							
21	Mi negocio pertenece a un sector con un nivel de comunicación y colaboración alto entre las empresas que lo componen, intercambiándonos información de los proveedores.							

	RENTABILIDAD DIRECTA:	1	2	3	4	5	6	7
22	Me gustaría recibir otros servicios de mi Comercializadora.							
23	Me gustaría mantener con mi Comercializadora una relación "estrecha y fuerte" durante mucho tiempo.							
24	El precio del servicio prestado por mi Comercializadora no es lo más importante frente a otros factores.							

	RENTABILIDAD INDIRECTA (venta inducida negat./posit. por parte del cliente en otros clientes):	1	2	3	4	5	6	7
25	Propongo a otros clientes servicios específicos de mi Comercializadora.							
26	Cuando no estoy satisfecho con un servicio de mi Comercializadora, lo traslado a otros clientes para que no hagan uso de ese servicio.							
27	Me preocupo por el servicio que reciben mis colaboradores (empresas asociadas y "amigos") más directos. (tanto de mi Comercializadora como de otros proveedores)							
28	Suelo prestar atención a la opinión de otros clientes sobre servicios específicos recibidos por éstos de mi Comercializadora.							

PREGUNTAS ABIERTAS

29	Comente alguna/s recomendaciones positivas o negativas, que haya realizado o recibido, de su Comercializadora o de la competencia, y a cuantas personas (empresas) se las ha comentado o recibido información:
30	¿Encuentra barreras en su Comercializadora para darle a conocer lo que quiere y cómo lo quiere? ¿Puede indicar qué barreras y alguna experiencia?:

Anexo B2. Encuesta "Análisis del modelo de Fidelización del Cliente Industrial" (Elaboración propia)

ANEXO E. REFERENCIAS BIBLIOGRÁFICAS

Alcaide Casado, Juan carlos; Agirre, Izaskun (2006): "Marketing Industrial: una urgencia inaplazable". MK Marketing+Ventas, nº 209.

Allen, James; Reichheld, Frederick F.; Hamilton, Barney y Markey, Rob (2006): "Capitalising of the Customer". European Business Forum issue 26 Autumn 2006.

Ambler, Tim (2002): "Comment: Customer lifetime values - credible, or utterly incredible?". Journal of Targeting, Measurement and analysis for Marketing Vol. 10 nº 3 Mar. 2002.

American Marketing Association, Board of Directors (2004): www.marketingpower.com. August 2004

Bardakci, Ahmet y Whitelock, Jeryl (2003): "Mass-customization in marketing: the consumer perspective". Journal of consumer marketing Vol. 20 nº 5 2003

Bayón, Tomás; Gutsche, Jens y Bauer, Hans (2002): "Customer Equity Marketing: Touching the Intangible". European Management Journal Vol. 2 nº 3 June 2002.

Berry, Leonard L y Parasuraman, A. (1997): "Listening to the Customer. The Concept of a Service-Quality Information System". Sloan Management Review vol. 38 nº3 Spring 1997.

Bishop, Willians S. (1984): "Volatility of Derive Demand in Industrial Markets and Its Management Implications". Journal of Marketing Vol 48.

Blenkhorn, David L. y Leenders, Michiel R. (1988): "Reverse marketing: An Untapped Strategic Variable". Business Quarterly Vol. 53 n° 1.

Blodgett, Jeffrey G.; Granbois, Donald H. y Walters, Rockney G. (1993): "The effects of Perceived Justice on Complainants´ Negative Word-of-Mouth Behavior and Repatronage Intentions". Journal of Retailing Vol. 69 n° 4 Winter 1993.

Brown, Tom; Graines, Stuart; Dearlove, Des y Rodrigues, Jorge (2002): Business Minds. FT Prentice Hall.

Burnett, V(2002): "Gestión de la relación con el cliente clave". Prentice Hall 2002.

Calciu, Mihai y Salerno, Francis (2002): "Customer value modeling: Synthesis and extension proposals". Journal of Targeting, Measurement and Analysis for marketing Vol. 11 n° 2 Dec. 2002.

Califa, Azaddin Salem (2004): "Customer value: A review of recent literature and an integrative configuration. Managemen Decision Vol. 42 n° 5 2004.

Cambra Fierro, V. (2005): "Gestión estratégica de una cartera de clientes industrilales en un contexto relacional". Revista de Dirección y Administración de Empresas, N° 12.

Bibliografía

Chase, Richard B y Heskett, James L. (1995): "Introduction to the Focused Issue on Service Management". Management SciencenVol. 41 nº 11 Nov 1995.

Chen, Injazz J. y Popovich, Karen (2003): "Understanding customer relationship management (CRM)". Business Process Management Vol. 9 nº 5.

Claycomb, Cindy y Martin, Charles L. (2002): "Building customer relationships: an inventory of service providers´objetives and practices". Journal of services marketing Vol. 16 nº 7 2002.

Cox, Willian E. y Havens, George N. (1977): "Determination of sales Potentials and Performance for an Industrial Goods Manufaturer". JMR. Journal of Marketing Research Vol. 14.

Crosby, Lawrence A. ; Gronroos, Christina y Johnson, Sheree L. (2002): "Who Move May Value". Marketing Management vol. 11 nº 5 Sep/Oct. 2002.

Cuesta Fernández, Félix (2003): "Fidelización… Un paso más allá de la retención". Mc Graw Hill 2003.

Cuesta Fernández, Félix (2004): "La transformación empresarial como base de la competitividad. De la empresa tradicional a la empresa virtual". Pirámide 2004.

Cuesta Fernández, Félix (2006): "Optimizando la inversión en los clientes en entornos B2C". Impartido en seminario ¿Debe el cliente actual llegar más allá de la fidelización?. Instituto de Empresa de Madrid.

Czepiel, J.A. (1990): "Services Encounters and Service Relationships: Implications for Research". Journal of Business Research N° 20.

De Velasco González, Emilio (2002): "Marketing Industrial: marketing de relaciones B2B". Seminario del Master en Dirección Comercial y Marketing del Instituto de Empresa de Madrid.

Esse, Ted (2003): "Securing the value of customer. Value management". Journal of Revenue and Pricing Management Vol. 2 n° 2 Jul. 2003.

Evans, Maggie (2002): "Prevention is better than cure: Redoubling the focus on customer retention". Journal of Financial Services Marketing Vol. 7 n° 2 Nov. 2002.

Feciková, Ingrid (2004): "An Index method for measurement of customer satisfaction". The TQM magazine Vol. 16 n° 1 2004.

Ferrell, O.C. y Lucas, G.H. (1987): "An Evaluation of Progress in the Development of a Definition of Marketing". Journal of the Academy of Marketing Science, vol. 15, n°. 3.

File, Karen Maru; Judd, Ben B. y Prince, Russ Alan (1992): "Interactive marketing: The influence of participation on positive wor-of-mouth and referrals". Journal of service Marketing, Vol 6 n° 4.

Fitzgerald Bone, Paula (1995): "Word-of-mouth Effects on Short-term and Long-term Product Judgments". Journal of Business Research n° 32 1995.

Furrer, Olivier Reshaping (2002): "Driving Customer Equity: How customer Lifetime Value Is Corporate". International Journal of Service Industry Management Vol. 13 n° 1 2002.

Ganesh, Jaishankar ; Arnold, Mark J. y Reynolds, Kristy E. (2000): "Understanding the customer base of service providers: An examination of the diferences between switchers and stayers". Journal of Marketing Vol.64 n° 3.

Gillies, Crawford; Rigby, Darrell y Reichheld, Fred (2002): "The story behind successful customer relations management". European Business Journal vol. 14 n° 2.

Gilmore, James H. y Pine, Joseph (2002): "Customer experience places: the new offering frontier". Strategy & Leadership Vol. 30 n° 4.

Gruen, Thomas W.; Osmonbekov, V. y Czaplewski, Andrew J. (2006): "eWOM: The impact of customer-to-customer online Know-how exchange on customer value and loyalty". Journal of Business Research n° 59.

Gummesson, Evert (2004): "Return on Relationships (ROR): the value of relationship marketing and CRM in business-to-business contexts". The Journal of Business & Industrial Marketing Vol. 19 n° 2.

Halstead, Diane (2002): "Negative Word of Mouth: Sunstitute for or supplement to consumer complaints". Journal of Consumer Satisfaction, Dissatisfaction and Complaining Behavior Vol. 15.

Harrison-Walker, L. Jean (2001): "The mesurement of Word-of-Mouth Communication and an Investigation of Service Quality and Customer Commitment as Potential Antecedents". Journal of Service Research Vol. 4 n° 1 Aug. 2001.

Heskett, James L. (2002): "Beyond customer loyalty". Managing Service Quality Vol. 12 n° 6.

Hirschowitz, Anton (2001):"Closing the CRM loop: The 21st century marketer´s challenge: Transforming customer insight into customer value". Journal of Targeting, Measurement and analysis for Marketing Vol. 10 n° 2 Dec. 2001.

Horovitz, Jacques (1998): "Diferenciación a través del servicio al cliente". Seminario Fundación OSDE en Buenos Aires (http://www.fundacionosde.com.ar/Fundacion_OSDE/docs/seminarios/horovitz.doc)

Hwang, Hyunseok; Taesoo Jung y Euiho Suh (2005): "An LTV model and customer segmentation based on customer value: a case study on the wireless telecommunication industry". Expert Systems with Applications n° 26.

Ingram, Thomas N.; Lee, Keun S.; Skinner, Steven J. (1989): "An Empirical Assessment of Salesperson Motivation, Commitment, and Job Outcomes". The Journal of Personal Selling & Sales Management Vol. 9.

Johnston, Wesley (1981): "The Buying Center:Structure and Interaction Patterns". Journal of Marketing Vol. 45.

Kara, Ahmet ; Subhash Lonial, Mehves Tarim y Selim Zaim (2005): "The seemingly contradictory relative importance of tangible and intangible determinants of service quality". European Business Review Vol. 17 n° 1.

Kara, Ali y Kaynak, Erdener (1997): "Markets of a single customer: exploiting conceptual developments in market segmentation". European Journal of Marketing Vol. 31 n° 11/12.

Keaveney, Susan M (1995): "Customer swiching behavior in service industries: An exploratory study". Journal of Marketing Vol. 59 n° 2 Apr 1995.

Kelley, Liz Lee; Gilbert, David y Mannicom, Robin (2003): "How e-CRM can enhance customer loyalty". Marketing Intelligence & Planning 21/4.

Kerin, R.A. (1996): "In Pursuit of an Ideal: The Editorial and Literary History of the Journal of Marketing". Journal of Marketing, vol. 60, n° 1.

Kim, Su-Yeon; Tae-Soo Jung; Eui-Ho Suh y Hyun-Seok Hwang (2006): "Customer segmentation and strategy development based customer lifetime value: A case study". Expert Systems with Applications n° 31.

Kotler, P. (1995): "Dirección de Marketing. 8ª ed.". Prentice Hall International, UK

Kotler, P. (2000): "Marketing Management, The Milenium Edition". PrenticeHall, 2000

Kotler, P. y Roberto, E.L. (1989): "Social Marketing. Strategies for Changing Public Behavior". The Free Press, Nueva York.

Kotler, Philip (1989):"From Mass Marketing to Mass Customization". Planning Review Vol. 17 n° 5 Sep/Oct 1989.

Kotler, Philip (2003): "Los 80 conceptos esenciales de Marketing". Prentice Hall 2003

Kumar, V.; Ramani, Girish y Bohling, Timothy (2004): "Customer lifetime value approches and best practice applications". Journal of interactive Marketing vol. 18 n° 3 Summer 2004.

Küster Boluda, Inés (2002): "La venta relacional". ESIC 2002

Lehmann, Donald R. y O´Shaughessy, John (1974): "Diference in Attribute Importance for Diferent Industrial products". Journal of Marketing Vol. 38.

Lemon, Katherine N.; Rust, Roland T y Zeithaml, Valerie A. (2001): "What Drives Customer Equity". Marketing Management vol.10 n° 1 Spring 2001.

Liu, Duen-Ren y Shih, Ya-Yueh (2005): "Hybrid approaches to product recommendation based on customer lifetime value and purchase preferences". The journal of Systems and Sofware n° 77.

Maxham, James G. (2001): "Service recovery´s influence on consumer satisfation, positive word-of-mouth, and purchase intentions". Journal of Business Research n° 54.

Mitchel, James O. (2005): "Word-of-mouth Marketing". LIMRA´s MarketFacts Quarterly Vol. 24 nº 2 Spring 2005.

Mompó, Rafael (2006): "keyaccountmanagement". http://www.rafaelmompo.com.

Money, R. Bruce (2004): "Word-of-mouth promotion and switching behavior in Japanese and American business-to-business service clients". Journal of Business Research nº 57 2004

Mooradian, Todd A. y Swan, K. Scott (2006): "Personality-and-culture: The case of national extraversion and word-of-mouth". Journal of Business Research nº 59.

Morgan, R.M. y Hunt, S.D. (1994): "The Commitment-trust Theory of Relationship Marketing". Journal of Marketing Vol. 58.

Munuera Alemán, J. L. y Rodríguez Escudero, A. I. (2002): "Estrategias de Marketing". Pirámide 2002.

Munuera, J.L. y Rodríguez, A.I. (1998): "Marketing Estratégico, Teoría y Casos". Pirámide, Madrid.

Ohmae, Kenichi (1990): "La mente del Estratega". McGraw-Hill 1990.

Parasuraman, A. (1997): "Reflections on Gaining Competitive Advantage Through Customer Value". Journal of the Academy of Marketing Science Vol 25, nº 2 Spring 1997.

Parasuraman, A. (2002): "Service quality and productivity: a synergistic perspective". Managing Service Quality Vol. 12 nº 1.

Parasuraman, A. y Grewal, Dhruv (2000): "The Impact of Technology on the Quality-Value-Loyalty Chain: A Research Agenda". Academy of Marketing Science Journal Vol. 28 nº 1 winter 2000.

Parasuraman, A.; Berry, Leonard y Zeithaml, Valerie (1990): "Five Imperatives for improving Service Quality". Sloan Management Review Vol. 31 Summer 1990.

Parasuraman, A.; Berry, Leonard y Zeithaml, Valerie (1991b): "Understanding Customer Expectations of Service". Sloan Management Review vol. 32 nº 3 Spring 1991.

Parasuraman; Barry,Leonard L. y Zeithaml, Valarie A. (1991a): "Perceived Service Quality as a Customer-Based Performance Measure: An Empirical Examination of Organizational Barries Using an Extended Service Quality Model". Human Resource Management Vol. 30 nº 3.

Parra, Francisca (1999): Origen y Evolución del Concepto de Marketing. Proyecto docente Cátedra Universidad de Málaga.

Peppers y Rogers, Martha (1995a): "A New marketing paradigm:Share of customer, not market share". Managing Service Quality. University Press Vol 5 nº 3.

Peppers y Rogers, Martha (1995b): "Giving to get". Sales and marketing Management Vol. 157 nº9.

Peppers y Rogers, Martha (1996): "Customer lifetime value: who´s worth what?". Journal of Agricultural Lending Vol. 10 nº 1.

Peppers y Rogers, Martha (1997): "Making The Transition to One to One marketing". Inc.Vol. 19 n° 1 Jan. 1997.

Peppers y Rogers, Martha (1998): "Better business-one customer at a time". The Journalfor Quality and Participation Vol. 21 n° 2 Mar/Apr 1998.

Peppers y Rogers, Martha (1998a): "Converting ratepayers into loyal customers". American gas Vol. 80 n° 7 Aug. 1998.

Peppers y Rogers, Martha (1999): "Growing revenues with Cross-Selling". Sales and marketing Management vol. 151 n° 6 June 1999.

Peppers y Rogers, Martha (1999a): "When Extreme isn't Enough". Sales and marketing Management Vol. 151 n° 2 Feb. 1999.

Peppers y Rogers, Martha (1999b): "In vendors they trust". Sales and marketing Management Vol. 151 n° 11 Nov. 1999.

Peppers y Rogers, Martha (1999c): "The price of customer service". Sales and marketing Management Vol. 151 n° 4 Apr. 1999.

Peppers y Rogers, Martha (2006): "Customer-Based Marketing Spend". Sales and marketing Management vol.158 n° 3 Apr. 2006.

Peppers; Rogers, Martha y Adamson, Gary (1998b): "Changing the rules of the game". The Healthcare Forum Journal Vol. 41 n° 1 Jan/Feb 1998.

Peppers; Rogers, Martha y Adamson,Gary (1998a): "One to One: Knocking on healthcare´s door". The Healthcare Forum Journal Vol. 41 nº 1 Jan/Feb 1998.

Pine, J. (1993): "Mass Customizing. Products and Services". Planning Review Vol. 21 nº 4 Jul/Aug 1993

Pine, Joseph y Gilmore, James H. (2000): "Satisfaction, sacrifice, surprise: three small steps create one giant leap into the experience economy". Strategy and Leadership Vol. 28 nº 1.

Pitta, Dennis A. (1998): "Marketing One-to-One and its dependence on Knolwledge discovery in databases". Journal of consumer marketing Vol. 15 nº 5.

Ralston, Roy (1996): "Model Maps out a sure path to growth in marketplace". Marketing News Vol. 30 nº 11 May 1996.

Ranaweera, Chatura y Prabhu, Jaideep (2003): "On the relative importance of customer satisfaction and trust as determinants of customer retention and positive word of mouth". Journal of Targeting, Measurement and analysis for Marketingn Vol.12 nº 1 Sep. 2003.

Real, Gonzalo (2002): "La vinculación de clientes: El modelo de Servicios & Beneficios". Business Case: Telehome del Instituo de Empresa

Reichheld, F.F. (1994): "Loyalty and the reinaissance of marketing". Marketing Management, Vol 2 nº 4.

Reichheld, Fred (2002): "Loyalty as a philosophy and strategy: an interview with Frederick F. Reichheld". Strategy & Leadership Vol. 30 n° 2.

Reichheld, Fred (2006): "The Microeconomics of Customer Relationship". MITSloan Management Review Vol. 47 n° 2 winter 2006.

Reichheld, Frederick F.; Kenny, David W. (1991): "The Hidden Advantages Of Customer Retention". Journal of Retail Banking vol. 12 n° 4 Winter 1990-1991.

Reichheld, Frederick F.; Markey, Robert G. y Hopton, Christopher (2000): "The loyal effect- the relationship between loyalty and profits". European Business Journal Vol. 12 n° 3.

Richins, Marsha L. (1983): "Negative Word of Mouth by Dissatisfied Consumer. "A pilot Study". Journal of Marketing Vol. 47 Winter 1983.

Rigby, Darrell; Reichheld, Fred y Berez, Steve (2002): "Custom fit". Business Management n° 26 dec. 2002

Sánchez Arrieta, Antonio J. (2007): "El valor del cliente como herramienta estratégica de gestión en un mercado Industrial". Tesis doctoral. ISBN 978-84-9747-498-6.

Santesmases Mestre, Miguel (2007): "Marketing: Conceptos y Estrategias". Pirámide, 5ª Edición.

Sengupta, Sanjit (1993): "The One to One Future. Don Peppers and Martha Rogers". Courrency Doubleday.

Silverman, George (2001): "The Power of Word of Mouth". Direct Marketing Vol. 64 nº 5 Sep. 2001.

Smith, Wendell R.(1956): "Product differentiation and market segmentation as alternative marketing strategies". Journal of Marketing Pine y Gilmore Vol. 21.

Stokes, David y Lomax, Wendy (2002): "Taking control of word of mouth marketing: the case of an entrepeneurial hotelier". Journal of Small Business and Enterprise Development Vol. 9 nº 4.

Varadarajan, P.R. y Cunningham, V. (1995): "Strategic Alliances: a Synthesis of Conceptual Foundations". Journal of the Academy of Marketing Science Vol. 23, nº 4.

Venetis, Karin A. (2004): "Service quality and customer retention: building long-term relationchips". European Journal of Marketing Vol. 38 nº 11.

Voss, Glenn B.; A Parasuraman y Dhruv Grewal (1998): "The Roles of Price, Performance, and Expectations in Determining Satisfaction in Service exchanges". Journal of Maeketing vol. 62 Ocotber 1998.

Walker, Orville C.; Churchill, Gilbert A. y Ford, Neil M. (1977): "Motivation and Performance in Industrial Selling: Present Knowledge and Needed Research". JMR. Journal of Marketing Research Vol.14.

Wang,Yongui ; Hing Po Lo ; Renyong Chi y Yongheng Yang (2004): "An integrated framework for customer value and customerrelationship-management performance: a customer-based perspective from China". Managing Service Quality Vol. 14 n° 2/3.

Wangenheim, Florian y Bayón, Tomás (2004a): "Satisfation, loyalty and word of mouth within the customer base of a utility provider: Diferences between stayers, swichers and referral switchers". Journal of Consumer Behaviour vol. 3 n° 3 Mar. 2004.

Wangenheim, Florian y Bayón, Tomás (2004b): "The effect of word of mouth on services switching". European Journal of Marketing Vol. 38 n° 9/10.

Webster, Frederick E. (1978): "Management Science in Industrial marketing". Journal of Marketing Vol. 42.

Webster, Frederick E. y Keller, Kevin Lane (2004): "A roadmap for branding in industrial markets". Journal of Brand Mangement Vol 11 n° 5.

Webster, Frederick y Wind, Yoram (1996): "A General Model for Understanding Organizational Buying Behavior". Marketing Management Vol 4 N° 4.

Weinstein, Art (2002): "Customer-Specific Strategies. Customer retention: A usage segmentation and customer value aproach". Journal of Targeting, Measurement and analysis for Marketing Vol. 10 n° 3 Mar. 2002.

Whiteley, Richard y Hessan, Diane (1996): "Customer-centred growth: five strategies for building competitve advantage" Managing Service Quality. University Press Vol. 6 n° 5.

Woodruff, Robert B. (1997): "Customer Value: The next Source for Competitive Advantage". Journal of the Academy of Marketing Science, Vol. 25 n° 2 Spring 1997.

Xu, Mark y Walton, John (2005): "Gaining customer Knowledge through analytical CRM". Industrial Management & Data System Vol. 105 n° 7.

Zeithaml, V.A. (1988): "Cosumer perceptions of price, quality and value: a means-end model and synthesis of evidence". Journal of Marketing, Vol. 52 July 1988.

Zeithaml, Valarie A.; Berry, Leonard L y Parasuraman, A. (1996): "The behavioral consequences of service quality". Journal of Marketing, vol. 60 Apr. 1996.

Zeithaml, Valerie (2000): "Service Quality, Profitability, and the Econonomic Worth of Customers: What We Know and What We Need to Learn". Academy of Marketing Science Journal Vol. 8 n° 1 Winter 2000.

Zeithaml, Valerie A.; Rust, Roland T y Lemon, Katherine N (2001): "The Customer Pyramid". Califormia Management Review.